# 爱在别离时

续集《我在梦里见到你》合并本

杨梅春 著

她，温柔而不失刚强，
说到的就一定做到，做完美。
她，率真而浅藏成熟，
想做的就全力做好，做妥帖。
她，少言但长于才思，
挥洒爱于方寸之间，不留痕。

蘭州大學出版社

# 作品简介

ZUOPIN JIANJIE

爱情是一个美丽的字眼，它甜蜜而醇烈；爱情又是一个痛苦的字眼，它苦涩而楚痛；总之，爱情是一个神圣的字眼，人们都在向往和追求。

《爱在别离时》及续集《我在梦里见到你》合并本，是一本都市爱情小说。它描写了不同性格的人物，从不同角度揭示了爱情的酸甜苦辣。那爱的向往、爱的追求、爱的迷茫、爱的惆怅、爱的苦涩、爱的楚痛、爱的甜蜜、爱的醇烈尽显其中。特别在这个网络时代，人们的相互认识和接触打破了属地区域。那个网络，使得千里姻缘一线牵。梦中的那个他（她），心中的白马王子，心中的维纳斯，真是梦里寻求千百度，千呼万唤始出来。孔雀东南飞，凤凰西北舞，在这个网络上创造着古往今来、前所未有的爱情神话。本书中的主人翁林风、梅若兰，就是这网络爱情的参演者。还有“老狼”的痴情，“柔情似水”的纯真，这一对网友的相会，惹来了亚萍的秘密侦查，让人啼笑皆非。社长关天令和“爆米花”的一段婚外恋情，酿造了一壶苦涩的酒，使二人饮痛饮恨。荷萍的迷茫，涵的无奈，“影子”的倔强，无时无刻不在打着爱情保卫战。书中爱情的酸甜苦辣，是非曲直，孰对孰错，还是留给读者来解读评说吧！

# 目　录

## 续　集

# 第一章　粉红色的梦

一个偶然的机会，我认识了梅。

那是在网上，我刚申请了QQ号，还不会使用。我试着加朋友，梅是我第一个加的人，连加了几遍都被她踢出局了，我的心怦怦直跳。上网的好奇心一下子被打到了九霄云外。我深思着，网上交朋友比现实中还难啊！

我抽着烟，脸上烧乎乎的，好像被人在大街上羞辱了一顿，赶忙端来一盆凉水，把头塞进水里，双手用力在脸上搓着，力图把一脸的羞辱洗刷干净。洗完后，还觉得不痛快，用毛巾狠狠地擦着，但那羞辱总是挥之不去，深深地镌刻在我的心中。

好多天我没有打开电脑，看见它都有一种说不出的感觉。这高科技的东西也会惹人烦恼。我把一股的怨气都归罪于这高科技的东西了，是它惹的祸。

在恨电脑的同时，也恨起同事“老狼”来。是他让我申请QQ号的，说QQ聊天练打字最好，有逼迫性。他就是在QQ上练就了一手打字的好速度。为了这我才遭如此厄运，惨遭羞辱。“老狼”啊，你害我好苦，我真想把你千刀万剐，碎尸万段。

哪壶不开提哪壶。人总是把刀子往心痛处扎，这好像是事物发展的规律。正在我连着几天不开心的时候，“老狼”来到我的办公室，问我QQ上练打字怎么样？我斜视了他一眼，没有好声气地说：“很好！”“老狼”看我不高兴的样子，就要追问个究竟。我不敢把这难以启齿的事说出来。给他递了一支烟，打开话匣："最近你都干什么呢?""老狼"慢悠悠地吸了一口烟，眉飞色舞地说："这几天没什么事，上网聊天啊!"说罢那幸福的劲儿，在岁月镌刻的脸盘上愉快地荡漾着。

我看着"老狼"那高兴劲儿，自己心里说不出的羞涩慢慢向周身渗透，不觉打了个寒战。把那烟卷狠狠地吸了两口，尽量压制着不平静的心情。

"老狼"见我不高兴，慢腾腾地起身打开门走了。我望着他的背影，一种嫉妒感油然而生，悲哀的声音在心底里呐喊着，我可怜地爬在办公桌上，像一个无助的孩童，呆呆地望着无声的电脑，无精打采地对视着。那电脑冷酷无情地蔑视着我，还发出了咯咯的嘲笑，然后冷不丁地说了一句："你还是个男人吗?"

就这样不痛快地过了几天，我心情好了点，踱步来到二楼社长的办公室，轻轻地推开门，社长正在专心致志地盯着电脑，竟不知我已经走到了他的办公桌前。啊!我原以为他在专心查找资料，没料到他竟然也在聊天。为了礼貌，我装着没有看见的样子说道："社长在查资料?"我的这一声问候，把社长从聊天中惊醒，他慌忙把鼠标点击了两下，关掉了对话窗口。有点难为情地连忙招呼着："呦!是老林啊，快坐。"

"不客气"，我说着便坐在社长斜侧面的沙发上。

社长也是个烟筒，他给我丢来一支烟，自己也点了一支，慢慢地吸了两口，稳住神说："咱们这一代人，也要多上上网，这里面好东西多得很，值得学习，不然要被社会淘汰的。"说罢微微地笑着又说："这两天'老狼'高兴得很，又在《青年杂志》上发表了一篇文章，叫《唤起的青春》，这家伙最近头脑可灵活了，青春的热血来潮，情爱故事编得很好。说什么来着，是网络给了他机会，聊天给了他灵感。呵呵!不可思议。看来我们也得向他学习，该换换脑子了，不然我们的文章就没人看了。”

我点点头，但心却在抽搐着。上网加朋友第一次的失败，深深地刺痛着我那可怜的心。我没有勇气再去尝试失败苦果的味道。暗地里下定决心再不干那些偷偷摸摸的事情，让别人看见说三道四，议论纷纷，背个老不正经的骂名。就是下半辈子写不出来一篇文章，失了业也心甘情愿。

抽搐的心隐隐作痛，迫使我再不能听社长说下去了。我借机起来，双腿打着战，鼓着有气无力的劲儿，强装着微笑，告别了社长。我战战兢兢地回到了自己的办公室，一屁股坐在沙发上，不惑之年的感觉敦促着知天命的来临，随着流逝的时光，把自己推向时代的末梢，慢慢地被时光无情地吞没。

正在这个世界慢慢要在我眼前消失的时候，“老狼”却兴冲冲敲门进来了。他满脸堆着笑，那双圆溜溜的眼睛充满着兴奋，两鬓的白发在兴奋中跳跃着，手里翻开的《青年杂志》那“唤起的青春”几个不大不小的字从我的眼睛里像风吹的沙子挤了进来。他不管我的感受，激动的声音从他那沙哑的嗓子里冒了出来，有点结巴地说：“老林啊，你……你看我这篇，这篇写……写得怎么样？”

激动的心情使他失去了往日说话的流利，当我礼貌地接过来的时候，他的手还在空中颤抖着。我强压住自己尴尬的心情，忍着心灵巨大的疼痛，挤出来的微笑快要把脸皮绷裂，但还是痛苦地分享着他的喜悦。我知道在这个传统文章被冷落的时代，一个长期写传统文章的人写出了现代文学，是一大难得的进步。他从失业走向了再就业，是何等的高兴，自己没有权力不分享他的喜悦。

我看着《唤起的青春》，是一篇言情散文，它洋溢着青春的活力，奔放着人生的热情，烂漫着心灵的思绪，随即也启迪着我的心扉，慢慢唤醒了我久违的情感。心情逐渐轻松下来，也暗暗地感谢起“老狼”来，是他这篇文章唤起了自己对青春的遐想，也将试图着弥补已逝的青春岁月。我不再恨那电脑，不再恨那QQ了。我要拿出男子汉的气魄，驰骋在网络之间，潇洒在QQ之中，寻找我早已失去的灵感，追回我渺茫的爱情，拯救我悲哀的心。

我一口气把那篇《唤起的青春》读完，连声说：“好！好！”“老狼”听到了我的赞扬，高兴地拉着我的手，激动地说：“走！我今天请客，咱哥俩吃火锅去，再来两盅，让它辣个够，也让它烧个够啊！”

我被“老狼”拉着走出了办公室，风风火火地出了杂志社大院。“老狼”扬手拦住一辆出租车，打开车门，把我连推带搡地填进了后坐，自己拉开车门，坐在前面，对司机说了声：“金龙火锅城！”

汽车在A城的大街上行驶，“老狼”在前面手足舞蹈地高谈阔论着，不觉我们来到了金龙火锅城，这是一家全城最有名的火锅名吃，正宗四川人开的，大家都说口味很不错。“老狼”这次大破费，就证明了他此时此刻的心情。

我们俩人像游魂一样走进了金龙大厦的门口，上了二楼。礼仪小姐赶忙上来迎接，还未等小姐问话，“老狼”兴奋地叫道：“来一个包厢！”

包厢里，两个游魂对面相坐，“老狼”拿着菜谱点着菜：“龙虾锅底，麻辣汤。鱼翅，牛腩，麻雀腿。海带，木耳，金针菇。再来一瓶白兰地。”呵！真像个大款。

那服务员很有礼貌地说：“先生，你两个人这可能多点儿?”

“老狼”一挥手，“不多，尽管的上！”服务员点点头，含笑着走了出去。

我看“老狼”那痛快的疯劲儿，也不做拦挡。自己却像个没魂的主儿，坐在那里呆呆地看着。

不一会儿，服务员端上了锅底，足有一斤龙虾，那白兰地也上来了。“老狼”打开酒瓶，把那两个高角杯倒得满满的，他首先举了起来，兴奋地说：“老弟，干!”

这没有祝酒词的祝酒词，简明扼要，干练利落。只听“当”的一声，两个游魂干起杯来。“老狼”把那杯足足有一两的酒，一饮而尽。只听他“啊”的一声，香得拌着嘴巴。我喝了半杯，“老狼”硬是不行，他红着脸，嚷道：“老弟不够意思！不够交情！看不起老兄，喝干!”我在他的逼迫下，只能按照他的最高指示执行，把那半杯酒痛快淋漓地喝了下去。只觉得浑身发热，满脸发烧，心从嘴里怦怦地要跳了出来。

“吃！吃！吃!”“老狼”把一只大虾夹到我的碗里，然后自己也夹了一只，津津有味地嚼着说：“好久没这样吃了，真香!”他又把两个酒杯斟满，粗声粗气地说：“喝!”这回他不管我了，只见他手一举，那高角杯的屁股已扬了起来，“咕嘟”一声，酒干杯尽，还连连地说：“痛快！痛快!”

酒壮怂人胆，醉后吐真言。“老狼”三两酒下肚，再也控制不住他的话匣子了，那有些发紫的嘴唇，一张一合不停地运动，看不见的音弹带着浓浓的酒气，在这小小的包厢里疯狂地扫射着。

“老弟啊，你知道吗？灵感从何而来？灵感有先天性和后天性。先天性是爹妈给的，老天赋予的。后天性是开发出来的，创造出来的，知己给予的。”

“嘿嘿！我老王老天赋予的灵感用完了。知己给予的才开发出来，不然我怎么能写出《唤起的青春》这么好的文章呢？今天我告诉你一个秘密，天大的秘密。”说着又张开他那喷着音弹的嘴，高角杯的屁股一扬，又灌下去了一杯。

这一杯又填满了他的弹夹，他又滔滔不绝地扫射起来。你看他那被酒烧红的脸盘上那双三角眼放射着一种说不出的兴奋光芒。那独头蒜的鼻子下一对虫孔忽闪忽闪的，都给那不停的言枪增添着动力。

“老弟啊，你知道吗？网络是个好东西，你要什么，它就会给你什么。诗情画意，江山美人，应有尽有。我的灵感就是在这里面找到的。这就是我今天要告诉你的秘密。”说罢他回头看了一眼服务员。我意识到他的言枪里可能要放出臭弹，赶忙将服务员打发了出去。不出我料，他的臭弹“哧”地喷了出来：

“美人啊，灵感所在，是她把我从迷茫中解救了出来，给了我永生，给了我第二次青春，给了我希望，给了我新的理想。”说罢还觉得火力不足，又喝了一杯。在麻辣火锅的有力作用下，三角眼涨得红红的，满面的红光向脖颈渗透延伸，那鸡蛋大的喉头红得透出紫来，流着汗珠，他真的疯狂了，疯狂得不知自己是男是女，姓什么了。

“告诉你，你可千万要保密，千万千万啊！”他那双不放心的狼眼，狰狞地盯着我。我赶忙认真地点点头。他还不放心，让我发誓。我举起右手，握紧拳头，庄严地给他宣誓：“绝对保密，人格担保。”他的眼睛周围的肌肉才慢慢松弛下来，可疑的目光又移向那贪婪的酒杯。我赶忙给他夹了块鱼翅，央求地说：“老兄，吃点咱们再说吧！”他把目光又移向我，那神情无以言表。我怕他彻底喝醉，把酒瓶放在了自己跟前。他看着我的举动，一脸不高兴的样子说：“老弟，你真不够朋友。”

为了让他降降温，我举起杯，硬着头皮，把那多半杯子酒，痛快地喝了下去。然后把酒杯在他面前扬了扬。

“这才够朋友啊！有兄弟情义。”

在他的表扬中，我喝的那口酒，进入喉咙，穿越食道，奔出贲门，驰骋红肠，火辣辣地一路高歌，到达了胃腑。使我这个不胜酒力的人，顿感天旋地转，浑身轻飘，意向天境。

“老狼”见我有点晕乎，得意扬扬地笑着，那笑带着一种胜利的喜悦。

我看他那得意劲儿，指着那酒杯说：“狼兄啊！你真够有意思，这叫酒不醉人人自醉啊！这会儿够朋友了吗？够兄弟了吗？”

“嘿嘿！够兄弟，够朋友了。你老弟知道吗？手不逗红红自染才是最高境界啊！我们这些男人不现代，活到这个世上，羞愧了人生啊！”

“不，不，我完了。你老兄够现代的了，网上都有了女朋友，活得还嫌不潇洒吗？还想怎样呢？”我的心血在酒的作用下，也慢慢来潮，说话也放肆起来。

“哈哈！那还没到最高境界呢！”他说着脸上露出了美滋滋的笑容。

“你这是人心不足蛇吞象，老兄啊，知足常乐吧！”

“你看，你看，我说你不现代，你还不相信。人来到这个世上，就是要潇洒走一回，不是有首歌曲叫《潇洒走一回》吗？死了也不枉为人。生不为人杰，死后何为鬼雄？”他那不达目的誓不罢休的气概，在那酒气冲天的嘴里豪放，宣示着他的凌云壮志。

“我看你是活要当色雄，死要当色鬼啊！”

“哈哈！老弟你说错了。是活为人杰，死为鬼雄。”

“老狼”兴奋极了，又斟满了一杯，一饮而尽。手战战兢兢地夹了一筷子牛腩，塞到嘴里，边嚼边说：“饮酒不醉最为高，见色不乱乃英豪。不义之财君莫取，忍气饶人祸自消。这是做男人的准则。”他的嘴又嚼了一嚼，继续评头论足：

"我们这些人不是男人中的精品，就因为被孔老二思想给控制了，典型的臭老九，没有一点出息。你看现在流传着什么来着，家里有个做饭的，外面有个想念的。"说罢笑了笑，终于把嚼的那口牛腩咽了下去，但还是有点噎，他赶忙喝了口茶，摇了摇头，长出了一口气，但还是没有止住他的炮筒，他把脖子一伸，又开始放起炮来：

"你知道吗？现在的当官人有四个基本，家门基本不进，工资基本不动，老婆基本不用，下属基本不问。哎！谁让人家是当官的呢。""老狼"有点感叹，感叹中也流露出无奈。他眨巴了一下眼睛，看了看我，又喝了口茶，炮弹再次发出：

"这是人家懂生活啊，家里红旗不倒，外面彩旗飘飘。"

我看"老狼"那有点失落的样子，便开玩笑地说："你老兄现在不也是彩旗飘飘吗？"

"老弟，你怎么小巫比大巫呢？咱们与人家比不得，不能拿乌鸡比凤凰。咱们搞得虚的，人家来得实的。咱们是阿Q，精神胜利者。人家是和珅，精神和物质的满足结合体。我们能比吗？哎!不说这些了，伤神啊!"说罢，"老狼"的头耷拉了下来。两眼无神地看着酒杯，那胜利的感觉好似荡然无存，一脸伤情的样子。

我已经酒足饭饱，也没心听"老狼"高谈阔论了。我便起身，对"老狼"说："走吧，今天真是喝高兴了。"

"老狼"一看我要走，起身拦着我，声音沙哑地说："我还没有喝好。不够朋友，真是的。"说着端起那半杯酒，鼓起他那小时候吃奶的劲儿，又一饮而尽。微红而带苍白的脸庞，镶嵌着那一双无神的大眼。

我看"老狼"还未尽兴，在我面前，他为已逝的青春被重新唤起而高兴，为在天命之年有了红颜知己而自豪，为在创作枯竭时取得新的胜利声嘶力竭地游说和呐喊，拼命地展示自己在这个世界上的伟大存在和重要价值。他为了证明这一切，还充分地寻找理论根据。古时的，现代的；书上的，言传的；海外的，国内的，应有尽有，又给我演讲了半个多小时，直到他的嗓子发痛，才慢慢地闭上了他那被音弹烧红的嘴唇。

我趁机叫了服务员买单，“老狼”一听，挥着他那有气无力的手，连声说：“我来我来。老弟啊！没有招待好，下次再聚。”说着从兜里取出瘪瘪的钱包，抽出了三张。我知道这是他刚领的工资。我看着这三张红红的人民币，心里一种说不出的感觉油然而生，那感觉开始隐隐作痛。我看着“老狼”，自己不知是感激，还是羞愧，总是说不出什么来的。

回到家里，趁老婆和孩子不在，我悄悄地打开电脑。在“老狼”的那些演讲词的感召下，脆弱的心在蠢蠢欲动，嘴里的馋水从口边流了出来。我趁着酒性，放着胆子，又开始了第二次摘吃苦果的尝试。

# 第二章　蓝色记忆

当我打开电脑时，心却慌乱了起来。那鼠标在手里像个滚烫的山芋，竟然不听使唤。我的手抖动得很厉害，光标无法指向那围红色围巾的企鹅。我睁大眼睛一看，那企鹅张着锋利的嘴巴，圆圆的眼睛愤怒地盯着我。我顿时感到毛骨悚然，一股寒流涌上心头，往事历历在目。

那是二○○六年，夏天的一个傍晚，我打开窗户，爬在桌前上网。凉风从窗外徐徐地吹了进来，抚摸着我的脸庞。明月在窗外的天空温柔含笑，把那明媚的光芒轻轻地抛向我的面前。电脑屏幕里我的笔友从千里之外给我发来一张她的近照，大海边一位美丽的女子。天南地北，此情此景，仿佛时空把我们融合在一起，行成了一道美丽的虹。我望着天空，看着大海，白云是她飘逸的裙纱，月亮是她白净的脸盘，星星是她明亮的眼睛，大海的波涛是她宽阔温柔的胸怀。正当我全神贯注地欣赏时，身后一个“影子”闪了过来，拧着我的耳朵，厉声喝道：“这是谁？你给我说清楚！”

我的耳朵被拧了一个转，火辣辣的疼，眼前冒着金花，眼泪唰唰地流着。

“影子”还不罢休，手拧得越来越带劲了。我觉得那耳朵已经从脸边撕了下来，鲜血直流。恍惚中那只耳朵被“影子”从窗户里“唰”的一下丢了出去，只听“咚”的一声落在外面的草坪上，痛苦地惨叫着。不知哪儿来的一条狼狗嗅到了血腥味儿，狂奔到草坪上，把那惨叫的耳朵叼了起来，向那棵大树下迅速跑去，准备美餐一顿。

我的另一只耳朵失去了“孪生姊妹”，痛哭流涕，向“影子”跪着苦苦哀求。那“影子”才发善心，松开她那钳子般的利爪。

我的大脑“嗡嗡”发响，头发“唰唰”竖立，双目紧闭不敢睁开。想要解释的嘴，微微抽搐，什么都说不出来。

“影子”认为我做贼心虚，不正经的行为被她抓了个正着，满脸得意，恶狠狠地嚷道：“今天你不说个清楚，我和你没个完!”

我有口难辩，静静地等待着她的宣判和惩罚。

时间一分一秒在沉默中艰难地过着，温馨的家笼罩着一片杀气。朦胧中我被“影子”押赴着走向刑场，一路上满街都是看热闹的人群。有的喊着骂着，有的扔着鸡蛋，但有的或许有些同情。到了一个山岗的刑场上，“影子”那愤怒的声音，高亢的宣布对我处以极刑的判决。我被两个身穿红褂，头扎红带的黑脸大汉拉到了狗头铡子跟前，把脖子伸得长长的，斜跪在铡子旁。那脖子冰冷地靠在铡墩上，铡刃寒光闪闪。只听“影子”怒吼道：“行刑!”

“咔嚓”一声，我的头离开身躯，飞了出去。顿时脖子冒出一股血柱，喷向天空。三魂在空中闪电，七魄在山谷震雷。那刑场上断头的身躯这时才绝望地喊了一声：“冤枉!”

随着我悲哀的“冤枉”声，我的灵魂飘逸到了地狱，一个“网络骚人”的帽子沉沉地扣在无头的身躯上，竟把那泼神乱鬼吓得像躲避瘟疫一样的躲着。从此，我游走在黑暗中，孤零零地无人理睬。

我的头颅冤枉地和身躯分开，感觉到了莫大的耻辱。为了捍卫我完整的躯体，我历尽千辛万苦，想方设法来到阎王大殿，找到了阎王爷，苦苦哀求，诉说我的冤屈。通过判官的明察秋毫，阎王爷的明镜高悬，我得以昭雪，还了我完整的躯体，也给了我新的灵魂。我重新回到了人间，有了做人的尊严，开始第二次人生的旅途。

四年后的今天，我不思悔改，老毛病又犯了，重操旧业。比以前有过及而无不及，竟然申请了QQ号。在“老狼”的教唆下，趁着酒性，壮着胆子，背过老婆和孩子，不知“羞耻”地加好友，真是让人不可理喻。

正当我心血来潮的时候，不管它三七二十一，我要向“老狼”学习，在网络上整它个子丑寅卯。哪怕“影子”再度惩罚，我也视死如归，心甘情愿。

可是不遂人愿，那往事总是挥之不去。四年里，我像个木乃伊僵硬地生活着，家到单位两点式的路线走得我腰弯背驼，外面精彩的世界与我绝缘。我成了一个典型的行尸走肉。没有了亲情，没有了朋友，没有了属于我的人生。我绝望地仰天长啸，风不理我，云不理我，竟连大地上跑的蚂蚁也不理我。天地如此之大，竟没有我立锥之地。我放声痛哭，那花丛中的蝴蝶嫌我吵醒了它的美梦，那树枝上的小鸟嫌我惊动了它的情魂。我一无是处，流离失所，真的想要个家。

天上的月亮放着长恨，星星再不是那么光明。我像一个盲人，骑着一条瘦弱的瞎马，艰难地夜行在崎岖的路上。大山欺我瘦弱无力，黄河欺我身无双翼。我躺卧在一堆乱坟岗上，野狼凶残地匍匐着想吃我鲜活的肉骨，秃鹫疯狂地盘旋着想叼我无神的眼睛。我在无力地呻吟着，那黄鼠也不失时机地跑来凑起热闹，它张开锋利的口齿，在我那只破鞋露出的大拇指上，啃来啃去，嚼得骨头嘎嘎直响。还有那蚊子更是恼人，嗡嗡地飞来，把它那针管一样的嘴，在我鼻子上无情地钻着，吮吸着我那鲜红热烫的血。这时的我，什么都不想了，任凭人间最残酷的折磨来临在我的头顶，把我压成一团肉酱，我只有忍耐和承受。我的天灵盖“嘭嘭”发响，三魂七魄嫌我无能，不愿守住这个寒舍。人生的困惑和悲哀不远不近、不迟不早，不大不小地把我彻底包围。

我再也没有呻吟的气力了，瘫睡在乱坟岗上一梦不起。从早到晚，躺在浑厚的大地，盖着广垠的天空。太阳照射着我奄奄一息的生命，月亮抚映着我冥冥不灭的灵魂，大风给我唱着超度的歌。就这样，从春到夏，从秋到冬，分分秒秒，日复一日，年复一年地在沉默中等待，不是爆发，就是灭亡。四年后的今天，现在就要爆发了！

我的酒劲散了许多，往日的记忆渐渐从眼前消失，“老狼”的话仍在耳畔回响。我如梦方醒，一种说不出的欲望促使着那颤抖的手，终于把光标指向了围红色围巾的企鹅，点击进入了我那久违的QQ。我尝试着再加朋友，梅那闪动的头像又跃入了我的眼帘。我鼓足勇气，冒着被再次踢出局的危险，轻轻地点击了她的头像。梦里寻求千百度，千呼万唤始出来。梅微笑着同意了我的添加申请。我高兴得不得了，几乎要跳了起来。就这样，我们相识了。

我的打字速度很慢，心情一激动竟找不到键盘上的字母。费尽了九牛二虎之力，才打上去了两个字：“你好！”当发送出去的时候，我的心怦怦直跳，焦急地等待着梅的回话。

“你好！”梅迅速地回了过来。

我不知说什么好，脑子一片空白，紧张得只是看着电脑。

“报上尊姓大名，真实的，虚的不要。”

我本在慌乱中，她这一说，更加紧张了。心想网络是虚拟的东西，人们大都用网名，我能告诉真实姓名吗？当我在犹豫中，她又发过来了消息：

“不敢报名，还敢交朋友吗？”

她这么一说，我更是无法回答。只有老老实实告诉了我真实的姓名。笨拙地回道：“林风。”

“呵呵！是真的还是假的？”

我不知道她是在开玩笑还是在审问我的真假，诚心地回道：“男子汉不说假话。”

“呵呵！那看来是真的了。”

她相信我了。我很感动，也非常高兴，连连回复：“谢谢！谢谢！”……

就这样，她进入了我的生活，我们开始了网络上的交流，她成为我倾心的知己。

每天，一有暇余时间，我都要偷偷上网，盼望她那闪动的头像。“影子”发现我这段时间有些神秘，便又开始警惕起来。为了再不发生那不愉快的事情，我还是有点收敛，装着一本正经的样子。

我不恨她心胸狭窄，也不恨她打烂坛子爱吃醋。我理解她的心情，近四年的冷战，也让她懂得了些什么。从她发脾气整我，到俩人很少言语，直至同梦异床，双方心里都烙上了不可磨灭的痕子。这痕子随着时光的流逝，被岁月慢慢医治，两个人都老了许多。在现实面前，她慢慢地原谅了我，还给了我一个清白。但我们却失去了一段将无法弥补的夫妻之间那美好的生活。

我曾坦率地告诉她，我们只是文朋诗友的关系，没有谈情说爱。再说远隔千山万水，能怎么样呢？彼此看看相片，只是用来表明网络朋友不在虚拟，而是真实存在的。我这些表白在她看来，只是欲盖弥彰，瞒天过海罢了。我也再不多做什么解释，任凭她如何想象，由她去吧。

这次我必须得小心，恐怕重蹈覆辙，又把她惹恼。我为自己另一只耳朵的存在担心，也担心以后一不小心会再走麦城。所以我在家里很少上网，避免被她发现，又整得鸡犬不宁。

时来运转。正当我庆幸QQ加友取得胜利的时候，我发现了“影子”一个重大的秘密，她也在上网聊天。

在冷战的那四年里，我在家基本不动电脑，认为它在写字台上只是个摆设。看来它没有闲置，仍然被使用着。

这一天的星期六晚上，“影子”有事出去了。我趁她不在，打开显示器准备开主机，一看主机开着。当显示器启动起来的时候，那显示栏里企鹅不停地在跳跃。我好奇地点击它，看个究竟。当打开这QQ的时候，“影子”和好友的聊天记录，展现在了我的眼前。天哪，他们竟聊得热火朝天，还有对方那帅哥的照片。我的心顿时嗵嗵地跳了起来，一种莫名的感觉涌上心头。我气冲冲地坐在电脑前，等待“影子”来看她怎么解释。来他个以牙还牙，以眼还眼。

我气狠狠地望着电脑，一根一根地吸着烟，时间沉重地在黑暗中走着。这电脑也像我办公室的电脑一样，冷不丁地也给了我一句：“你还是个男人吗？”顿时我感到自己的无聊和狭隘。我关掉了显示器，让那主机仍然运行着，让她自己给自己去解释吧。为了表明我动了电脑，我有意把烟灰缸放在电脑旁，便去看电视了，慢慢静候她的来临。

“影子”终于回来了。她把手里的小包放在电脑边，一听主机在嗡嗡发响，便问我：“你用罢电脑，怎么没关主机？”

我装着若无其事地回道：“我看你在下载资料，就没有上。”

“影子”觉得不对劲，看了我一眼，赶忙打开显示器。那企鹅在右下角给她频频招手，俯首微笑。“影子”在慌乱中迅速退出了它，那企鹅不情愿地闪了回去。她关了电脑，转过身来，端起自己的茶杯，坐在沙发上也看起电视来。什么都没有发生，但她那忐忑不安的心情，怎么也掩饰不了，都被表情流露了出来。

我和“影子”是大学的同学，虽然不算“梁祝”，但也可说为“李赵”。我们结婚后的感情还算是好的，也有了爱情的结晶。“影子”在一个中学教书，事业心特强。我呢，一家杂志社的主编，没有什么来头的一个人。我们俩人的组合，既非新式也非旧式。有父母之命，媒妁之言，马马虎虎谈了点恋爱。一辆旧北京吉普车就把她娶到了我的身边。我没能给她什么，就是一辆永久牌的自行车和一块上海手表，在当时还算可以。现在想起来有点亏欠，我不应该难为她，况且我也是在她看来有“污点”的人，再说这几天也有新的情况。我和她的不愉快，都是那QQ惹的祸，怎么能怨她呢？想到这里，我的心平静了许多，“复仇”的心渐渐消失了。为了让她心里不要有负担，我表示出格外的热情，以此消除她心中的疑虑。她看我确实没有什么，长长地舒了一口气，那久违的情感从眼睛里火辣辣地放射出来，以女人特有的目光看着我，我的心被她触动了，我们又开始了人生最美好的生活。

说来也怪，人就是那样下贱，一切的矛盾都在情感的融化中消失。一番云雨后，那柔和的灯光随着感情的释放而熄灭。空间只有那“影子”平静的呼吸声陪伴着我轻微的呼噜，一切的猜忌和不快都悠然进入了梦乡。

## 第三章　灵魂出轨

这几天我的心情很愉快，“影子”对我很好，我们像当年度蜜月一样，在甜蜜的事业中耕耘，彼此的理解和宽容酿造着新的生活。回归于从前，回归于自然的我们都不再受彼此的约束。

人都说希望有一块自己的天地，这天地无不过是为了自由，来隐藏自己的隐私，法律对这块天地都是不能触及的。夫妻间也应该如此。

我从不在“影子”上网时走在她的跟前，而且悄悄地远离她，目的是让她有一个宽松的环境。久而久之养成了习惯。我在家里几乎不上网，大多都在单位。那里是我自由的天堂，除了工作，谁都不去打扰。

这天，我早早来到办公室，迫不及待地打开电脑，梅早已上网了，我们便聊了起来。虽然说话不多，但谈得相当投机。由于我打字速度慢，我就知足地告退了。为了以后和梅很好的交谈，我便练起打字来，却忘记了下班的时间。是“影子”打来电话，问我在哪里，要不要吃饭。我一看已经十二点半了。便谎称路上堵车，说一会就到，让她先吃。

我赶忙关机，骑上我那破旧的自行车，穿梭在这都市的大街小巷，奔赴在回家的路上。

我气喘吁吁地回到家里，“影子”坐在饭桌旁，静静等候我。那饭菜用碗对扣着，筷子摆得整整齐齐。我的鼻子一下子酸了起来，心里觉得有些对不起她。但我还是装着没事的样子。

吃过饭后，为了弥补我心里对她的亏欠，我赶忙起身洗碗。“影子”一看，笑着说：“迟了就迟了。还是我来吧。”

我知道她是用此来感谢我不追究她QQ聊天的事情。我也不能为难她长期为我赎罪。因为我心里清楚，彼此彼此。我开玩笑地说：“回眸一笑百媚生啊，今天我来吧。”说着便拾掇起碗筷来，走进了厨间。

我在厨间洗刷着碗筷，耳朵热乎乎的，因为我也在欺骗她。女人的第六感是特强的，她好像感觉到了什么，在碗筷叮当的交响乐中，我隐约听到她自言自语地说：“今天太阳从西面出来了！”

常言道：女人是哄出来的。这也是男人们让女人高兴，解决问题既消极又积极的办法。其实男人也是哄出来的。我洗完碗筷，笑着走了出来。“影子”从沙发上起来，走到墙柜前，打开墙柜，取出了一件T恤衫，微笑着对我说：“这是我给你新买的，你试试，看怎么样？”我接过体恤，脱了上衣，便试了起来。“影子”上下打量着我说：“不错，很合适。”说罢便紧紧地把我拥抱起来，给我一个深深的吻。

正当我们在甜言蜜语之中，我的手机响了，破坏了我们的好事。这个不睁眼的“老狼”，迟不打早不打，竟在关键时候来捣乱，扫我们的兴。说什么来着，下午早点到单位要去采风。

“影子”依偎在我的怀里，不愿让我离开。有什么办法呢？工作要紧。我换上旅游鞋，穿了身运动服，准备出发。看着“影子”恋恋不舍的眼神，在她的前额轻轻地吻了一下，以此来安慰她今天的心情。

我仍然骑着我那唯一的交通工具，疯疯张张地来到单位，“老狼”早已站在大门口等我。我问他采什么风，都谁去。“老狼”嘿嘿地笑着，神秘地说：“就我俩。采情风。”

我不解地追问：“我俩？采情风？”我被“老狼”弄得糊里糊涂的。

“老狼”凑在我耳朵门前，悄悄地说：“老弟啊，今天我约了个网友见面，请你做陪同。要保密啊，这可是万分机密的事。我相信你老弟。”

我望着他纳闷，有这等事情？这“老狼”真是疯了。但又一想，也对。人嘛，就这么回事。

“老狼”迫不及待地拉着我要走。我有点难为情地说：“我去怕不合适吧？”

“合适！合适！再合适不过了。”“老狼”看我推诿，有些发急。

我笑着说：“合适个屁！我去人家能高兴吗？”

“老狼”更急了：“我说合适就合适。这是人家提出来的。”

“哈哈！人家怕你是坏人，所以要让人陪的。那说明人家也有人陪啊？”

“是的！是的！”“老狼”嘿嘿地笑着。

“老狼”今天很精神，穿的也很时髦。我这身打扮和他在一起，简直是土八路陪同洋老外，真是泾渭分明啊。我们打的来到灵芝山下的公园门口，只见远处那棵大槐树下，一位美丽的少妇，手里撑着一把天蓝色的伞，焦急地在那里等待着。

“老狼”一见，笑着把手中那本杂志挥了挥，赶忙走上前去问好。那少妇看到他也微微地笑着。我才如梦初醒，他们这是对上暗号了。

“老狼”十分兴奋，竟忘记了我的存在，与那少妇约会去了。我看那少妇只有一人，心想在这个场合，自己现在是多余的，就悄悄地溜到另一棵大树后面，向一个饮料摊走去。找了个背靠的位置，要了瓶矿泉水，打发着难熬的光阴。

时间过得既快又慢。快的是太阳已经从西面的山头落了下去；慢的是“老狼”这家伙还不结束他这幽会。饮料摊的老板已收摊了，我站在公园门口，实在不是个滋味。上午回家就迟到了，晚上若再迟到，怎么跟“影子”交代呢？

我像个土侦探，聚集着目光，向公园周围扫了一圈。“老狼”连个影儿都没有。我再不能给“影子”编谎了，这样就实在对不起她。想到这里，我再不管与“老狼”的交情，心里骂道：“重色轻友的家伙。”赶忙打的向单位赶去。骑着我那破旧的“铁驴”，慌慌张张地赶回了家，已是晚上七点多了。

“影子”见我还没有吃饭，嘴里叨唠着：“你们这个穷单位，连个便饭都管不起，还采风呢？”说着给我去做饭了。

我躺在沙发上，累得喘不过气来。既羡慕“老狼”，又嫉妒“老狼”，但还惦记着“老狼”这个重色轻友的家伙。他陪着那美人儿，在灵芝公园里尽情地风光。把我这个陪同撂在脑勺背后，忘得一干二净，竟连个电话都没有，弄得我这般狼狈。

“老狼”呢，哎！真是潇洒。他和那少妇一见上面，就高兴得不知姓啥了。他们俩进到公园后，找了一处僻静地方，便谈起他们的“恋爱”来。

那少妇大约二十七八的样子，中等身材，不胖不瘦。白净的脸盘镶嵌着一对毛茸茸的大眼睛格外有神。翘翘的鼻梁下樱桃小口微微红润。烫着稍带微红的有小小波浪的头发披肩飘逸。一件白里印着微黄小星星的短袖衫掩盖不住那一对丰满乳房的柔美。胸前那一个未系的纽扣间，时隐时现地露出迷人的乳沟。那两条玉腕巧妙的从袖口里伸了出来。把个“老狼”馋得魂不守舍，眼睛总是走神，真把人家弄得不好意思。

“老狼”坐在她的对面，刀刻的岁月在那黝黑的脸庞上，不惑之年的他怎么高兴，也荡涤不去。那黑白相间的两鬓已无法改变人生的年轮。在少妇的眼里，他是一位兄长，老师，朋友。她来见他是给予他一种精神，一种力量。也就是她给予的这种精神和力量，才让“老狼”写出了《唤起的青春》这一豪迈辞章。

少妇在“老狼”眼里是美的，在心里是美的。他今天约她就是为了感谢她。在“老狼”心中，她是他的第二次青春，第二次生命。少妇大胆地应邀而来，是为了给他面子，不给他这年已接近半百的人心灵上留有遗憾。就是这个原因让他们这不相称的一对“情人”约会在这灵芝公园。

夕阳西下。“老狼”总觉得有点对不住她，要请少妇去吃饭。少妇推让再三，在“老狼”的百般邀请下，俩人来到仙人居饭庄。这是一家豪华餐厅，足以说明了“老狼”此时此刻的心情。

“老狼”给少妇要了杯咖啡，给自已要了杯茶，便让少妇点菜。少妇笑了笑，接过菜谱，点了些新鲜蔬菜之类的东西。说这是养生之道。“老狼”觉得这样太素，又点了盘龙虾，武昌鱼。说这是“脑白金”，还可以美容。惹得少妇咯咯地笑着。

正当俩人吃得开心的时候，“老狼”的小姨子亚萍却出现在了这不该出现的场合，她是和朋友一块来吃饭的。这个小灵精鬼得很，却用手机偷偷地把这一切拍了下来。“老狼”却什么都不知道。

一顿简单的宴请之后，“老狼”把“情人”送出饭庄，顺手挡了个出租车，含情脉脉地望着那车向远处驶去。

“情人”走了，“老狼”感到非常失落。他慢慢地走在大街上，心里好像缺了点什么，一种说不出的感觉在心头萦绕。

第二天一上班，“老狼”就到我办公室，不好意思地说：“昨天实在对不起，把老弟冷落了。”

我笑着说："没关系。我们是同事，你们是朋友啊。身份不一样。只要老兄快乐，老弟委屈点没有什么的。"

"老狼"嘿嘿地笑着说："那敢情好！"从笑声里我感到他有一种真实地愉悦和满足。

"老狼"的行动，实实在在地对我启发很大，我为他感到骄傲。他确实是个男人。我呢？缩手缩脚，亏对了七尺男儿。想到这里，我打开电脑，要主动出击，在那QQ里，在那梅的身上寻找我精神上的另一半。

说实话，我是一个很笨的人，和女同志说话，实在没有什么本领，网上交友更是外行。聊天就像上刀山，下火海。一是不会说话，二是打字速度特慢。聊天简直是在扫人家的兴。

记得和"影子"谈恋爱的时候，都是她当主角，我当配角。她的话有时弄得我脸红。有什么办法呢？这羞涩的生性是爹妈给的。看来我这一辈子在这方面是要可怜到底了。

我也不是冷血动物，也是红肉热血的灵体。从我的骨子里来说，七情六欲还是非常的充盈，完全具备男儿的体质，但恰恰却不具备男儿的本色。这是先天性的缺陷，后天性能补足吗？再说，我也不是怕老婆的"妻管严"，老婆不是老虎，她不会吃人的。就算是老虎，你给她点甜头，她也会对你好的。这是哲学道理，辩证唯物主义。不管怎么说，我还是要克服我的不足，不论先天性的还是后天性的，统统克服。我要向"老狼"看齐，就是看不齐，也要步步紧跟，穷追不舍，体现出我也是一个堂堂的血性男儿。"老狼"能写出《唤起的青春》这一豪迈辞章，我将写它一本前无古人，后无来者的千古绝唱。

想到这里，我再不做阿Q了，不做那精神胜利者。我要为自己的自由和梦想而奋斗。"从来没有什么救世主，也不靠神仙皇帝，只靠我们自己。"好！《国际歌》早已唱出来了，我还等什么呢？

我再次点开梅那闪动的头像，用那激动的心情发出了消息：“你好！”

梅马上回应过来：“你好！”

真是不争气。我竟然没有话可说了，原来想好的竟一句都想不起来了。心一急，手也颤抖起来，脑子一片空白。真是丢人啊，还是个杂志社的主编呢，这么个水平。自己在埋怨着自己。

“怎么不说话呀？”梅在那面等不住了，催着。

这一催，我更是着急，手实在不听使唤。慌忙中回道：“我打字曼，情远离。”

梅在那面看了真是哭笑不得。她不解地回道：

“你这是说什么呀？”

我一看自己打错字了，把“慢”打成了“曼”，“请原谅”打成了“情远离”。

赶忙纠正说：“对不起。我打错字了，是我‘打字慢，请原谅’。”

“呵呵！我当你打字还有什么妙曼的招，能让人感情远离呢？原来如此。”梅在那面开着玩笑。

“我真笨。让你见笑了。”

“没关系的，多练就好了。”

梅简单的一句鼓励，使我如暖三春，我连声谢谢着。

“你为什么三番五次地要加我呢？我把你踢了几次还是没有踢出局啊？你真是个说不清的人。”

梅的这句问话把我彻底难住了，我该怎么个答法呢？这比我高考时还难啊！我的老师怎么把这一招没有教会呢？三十六计里有将计就计，没法答了还是把球踢过去吧。

“你猜啊！”我把她打过来的球给她踢了过去，看她怎么回复。我望着荧屏，静静地等待着。

“呵呵！你这个人真有意思。”踢过去的球，她不从正面踢来，却从斜面踢来了，又把我给难住了。好厉害的对手啊！她的孙子兵法比我学的还好，给我来了个声东击西。我没有招了，就是有招，我这打字水平也是抛不上去的。还是简单的顺着来吧。

“没有啊!”

“还没有呢，滑头。你还没有回答我的问题呢?”我几乎听到了她在那面“咯咯”的笑声。

她还是把话引到我没办法回答的问题上来了，看来不正面回答她是不罢休的。但我还是模棱两可地回道：

“唉！这不好说啊。”

“有什么不好说的，你敢加我，却不敢给我说，我说你这个人有意思，你还说没有。真是贫嘴，一点都不老实。”你看她上纲上线了，与我的人品挂起钩来了，真是厉害。还没等我回话，她又发过来了：

“不老实的人，我是不交朋友的。我把你再次踢出去，你还想加吗?”哎呀！我的天哪，她竟然给我来了个霸王硬上弓。我急中生智，诚心地回道：

“是缘分啊!”我以为这样回答会转危为安的，是唯一的标准答案。

“也许吧！贫嘴!”她对我的回答还是不满意。我还是将计就计：

“那你说呢?”

“让我说什么呢? 胆小鬼。”她这么一说，我真的怕她将我踢出局，老老实实回了她一句：

“我也不知道为什么，就是一心想加你的。”

“嘿嘿！这还是句老实话。爱听!”

她的这一句话使我受到了莫大的鼓舞，我的心高兴得怦怦直跳，一下子又说不出什么来了。她好像知道了我的心似的，又发来一句："高兴了吧！嘿嘿!"

我再也控制不住自己的感情，失态地给她发过去了一句：

"我太感动了，我很高兴认识你。我很幸福!"

"哈哈！别高兴得太早了，不知道哪一天，我会把你踢出局的。"不论她说的是真是假，我都为她很感动，就是哪一天真的把我踢出局，我也不怪她。

"没关系的。踢疼我也是幸福的。"

"呵呵！那你就耐心等着吧。"

"别踢了，踢疼了不好受啊。"

"你不是说是幸福的吗?"

"你真要踢了，那也是幸福的啊。因为是你踢的，换成别人那当然痛苦呢。"

"贫嘴!""能问你在哪个单位工作吗?"

"说真的还是假的?"

"当然是真的了，朋友能说假话吗?"

"那我就说真的。杂志社。"

"大文人啊。那为什么说话吞吞吐吐的?"

"不是吞吞吐吐，是我打不上字啊。"

"哎！也难怪你了。"

"打开视频，我能看看你吗?"

我一下心慌起来。我这个丑模样不把人家吓跑还怪呢。正当我紧张时，视频的声音响了。我硬着头皮，战战兢兢地打开了视频。我一下惊呆了。啊！多么漂亮的美人儿，她是凡人还是仙女？她是人间的娇娃还是月宫里的婵娟？她是一首美妙的诗还是一支动听的歌？她是一幅美丽的画还是一朵迷人的花？真是天上掉下来个林妹妹啊！

我竟不敢相信自己的眼睛，不敢相信这个视频，不敢相信眼前的这一切。在我惊魂未定之余，我恐怕自己丑陋的模样惊吓了仙女，赶忙把视频关了。我坐在电脑前心惊肉跳，为自己不知天高地厚而惭愧。正在我六神无主的时候，她却发过来了消息：

"怎么啦？为什么关了视频？"

我不知道说什么好，不加思索地回道："我这个猪八戒的模样吓坏你了吧？"

"哈哈！你这个人太不自信了，古人云：郎才女貌吗！男人有才就是了，不在乎长相。我看你也很不错啊！"

不知她说的是真是假，我都不敢面对她。我猜可能是她不想过分伤害我的自尊说了一句顺情话吧。我给她道着歉：

"没吓着就好！没吓着就好！"

她看我真的有自知之明，发过去的话是诚恳的。也可能是上苍感动了她，或许我真的像猪八戒一样也有可爱之处。她再次发来了视频，还发过来话说：

"你长得不赖，我说的是真的。自信点，让我多看几眼，看惯了就不丑了。情人眼里出西施，也出潘安啊！再说我们是朋友，朋友没有丑俊、老少、男女之分啊！"

我看她没有嘲笑的意思，便鼓足勇气，再次接受了她的视频。

就这样我们聊着，相互看着，不知不觉整整一个上午。时空拉近了我们的距离，是她给了我和"老狼"一样的感觉。

# 第四章　我想乘风归去

我像一只雄鹰在QQ的天空尽情地飞翔着，在QQ里放飞着我的梦想！我和梅再没有时空相隔，月亮像只小船，把我们载向那共同的远方。天上的星星在为我们点灯，风儿沐浴着我们的脸庞。我们幸福地过着网络生活。天南地北没有隔住我们的心，我们好似徒步走过了黄河与长江。我们共同遥望，远处大山的那边，是我们理想的天堂。

我和梅一日不见，如隔三秋。我的心被她彻底俘虏了，我的情被她深深地吸引着。没有她，我的生活将再无意义；没有她，我的眼前将黯然无光。就这样我向梅深深地呼唤着，我已情醉神迷，我想乘风归去……

好景不长，正当我们难分难舍的时候，梅再没有出现在QQ里。我的思念与日俱增，我寝食难安，夜不能寐。剪不断，理还乱，使人愁，别是一番滋味上心头。我心里在呼唤着：梅啊！你在哪里？

不见了梅，我暗暗地想着，可能是我的出现伤害了她，要不然为什么她再不见我呢？我望着QQ，望着梅的头像，一种从未有过的失落涌上心头。

我的心情糟透了，脾气也古怪起来。一天沉默不语，往日的笑脸荡然无存。我病了。

医院里，我躺在病床上，闭着眼睛。那吊针滴答滴答的声音把我带入了梦乡。

梦里，我乘着一片白云，来到天上的梅园。朵朵梅花争奇斗艳，竞相开放，个个对我微微含笑，点头致意。我在梅园里寻找，寻找着我心中的那朵梅。

那红的，红得火艳，娇柔媚态，笑我太痴。那粉的，粉得动人，玉莹楚楚，笑我固执。那蓝的、黄的、紫的竟显风流，各具千秋，她们却说："你去找吧，我们有九万九千九百九十九朵梅花，哪个是你要找的呢?"

我在梅花丛中穿行着，我望着广阔无垠的梅园，望着漫无边际的朵朵梅花，哪个真的是我要找的梅呢?

我望眼欲穿，寻求百度，不知不觉太阳已落西山。新月初升，清辉皎洁。满天的星星与点点梅花相互耀映，争相媲美。我向前走着，忽然听到一阵管弦之声，悠扬婉转，隐隐传来。那声音抑扬悦耳，若远若近，时断时续。我被这优美动听的仙韵深深地吸引了，沿着花行幽径，循声觅寻，忽然眼前楼台殿阁，气象庄严。宏门巨柱，陡壁飞檐。霓云祥卧，紫气环漫。好一派圣贤佳地。

不一会儿，大门慢慢打开，走出一位三十来岁的美人，圣庄打扮，两侧跟着随行的宫女。那美人吩咐道："你俩候着，把姐妹们相迎进来。"她望望梅园，说罢转身回去。那步履轻盈，姿态娇柔，像一缕清风。

那两个宫女，年方二八，春光满面，神采飞扬。我恐怕惊了仙人，赶忙躲在一朵梅花的后面，静静地看着。

少顷。那两位宫女不约而同地叫了起来："她们来了!"

我抬头一看，最前面的一位美人儿，大约二十七八的年龄，身穿淡黄色的绡衫。依次跟着年龄大约都在二十四五，身穿赤、橙、黄、绿、青、蓝、紫各种不同颜色云水裙裾的美人儿，说说笑笑地进了阁门。两个迎宾美女跟在众美人的后面，轻轻地关了大门。我望着这群仙人的背影，不知如何是好，连忙向宫殿靠近。走到殿边，看有一棵梧桐树，枝丰叶茂，树冠婆娑，便顺树爬了上去，找了个粗枝坐在上面，偷看里面的究竟。

宫殿里灯光辉煌，人影来往。大殿东侧的月台上，那些宫女们穿着白色的裙裾，站列在两旁。在月台的正中坐着那刚出门的美人儿，你看她身穿鲜红色的绡衫，气度非凡，美艳无比，看来是美后了。在她的两旁依次坐着刚刚进去的那些美人儿，茶女们奉酒敬茶，恭敬问候。这些美人儿个个娇柔媚态，盈光迷人。

月台前面是一椭圆形的舞池，比月台低点，依次坐着乐队。乐队由七八个美人组成，那为首的美人大约二十七八的样子，身穿粉红色的裙衫，纤纤玉手弹弄箜篌。与她挨肩坐的一位美人儿，芳龄约有二十四五，身穿淡蓝色的水云裙裾，两条洁白的玉腕，横着一支玉笛。还有五六个美人儿，各执不同的乐器，奏技熟练，风韵卓然。

美后站了起来，那白得像葱管一样的手向大家摇了摇，示意乐队停了下来。她微微地笑着说："今天是我们一年一度的花儿会，姐妹们欢聚一堂，尽情地享乐吧！"说罢那娇艳的身子又坐了下来。

音乐慢慢地又响了起来，演奏的是《梅园同春》。有八九个花季美女步入舞池，跟着音乐，踏着节拍，翩翩起舞，那裙裾飞旋，舒袖轻抛。

那美后看着笑着对身边的美人说："今年天象好，我们姐妹都很精神，要好好庆贺一番。"

那美人也笑着说："是啊！我们大家在姐姐的呵护下，都享着清福，还得感谢姐姐呢。"

众美人异口同声地说道："姐姐福寿无疆！"

那美后高兴地说："梅园同春，姐妹们福寿无疆！"

音乐慢慢地落了下来，那些跳舞的美人随着慢落的音乐倩姿婀娜地退出了舞池。

第二曲舞又开始了，这曲音乐有点忧伤，舞步时紧时慢。那歌词大意是：

我出身苦寒
却把暖意送给人间
苍天赋予我无畏的精神
大地赐给我高尚的品质
当我把生命贡献给天地
万物吸取我的精华
慢慢地开始复苏
是我给了花儿艳丽
是我给了草儿碧绿
当她们被天地钟爱的时候
我将随风逝去
就这样
春来冬去
年复一年
我无怨无悔
无悔无怨
落梅无数
……

舞步随着忧伤的音乐慢慢地停了下来，众美人那漂亮的脸蛋都流露出忧伤的神情。那美后叹道："唉！每当听罢这《落梅无数》，真让人心酸。好了，不说这些。还是让蓝梅姑娘独奏一曲《高山流水》吧！"

众美人皆说是好。

那乐队里，身穿蓝色水云裙裾的美人站了起来，向台上深深地鞠了一躬，然后向众姐妹点头致意。她坐了下来，纤指在玉笛上不停地跳动，那美妙的音乐在天空悠扬回转。天上的仙人们听到这笛声，驾着祥云在天空观听。动物纷纷围在了梅园的周围，鸟儿们落满了树枝宫墙，都享受着这美妙的乐曲。

我定神一看，那蓝梅正是我苦苦寻找的梅，她竟然是仙人。我不敢相信自己的眼睛，用手揉了揉眼窝，仔细端详着，啊！是真的，她就是我的好友，我的知己，我苦苦寻找的梅！

我再也无法忍耐下去，忘记了这是仙境，失去理智地喊道：

“梅！我找你好长时间了。”这一声，惊动了众美人，大家都循声望来。那美后大声地喝道：

“何人？竟敢在此无礼，拿下！”

说时迟，那时快。五六个芳龄约二八左右的美人儿，霎时堵围在了树下，吆喝着让我下来。

一个小美人儿，看我迟缓，说道：“让我来。”说罢向我吹了一口仙气，我浑身软乎乎地从树上跌了下来。几个小美人便把我押到了月台前面，喝道：“还不赶快跪下，谢罪！”

那美后说道：“放开他。我看他有些斯文，有点君子像，就免他一跪！”

我连声道谢。

那美后审问起我来：“你是何人，为何到此？”

我恐怕连累了梅，谎道：“我是凡俗林风，回家误入到此。”

“你刚才在树上喊什么来着？”那美后逼问起我来。

我又谎道：“我说仙姑吹得好啊！”我心里有点害怕，自己吃亏不要紧，恐怕仙人惩罚起梅来怎么办呢？

那美后却不罢休。便问身边的美人儿：“妹妹！他在树上说什么来着?”说罢看了看那美人一眼。

我紧张地打着哆嗦，盼着那美人替我搪塞一句，心里暗暗地央求着。

那美人儿耸了耸肩膀说：“我听他找什么梅来着。”

那美后说：“看来这凡俗在说谎，还像个斯文君子吗?我问你说不说老实话?”美后一脸不高兴的样子。

我心里想仙人的规矩是严格的，牛郎和织女不是很惨吗?我狠着心说：“我没有找什么梅啊!”

“还不说实话。来人给我上罚。”美后生气了，给我动起法来。

我闭上眼睛，等待着美后的处罚。心想仙人的惩罚是严厉的，我凡俗能受了吗?唉!人为情死，有何惧兮，由她来吧。若我死了，后人也可写一本《梅园配》呢!可怜的是还没配我就被仙规处罚了，命也!有何办法呢?

当我无怨无悔地等待处罚的时候，那美后身边的美人说道：“姐姐，还是我来审他吧?”

“那就依妹妹的，先饶他一会儿，看他老实不老实。”说罢喝她的茶去了。

那美人儿，清了清嗓子问道：“凡俗，你看我们这里有你要找的梅吗?”

我让她这一问，不由自主地把目光投向了梅。心觉不妥，赶忙把目光收了回来。却被那美人儿看了个清楚，她笑了笑说：

“不说也罢，你的目光已经告诉了我。”

我的不经意，竟让那美人看出了破绽，心想这下把梅害苦了。

那美人儿说道：“我看你是重情重意之人，到还算个男子汉。昔日三国曹植三步作诗，免遭一死。我今天也让你三步作诗，作好了可免遭一罚。那你就以此情此景作一首吧！”

我心想这美人也够毒辣的。但没有办法，便随口吟道：

“为寻知己入梅园，

‘高山流水’惹祸端。

人间情爱大无疆，

知音恋意重泰山。

不周之处凡俗错，

何必要把仙梅染。

圣贤皆有慈悲心，

但愿发善放我还。”

吟罢。那美人儿说：“你这凡俗却真是个多情才子。一句小诗，竟要我等饶过仙梅，放你去还。还用慈悲心来说服我等，也真是难为你了。好吧，免你一罚。”

我赶忙谢过众美人，等待着下一步的发落。

那美人对美后说：“姐姐，我看这凡俗倒还有些才气，就让他和咱家小蓝比一比诗文，就算惩罚这凡俗了。”我心里咯噔了一下，这不是成心难为我和梅吗？这美人点子真多。

美后笑笑说道：“也罢。就让小蓝比比吧。”

蓝梅起身，那张漂亮的脸庞红得灿烂，这会儿时间她如坐针毡，为我提心吊胆，现在又要与我比诗文，真是难为她了。众美人都把目光投向了她，看来这也是对她的惩罚吧。梅微微一笑，笑里总有点不自在。便说道：

“请姐姐出题吧。”

那美人说道：“你随心说一上联，让凡俗对下联便是。”

梅偷偷地看了我一眼，说道：“那我就出上联了，请凡俗对来——梅花点点心如素。”说罢目光又瞧了我一眼。

我知道这是梅给我暗示着她的心声。我看了看梅对道：“清风缕缕意若兰。”

众美人都说对得好。一位身穿紫色水云裙裾的美人儿笑着给梅加油说：“蓝妹妹出个难点的。”

众美人都附会道：“出难的，出难的。”

梅望了望天上的明月又说道：“明月有情放长恨。”

我叹了叹气回道：“流水无意吟短歌。”

那身穿橙色水云裙裾的美人说：“这两句好。再难点，不要留情。”

众美人也吆喝道：“是的，不能留情，别便宜这凡俗了。”

梅声音有点急切，又说道：“人间莫若情和爱。”

我有些心酸地说：“世上皆为是与非。”

“加点油，难住这凡俗。”众美人还在吆喝。但不知蓝梅此时此刻的心情。

梅看了看月台上的美后和那些姐姐们，又瞧了我一眼说：“红尘滚滚天涯路。”

我看着梅，心里有说不出的千言万语。抬头望着天空一片白云对道：“白云飘飘心中诗。”

众美人又喝起彩来：“加油！加油！”

“玉笛声声许说相思恨。”梅声音有点急切。

“古筝慢慢演奏孤独愁。”我心里更痛。

梅简直忘了周围的众姐妹，声音哽咽地说：“月缺月圆，不知何时再圆？”

我心更加悲凉起来，黯然地对道：“花落花开，来年依旧还开！”

那身穿粉红色绡衫的美人听了我们这些对句，也有所感动，对美后说：“此凡俗已经在梅园好多天了，在寻找他的知己。我已经见过他的，不过他不知我今天是这般模样。我看他与蓝梅有情有爱，这也是他们的缘分，还请姐姐宽恕他们吧。”

“看来妹妹给他们讲情了，那就饶了他们吧。下来的事情，妹妹你就做主算了。今天的宴会就到这里，唉！还是凡俗说得好，‘花落花开，来年依旧还开’啊！姐妹们，明年再聚吧。”美后说罢，也有些伤感。

那美人把梅领到我的跟前，说道：“月缺月圆，花落花开。不知何时再圆？来年依旧还开！这就看你们的缘分了。”说罢看着梅。

梅把那支玉笛深情地送给我，含着泪说：“想我了你就吹吹，我能听到你的相思之音。”

我的心碎了，用颤抖的手接过玉笛，泪水唰唰地流了下来，模糊了我的双眼。在我双眼模糊的那一瞬间，眼前的一切烟消云散，一切美景不复存在。

我声嘶力竭地喊着：“梅！梅！你在哪里？”

“你做梦了，小心针头。”“影子”坐在我的身边赶忙把我的手压住。

我从梦境中醒来，对“影子”说了声“谢谢”，又闭上了眼睛。

# 第五章　痛苦的花季

我从病床上醒来后，回味着梦中的情景，一种失落的感觉在心头萦绕。

吊针打完了，我对“影子”说：“我好了，回家吧。”

“影子”看着我说：“再住一两天吧？”

“没事儿了。回家！”我收拾着东西，“影子”去办手续了。

我提着东西，和“影子”回到家里，“影子”去做饭了。我躺在沙发上，顺手拿了本路遥的《平凡的世界》，有心无心地看了起来。

这天，我上班了。“老狼”来到办公室看我，他说：“你好好的，住什么院，是不是心里不痛快？”

我看了他一眼，没心地说道：“你就会猜想。”

“心病要用心药治，住院都是不行的。”“老狼”说道。

“去你的吧，我有什么心病？只是不舒服，缓了两天罢了。”我现在对“老狼”不感兴趣，只想他赶快出去好了。

“老狼”看我不高兴，就没趣地出去了。

“老狼”走后，我无精打采地坐在办公桌前，感觉自己非常失败。我不是嫉妒“老狼”，我为他的成功而骄傲，他是一个敢说，敢做，也敢当的人。

就在他这种精神的鼓舞下，我还是不死心。“老狼”说得对，心病要用心药治，我还是找心药来治我的心病吧。

人就是这样，失去的东西总想找回来。我怀着没有希望的希望，打开了电脑，点击了那QQ，多想那“心药”能够找到，来医治我的心病。

踏破青山无觅处，千呼万唤始出来。梅的头像终于闪动了。我迫不及待地打开，梅竟然来看过我好几次了。她不见我，留了很多条消息：

“风，你好吗？这几天为什么不见了？去哪里晃悠呢？我因单位有紧急事情，出差一趟，没有来得及给你说声，生气了吧？嘿嘿！我一回来就看你，你却不见了。真让人失望。想你也会快点来的，我说的对吗？”

“风，你怎么了？为什么还不来啊？你真的生我气了吗？快点来看看我好吗？”

……

最后一条消息，梅发给我的是杨雪晴那首动听的《亲爱的你在何方》：

当夜幕降临华灯初放
心里隐隐升起一种渴望
渴望你的温柔占据我心房
渴望你的热情融化我的冰凉
亲爱的，你在何方
对你的思念
夜夜潮涨
对你的爱
无奈又迷茫
今夜，我愿化作夜鹰，飞到你身旁
静静的夜里激情荡漾
我的爱情却不知，在哪里流浪

爱的天使轻舞我的忧伤
回味，你的柔情
让我今生难忘
亲爱的，你在何方
今夜我想与你一起歌唱
一起疯狂
一起飞向
爱的天堂
……

我看着梅给我留下这么多条消息，她情真意切，感人肺腑。特别是杨雪晴那首动听的《亲爱的你在何方》，深深地感动着我。我反复听着，好像是梅在给我唱着，那声音急切，悠扬，婉转又悲伤。我的心难受极了，梅没有忘了我，她还记得我，热爱着我。

我的心情很激动，那梦里的情景再次浮现在了我的眼前。我欣然地给梅留言：

"梅，看到你的留言，我真是很感动。那首《亲爱的你在何方》，把我带到了你的身边。我曾几次来看你，都未能如愿，我很伤心。让你见笑了吧。唉！这些都别说了，只要你好，万事皆好啊。祝你幸福！"这时，我的千言万语竟说不出来，要想说的话很多很多，情长纸短，不知何时才能说完呢。我深情地给梅也回了一首阿卓的《遇上你是我的缘》：

高山下的情歌
是这弯弯的河
我的心在那河水里游
蓝天下的相思
是这弯弯的路

我的梦都装在这行囊中
一切等待，不再是等待
我的一生，就选择了你
遇上你，是我的缘
守望你，是我的歌
亲爱的，亲爱的，亲爱的
我爱你
就像山里的雪莲花
就像山里的雪莲花
……

以此来表达我对梅的一片深情。

就这样我和梅又热恋了起来，在我们长期的交谈中，我慢慢地知道了梅的一切。

梅在T市一家行政单位工作，要说年龄我比她大一个年代。我们交朋友，实在不相称。她喜好文学，擅长诗词歌赋，我们也算文朋诗友吧。梅的童年是快乐的，兄弟姐妹中她是最小。童年在父母的疼爱和哥哥姐姐的关照下，天真烂漫地长大，那时候是最幸福的。上中学的时候，一场灾难却降临在了她的头上，使这个纯洁善良，活泼可爱的女孩一下子掉入了人生的深渊。她几乎绝望了，是爱给了她重生。

那是一个难忘的岁月，也是梅最不愿想起的过去。梅当时在初中读书，学习成绩优异的她，可说是这个中学的校花。同学们尊重她，老师也器重她，她是同学中的佼佼者。

一天，梅正在上课，大难来临，梅的眼睛不知为什么却看不见了。同学们顿时一片慌乱，不知所措。梅被送进了医院。

医院里，梅静静地躺在病床上，吊瓶滴答滴答地输着药液，老师和同学在病床前焦急地守护着。大夫说："失明的原因还不明，还需要进一步查诊。”

几个和梅要好的同学着急地哭了起来，看护的老师眼睛里也噙着泪水，都为梅担心着。这突如其来的病魔，使梅更加伤心。痛苦的她泣不成声。大夫告诉她：“不能流泪的，这样对治疗不好。”

梅承受着巨大的痛苦，在一片黑暗中过着难熬的日子。昔日美丽的天空，敬爱的老师，可爱的同学都从眼前消失了。她的将来是什么样子呢？

时间一天天地过去，梅已经在医院待了好多天了，病情还没有一点好转，梅几乎失望了。父亲那黝黑的国字形脸庞再也没有往日的笑容，他好像一个哑巴，说不出一句话来。母亲一天以泪洗面，但在女儿面前却不敢哭出声来。姐姐们个个愁眉苦脸，一会儿看着爸爸，一会儿看着妈妈，不知怎么办才好。

梅用那看不见的眼睛望着天花板，对妈妈说：“我还能看到这个世界吗？”

“能的！一定能的！大夫说过两天就好了。”妈妈的话斩钉截铁。但眼睛里那渺茫的神情让人寒心。说罢她走出房间又哭去了。

梅静静地躺着，再没有说什么，在苦苦地盼望着光明来到的这一天。

老师和同学们送来的鲜花，放在梅的床前。梅闻着这清香的花味，自言自语地说：“真香！唉！我看不见了，它肯定很美！”

护士小姐站在她的跟前，听了这话，同情地说：“你好好地养病，会看到的。这花和你一样美，只要你爱她，她永远是鲜艳的，美丽的。你要有信心，要爱自己，就像爱这花一样。”

“谢谢姐姐！我会按你说的去做，爱自己的。”说罢那漂亮的脸蛋露出了一丝可贵的笑容。

马上就要到高考的时间了，梅的眼睛还没有好转。家里人和学校里都非常着急，梅更是痛苦不堪。她的心情随着高考的来临一天天坏了起来，失望使她痛不欲生。她想到了轻生，想离开这个美好的世界。她把劳苦了半生的父亲，含辛茹苦的母亲，陪她玩、给她快乐的哥哥姐姐，还有那老师、同学们都拒止于门外，他不想见这个世界上的任何人。她嚷着要出院，拒绝了治疗。她痛苦地在病房里哭着，那凄楚的声音让老天都流下泪来。

雨在外面唰唰地下着，是老天为这个花季少女伤心。大家都在楼道里担心着梅，谁都不敢进去跟她说话。

那护士小姐被叫了来，她轻轻地推开门笑着说道："呦！好妹妹你今天怎么啦？谁惹你生气了？"

梅没有吱声，还是在哭着。

"别哭了，这样会影响治疗的。"护士小姐坐在梅的身边，拉着梅的手，心疼地抚摸着。

梅一下子抱住护士小姐，泪汪汪地问道："好姐姐，请你告诉我，我眼睛还能治好吗？"

"能！一定能治好的。请相信我。"说罢在梅的肩膀上抚慰着。

"你没有骗我吧？这么长时间了，还没有好转的。"梅冷静了许多。

"这需要一个过程。你不要着急，着急对治疗不好。听姐姐的话没问题的。"

"人家都高考了，我却是这个样子。姐姐！我心里很难受。"

"这我理解。没关系的，眼睛治好了，明年再考。你还小，眼前的路还很长，美好的生活还在后面呢。我相信妹妹明年准能考个好的大学，若不相信我和妹妹打赌。你看怎么样？"

梅带着泪花笑了笑说："那我们就拉钩吧！"说着把那右手的

小拇指伸了出来。

“且慢！”

“姐姐变故了？难道？”

“不！姐姐怎么能变故呢。我还得与妹妹有个约定才行。”

“那你说吧。”

“我说了你不得反悔，达成协议后咱们拉钩好吗？”

“行的。”

“一言为定！”

“驷马难追！”

“好！姐姐说了。你必须听姐姐的话配合治疗，姐姐让你干啥你就干啥，姐姐不说的你不得干。一句话就是要配合，你听懂了吗？”

“行的。我一切听姐姐的。拉钩！”

“好！拉钩！”护士姐姐笑了。

梅笑得更开心。

经过护士小姐的一番攻心战，梅不闹腾了，又开始接受治疗。大家都非常高兴，梅的母亲拉着护士小姐的手，感动得什么都说不出来。

奇迹终于在爱的海洋里出现了，梅的眼睛可以看见了。

梅的眼睛在看不到这个世界的一百多天后，终于见到了光明，确实是个伟大的奇迹。这光明蕴含着多少爱，是爱的力量让她重见光明。

梅的父母、哥哥姐姐高兴得不知说什么好。梅的老师和同学给梅组织了欢庆会。医院免去了梅的一部分住院费。这天大的喜讯，给人间传播着爱的力量。

梅高高兴兴出院了。她临别时，买了一大束兰花送给精心护理她的护士小姐，激动地说：“姐！你像这兰花一样美丽！”说罢紧紧地拥抱着。

“好妹妹，我们是拉了钩的。你也像这兰花一样，非常美丽！待明年考上大学，姐姐来给你祝贺。”说着，那一双美丽的大眼睛湿润了。

夏日荷花别样红。一年一度的高考又开始了，梅经过一年的努力，以优异的成绩考上了省城一所重点院校。

这天，她拿上录取通知书，首先想到的是曾经照顾过她的护士小姐。她兴奋地跑到医院，把自己的幸福第一时间分享给这美丽的护士小姐。

这护士小姐是她人生中的第一位知己，她们的友情胜过爱情，梅这颗感恩的心，深深地眷恋着这位同性知己。

梅考上了大学，家里人高兴坏了，好像过大年似的，亲朋好友前来祝贺。护士小姐被梅作为上宾特地请来，她给梅带来了一件特殊的礼物，那就是让梅重见光明的兰花。从此梅与兰花结下了不解之缘，她更名为梅若兰。

大学开学了，梅开始了一个崭新的生活。

大二那年，梅认识了宁。宁是数学系的，家在海边。大城市的他侃侃而谈，风度翩翩，出手还算大方。窈窕淑女，君子好逑，人之常理。经过几个月的接触，两个人便相亲相爱起来。

宁是她的第二个知己，这个知己却是异性知己。与那护士小姐有一种不同的情感，那就是男女之间的爱，这种爱赋予了特定的意义，当这种爱深化了的时候，它就会结出沉甸甸的果实。

爱随时光发展，与日月剧增，相互辉映着。可以说他们是大地赐连理枝，高天生比翼鸟，上好的一对啊！

光阴荏苒。不知不觉大学生活就要结束了，无情的现实摆在了这一对恋人面前。宁要回他的海边去工作，梅只能留在她的城市。这真是棒打鸳鸯太无情，各奔东西伤煞人啊。

就这样，两个相亲相爱的人儿，被现实无情地割裂开来，酿成了一出《天仙配》的悲剧。

梅工作后，被分配到一个行政单位，工作不错，也到了婚嫁的年龄。在朋友们的介绍下，梅和宇谈上了恋爱。宇在一家企业工作，为人不错。时间不长梅和宇就结婚了，两个人相亲相爱，互尊互敬，亲亲热热在来年生了个小宝宝，光阴很充实，过得很满足。

当我知道梅的这些时，我为梅高兴，高兴的是她有一份好的工作，幸福的家庭。也为梅庆幸，庆幸的是她的眼睛恢复了健康，重见光明。但也为她伤感，伤感的是，正当花季的她不应有如此遭遇。也为她遗憾，遗憾的是第一次恋情没有圆满，蹂躏了她那少女时代最美好的感情。

梅在工作上是一个很上进的人，在家里是一位贤妻良母，除了这些还写就一手好文章。正因为如此，我对梅非常敬重。我的敬重日益加深，心里隐隐地产生了一丝爱意，这爱意由一丝慢慢地增加，千丝万缕，纷纷繁繁，缠绕了我这颗滚烫的心。

# 第六章　社长的情人

正当我和梅在网络上热恋的时候，“老狼”进来打断了我的好事。他那副神秘的面孔，使人感到诡异。他悄悄地对我说：“有情况了。”

“什么有情况了？”我不解地问。

“老狼”把嘴递进我耳边，小声地说：“社长有了情人。”

我看着“老狼”，却心里有些疑惑。

“老狼”看我不相信，认真地说：“你不信吗？是我亲眼看到的。”

“这可不能乱说。社长是个正经人啊。”我有点警告“老狼”。

“嘿！这年头有谁正经呢？都是假的。”“老狼”看了我一眼。又说：“这世界上恐怕只剩下你一个正经人了。”

我有点好奇，便问道：“你怎么知道的？”

“这可是十分机密的事情，我相信老弟，只给你一个人说。”说罢“老狼”对我有点审视。

我看“老狼”那样子笑了笑说：“你还不相信我，那你相信谁呢？”

“我就是相信你，才给你说的。”“老狼”也笑了笑，继续说道：

“那天晚上，我从红桥门口过来，忽然发现社长和一个美貌的女人进了红桥宾馆。我悄悄地尾随在后面，你猜他们怎么来着，登记了房间，住下了。可把我吓坏了，我赶忙溜了出来。嗨！你说这事……”“老狼”说得有声有色，但欲言又止。

我看看“老狼”，追问道：“怎么不说了？”

“下面的还用说吗？好上了呗。”“老狼”说罢嘿嘿地笑着。

“你这个风流鬼就会幻想，你知道那女的就是人家的情妇？还好上了呗！看把你美的。”我虽然这么说着，但心里还是相信“老狼”说的是真的。

“老狼”看我不相信，有点生气地说：“信不信由你。榆木疙瘩。”

“你这是猜测，真实情况只有社长和那女人才知道啊。”我还是遮挡着他的那片烂嘴。

“不说了，不说了。你这人不可理喻，说什么你才相信呢？”“老狼”真的有点急了，接着又说：

“你猜是谁？”

“谁？”我惊奇地问。

“咱社的‘爆米花’。这回相信了吧？”“老狼”终于把我说服了，他那如释重负的样子，坐在沙发上，呆呆地看着我的反应。

“天哪！”我几乎叫了出来。心想：这兔子怎么吃起窝边草了呢？真是岂有此理。我看着“老狼”，说什么好呢？只说了声：“由他们去吧。”

“爆米花”名叫丁香，也算我们杂志社最漂亮的女人。说话总是笑着，声音甜甜的，既好看又香甜，还有个好听的名字，大家这才叫她“爆米花”。

你看她，三十刚出头的年龄，一副模特身材，但比模特稍微丰满点。她的头发本是黑的，但微微染红。她的睫毛本是短的，但嫁接变长。她的鼻梁本是平的，但修复隆挺。她的嘴唇本是微白的，但抹脂红润。她的胸脯本不丰柔，但带上乳罩也显饱满。

她的臀部并不肥美，但走起路来却有些摆动。她的肌肤并不水润，但看起来胭脂莹盈。她实实在在是一个现代人造美人。

社长呢，足足比她大二十有余，偏胖的身材总显领导风范，穿着时髦讲究，说话虽有点粗，但侃侃而谈。那金丝边的眼镜架在鼻梁上，给他多少装饰了点斯文。他和“爆米花”是在南方考察时，亲密到一块的。

话得从去年说起。去年的秋天，市文联组织去南方考察，给杂志社分了两个名额，社长当然是法定的。另一个人选是谁呢？大家都议论纷纷，有的就开始走社长的后门了。社委会在研究时，社长这么说：“要让年轻的同志去学习学习，看看外面的大世界，杂志社要后继有人的。”

年轻的同志有七八个呢，社长心中又是那一个呢？大家都不说话，等待着社长选定。

社长看大家都不说话，右手把眼镜扶了扶，眼睛扫视了一下会场说：“丁香怎么样？”

社长这么一说，其他社委你看看我，我看看你，谁也没有反对，谁也没有同意，就这么定下了。

南方A市，盛夏非常炎热。大都市的女人们，袒胸露背，裙裾迷你，倩腿修长，看上去格外靓丽潇洒。

丁香是从北方来的，她的那身打扮，走在这都市里格格不入。这北方的“爆米花”到了南方实在是大煞风景。就连爱看她的社长看了也不自在。

晚上趁夜幕降临之时，社长领着丁香摸进一家服装大厦，掏出自己的腰包，破费给丁香买了一套非常时髦的夏装，两个人赶忙回到了所住的宾馆。

宾馆里，丁香痛痛快快地洗了个澡，穿上那套时髦夏装，对着镜子，着实地打量了一番。自己那模特身材这时才真正派上了美的用场。她稍微化了一下妆，扭着那不太丰满的臂部，走进了社长的客房。

社长一看昔日的“爆米花”一转眼，出脱得像个女明星。他的眼睛霎时间光芒四射，心里一股说不清的冲动向天灵盖喷涌，那身子下面属于男人的东西，不由自主地蠢蠢欲动。同宿的市报主编王老头也被惊呆了，他两眼直溜溜地看着丁香，那张嘴馋得半开着，把魂儿都跑了出来。那老头总是年龄大了，控制不住自己的心情，脱口说道：“啊！小丁真美!”

丁香竟置若罔闻，一双毛茸茸的大眼睛，火辣辣地盯着社长。把个社长看得浑身上下滚烫的发热，脸都红透了。

“社长，天太热了，出去兜兜风吧。”丁香用那甜甜的口吻邀请着。

“好！去兜兜。”社长习惯地扶了扶眼镜，把王老头撇在了脑勺背后，跟着丁香出去了。

那王老头，失望地看着他们走出了房门，坐在床边半晌才收回自己的魂儿。

都市的大街车水马龙，人群熙攘，霓虹闪烁。社长被丁香这美人陪着走在这大街上，胜似风光。他像个父亲，领着女儿在漫步；也像个老板，领着美秘在悠闲；更又像个大亨，带着情人在逛街。总之，这都市里谁也不知道他们的身份，别人怎么看都像着呢。

两个人走着，来到一个较为悠闲点的草坪上，这里纳凉的人很多，他们也找了个地方坐了下来。

丁香有些不好意思地说：“这次我来考察多亏您帮忙。今天又这么破费真让人不好意思。”

“没什么的，小意思。只要你高兴就是。”社长看了看丁香，微微地笑着。

“还小意思呢！这套衣服两千多，咱们多半个月的工资呢。我回去给你还。”丁香说话的口吻更甜了。

“不用的，你太见外了。就算我送你的还不行吗？”社长的目光有些异常，看得丁香不好意思地把头偏了偏。

丁香把目光从社长的脸上移了过来，轻声细语地说：“我这是无功却受禄啊，怎能担当得起呢？”

“赠予与功劳没有关系，是人的感情问题。俗话说得好：人情送匹马，买卖不饶针嘛。”社长说罢用那热乎乎的手拉住了丁香那软绵绵的手。

丁香无意识地把手挪了挪，但还是没有抽出来，任凭他抚摸着。

两个人都不说话了，喧闹的都市好像宁静了许多。

丁香把头轻轻地靠在了社长的肩头，那女人独有的香味沁袭着社长的肺腑。社长的一只胳膊本能地揽在了丁香那有点丰腴的腰间。

丁香的心在怦怦直跳，脸盘微微泛红，耳根也在发烧。就像一只漂泊的小船靠停了岸，疲惫地依偎在社长的怀里。

社长呢，抱着这团温柔，总是不想松开他那像蟒蛇一样，紧紧缠绕的胳膊，直到那草坪上人影寥寥，才起身牵着丁香的手，舍不得离开似的，慢慢地回到了宾馆。

一个星期的考察很快就结束了，社长和丁香终于等到了这一天。应丁香的要求，二人收拾了行李，坐上去宁海的火车，社长要陪丁香看看大海。

A市到宁海大约两个小时的路程，火车像银蛇一样在大地上飞速地穿行着。社长有点疲惫地睡在软卧上，丁香则坐在车窗边，望着一望无际的平原，总觉路途太长，火车太慢。她不时地瞧瞧社长，那秋波里荡漾着感激的目光。

火车终于进站了。他俩提着行李，走出火车站，顺手挡了个出租车，打车来到一个五星级的宾馆门前停了下来。二人下车后，丁香看着这座气派豪华的宾馆大楼，跟着社长进了登记大厅。那宁海宾馆四个带英文的红色大字和那五颗金黄色的星星让丁香着实地心跳了一阵，她有生以来没有住过这么豪华的宾馆。

社长把房间开好了，他要了个总统套房，兴高采烈地把丁香领了进去。丁香跟着社长，一切都听着他的安排，一切都好像在自然之中。

第二天凌晨，他们乘坐一辆中巴来到了海边。晨风轻轻地吹拂着丁香那飘逸的头发，眼前那宽阔无垠，波涛澎湃的大海让她赞叹不绝。她脉脉含情地看了一眼社长，动情地说："这大海真美啊!"

社长与她并肩而站，回头看着丁香，心有所思地回道："是啊，确实很美!"

两个人在海边尽情地玩了一天，不知不觉已是黄昏时分。他们在海边吃了晚餐，美美地品尝了一顿美味的海鲜。社长还给丁香要了杯咖啡，自己来了杯红酒。大海，美人，红酒，咖啡，还有那海边轻轻的凉风，好像在描绘着一幅美妙的画卷。

天空星星点灯，月牙初露。他们朦胧着自己，似醉非醉地回到了那总统套房。两个人痛痛快快地洗了个鸳鸯浴，躺在那舒适的席梦思床上，尽情地快活着，释放着一天的疲劳。

时间一分一秒地在温柔乡里度过，他们贪恋着这醉人的时刻，谁也舍不得分开。

夜非常的安静，那橘黄色的床灯，放着微弱的光芒。他们甜言蜜语着，两条赤裸裸的身子，缠缠绵绵在一起交织着，蠕动着，轻轻地呻吟。一场痛快淋漓的肉搏之后，慢慢地把他们驶入了疲倦的港湾，枕着罗曼蒂克的潇洒入眠。

早晨的太阳已经爬上了豪华的大厦，车水马龙的街道早已恢复了白日的繁忙。社长和丁香懒洋洋地起了床，洗漱完毕后，又开始下一站的旅行。

他们走进云乳山，跨过玛丽河，穿越冰凌岛，漫步情人湖。一路上留下了他们的爱，留下了他们的情，留下了他们的欢声笑语，留下了他们的蜜意柔情。

就这样，他们又紧张地度过了一个星期，坐着那“银鹰”从天空中飞了回来。

丁香这起跟社长考察，的确风光了一回。南方去了，海边去了，五星级宾馆进了，总统套房住了。云乳山，玛丽河，冰凌岛，情人湖，这些名胜游了，飞机也坐了。她十分高兴，社长当然也非常高兴。

俩人回来后，再没有那么好的条件去接触，只能偷偷地陈仓暗度。

那天晚上，他们去红桥宾馆约会，却被“老狼”发现了。“老狼”将它作为一个天大的秘密，告诉了我。我想这人吃五谷杂粮，摄取不同营养，爆发七情六欲，释放原始野性，也是情理之中的事情，无可非议，有什么可大惊小怪的呢？

我告诉“老狼”说：“这秘密就让它秘密去吧。只有天知地知，你知我知，还有他们两个自己知道就算了，别人不知道为好。”

“老狼”点点头，笑着说：“不愧为我们的主编，看问题就是和别人不一样。”说罢笑着走了。

“老狼”走后，我倒替社长和丁香担心起来，我怕他们情意绵绵，难分难舍，弄出什么来。社长的女人是个大醋坛子，知道了定让他碎尸万段，臭名远扬。丁香呢？人还年轻，男人又在警局工作，知道了准把她枪毙了不可。我想到这里害怕起来，不觉打了个寒战，浑身顿时毛骨悚然。我摇了摇头，用手梳了梳头发骂道：“唉！这‘老狼’竟给我说这些‘丧’事！”

# 第七章　幽灵侦探

"老狼"说起来也糟，他无意地跟踪社长，但万万没想到自己却被人盯梢了。

那天，"老狼"和那少妇相约灵芝公园，然后到仙人居饭庄吃饭，被小姨子亚萍发现，这亚萍真是鬼灵精，偷偷地用手机拍了下来，保留了证据。

这真是运气不佳。亚萍那天和朋友也去仙人居饭庄吃饭，她不经意发现姐夫"老狼"和一位美女在一起，心里一愣，总觉不对，下意识地从兜里掏出手机，只听咔嚓一声，"老狼"和那美女的景致被她牢牢地拍在了手机里面。看来"老狼"以后有千张嘴也说不清楚了。

亚萍这顿饭没有吃好，她心里嘀咕着姐夫，这老东西活得不耐烦了，竟敢背着我姐，在外面风骚，老不正经。但她一点都没有声张，心里却运筹着一个周密的计划，为了捍卫姐姐的最高利益，她必须擒住这个老色狼。

吃过饭后，亚萍急匆匆地回了家。打开电脑，在日志中写道：

时间：二〇〇九年五月二十日晚七点三十分左右；

地点：仙人居饭庄D座；

人物："老狼"与一女人；

证据：手机摄影。

写完后她保存了下来，便关了电脑。一屁股坐在床上，谋划着下一步的行动。

“老狼”呢，现在像个痴情的傻子，被人盯梢却什么都不知道。那天晚上和“情人”约会后，既高兴又失落。回到家里，像丢了魂似的，害起相思病来。妻子荷萍却什么都没看出来。

荷萍是下岗职工，是“老狼”托社长关天令求人安排到一家私企工作的，月薪不高，但很辛苦。家里的事情都是“老狼”掌管着，荷萍什么事情都依着他。

亚萍看着姐姐在家里有点委屈，但没有办法。这回他抓住了姐夫的把柄，要好好地修理他一顿，看他再欺负人了不?

亚萍是一个聪明泼辣的姑娘，警校毕业后，开了一家服装店，生意挺红火，她是家里的佼佼者，父母和荷萍也非常疼她。母亲经常唠叨着：“男大当婚，女大当嫁。你都这么大的人了，还是个娃娃性儿。赶快找一个，我把你嫁出去，也让老娘省省心。”

亚萍呢，把老娘的话没当一回事，一天我行我素，只管当她的老板，干她的事情。这回姐夫一露馅，让她有了新鲜的事儿可做，所学的专业终于派上了用场。

这一天下午，亚萍热情地来到“老狼”的办公室，甜甜地叫了声“姐夫”，寒暄了一会，看“老狼”的QQ在闪动着，便笑着说：“姐夫！给杯水喝不行吗?”

“老狼”不好意思地起身来，边给亚萍泡茶，边说道：“噢！你看我这人，实在对不起。给你这大老板不泡茶，给谁泡啊?”

亚萍在“老狼”起来倒水的时候，赶忙坐在了姐夫的椅子上。笑盈盈地说：“姐夫！我在你电脑上查个资料，看有没有好的服装。”说罢，便打开了浏览器。

“老狼”紧张地把水递在亚萍面前，斜视着眼睛偷看着，亚萍没有点他的QQ，提上到嗓子眼的心才放了下来。

“老狼”坐在沙发上，如坐针毡，他唯恐亚萍点击他的QQ，暴露了秘密。但又不敢吱声，弄不好就是此地无银三百两啊，不打自招。

亚萍是什么人，警校毕业啊，会搞侦查的。她已经记下了“老狼”的QQ账号，也记下了“老狼”会面最多网友的账号。这会儿她在电脑前是给“老狼”做样子看的，也故意急急“老狼”。

亚萍看“老狼”那着急劲，觉得恰到好处。为了稳住“老狼”，她把打开那有关服装的页面故意放着。便起身端着那杯水走了过来，说道：“没有什么好服装。”

“老狼”看亚萍不上了，那紧张的面孔才松弛下来。他故作镇静地笑着问道：“不上了？”

亚萍喝了口水，也笑了笑说：“不上了。该走了。你忙你的吧。”说罢给“老狼”热情地挥了挥手，一声“拜拜”，活蹦乱跳地走出了“老狼”的办公室。

亚萍走后，“老狼”这才松了一口气。他看着电脑，摇晃着脑袋自言自语地说：“这丫头，真是吓死人了。”便笑着又开始上他的QQ了。

亚萍回到家里，又记载着：

时间：二〇〇九年五月二十八日下午；

地点：杂志社“老狼”办公室；

人物：“老狼”、亚萍；

事件：我上了“老狼”的电脑；

证据：“老狼”QQ号3468×××，网名西北老狼；“老狼”网友QQ号5963×××，网名柔情似水。

亚萍写完后，又申请了个QQ，起名“水天一色”。便把这两个号加为好友。计划着下一步的行动。

亚萍对“老狼”的全面侦查展开了。

晚上，亚萍打开了电脑。不一会儿，“柔情似水”同意添加她为好友。两个女人热情地聊了起来。

“柔情似水”就是“老狼”那次约见的朋友。这会儿她不知不觉地被“老狼”的小姨子给套住了，她还聊得正高兴呢。

亚萍慢慢地在交识着这个同性“朋友”，她知道欲速则不达，还得忽悠点，慢慢地问人家的情况，不然人家会反感的。

“老狼”也同意添加亚萍为好友了，这小姨子和姐夫也开始了你情我爱的“网上恋”。亚萍撒下了甜言蜜语的诱饵，“老狼”也在慢慢地上着小姨子的钩。来看看他们开始的聊天记录吧：

水天一色：你好！

西北老狼：你好！

水天一色：很高兴认识你啊！（表情微笑）

西北老狼：我也很高兴认识你啊！（表情微笑）

水天一色：你为什么叫西北老狼？

西北老狼：不好听吗？

水天一色：好听啊！就是不知道你叫这个名字的意思。

西北老狼：狼不是西北最有灵性的动物吗？

水天一色：噢！这倒是真的。但很凶残啊，嘿嘿！会吃人的。

西北老狼：是吗？我这狼是不会吃人的。

水天一色：那你这狼还有点善心呢。

西北老狼：呵呵！善心大大的。

水天一色：那我就敢和你交朋友了。

西北老狼：你不害怕我把你吃掉了？

水天一色：哈哈！还说你不会吃人，看这不是凶相毕露了吗？

西北老狼：唉！露了也不凶的。吃不了你的。

水天一色：那当然。狼是不会上天下水的。你能吃了别人，却吃不了我的。

西北老狼：那为什么？

水天一色：你看我的名字你不是就知道了吗？嘿嘿！笨蛋！

西北老狼：噢！看来我真是吃不了天鹅肉的。

水天一色：不美了吧？

西北老狼：嘿嘿！

你看他们第二次是怎么聊的：

水天一色：呦！狼来了！

西北老狼：嘿嘿！怕了啊？

水天一色：有点。

西北老狼：为什么？

水天一色：我看有点色。呵呵！

西北老狼：没有吧？

水天一色：有点！是公狼一号。

西北老狼：呜！（表情哭）

水天一色：怎么哭了呢？

西北老狼：伤心啊。

水天一色：没有母狼吗？嘿嘿！

西北老狼：呜！呜呜！（表情哭）

水天一色：看把你伤心的，别哭了。我给你找个母狼一号。

西北老狼：呜呜！呜呜！（表情哭）

水天一色：怎么还哭啊？

西北老狼：我不要陆地上的狼。

水天一色：噢！你要的是天狼或水狼啊？

西北老狼：嘿嘿！

水天一色：真是个大色狼，想得挺美！好吧！给你，就看表现了。呵呵！

西北老狼：嘿嘿！

聊了两次，亚萍就把“老狼”拿下了，牵着他的鼻子走。她想：看来姐夫真的是个大色狼，唉！姐姐受罪了。又想：网上的东西是虚拟的，光凭这些还治不了姐夫的“罪”，要抓住他的真凭实据，才能让他俯首就擒。想着想着，她开始了对“老狼”的跟踪。

“老狼”呢？又认识了一位美女，高兴坏了，他一天走起路来都哼唱着小曲。心想：这个美女真棒！比“柔情似水”更有人情味。聊起天来有点烈劲儿，真过瘾。他一天不和这女人聊天，就觉得吃饭不香，睡觉不甜。只恨这“水天一色”上网没个谱，神出鬼没，时间不定。弄得他神形不安，魂不附体。

这天晚上，天灰蒙蒙地笼罩了下来，大街上的灯星星点点地亮了起来。亚萍终于跟踪上了“老狼”。

“老狼”像一只野猫，忽隐忽现地在街道边窜行着。他在跟踪着一对“大鼠”，社长和丁香。在他的后面，跟踪他的却是幽灵侦探亚萍。这连环的跟踪，真是让人啼笑皆非，他们究竟都是为了什么呢？

“老狼”的目标迅速地进了红桥宾馆。亚萍的目标在红桥宾馆门口逗留了一下，转向去了南路，然后大摇大摆，若无其事地走了。

亚萍站在红桥宾馆门口对面的那棵大槐树下，纳闷了。姐夫究竟在跟踪谁？难道是姐？她想到这，心里不由地紧张起来。还是查看个究竟，弄个水落石出才对。

亚萍走进了红桥宾馆，她到登记台前问道：“小姐！我要找个人，把房号记错了，能查一下吗？”

那服务小姐看亚萍不像什么不正经的人，就顺手把登记册递了过来，说道："你查吧，没关系的。"

亚萍说了声"谢谢！"便翻开登记册。啊！关天令。姐夫杂志社的社长。他不回家，住在这里干吗？难道姐夫在跟踪他？

亚萍合上登记册，对服务小姐又说了声："谢谢！"茫然地走了出来。她思摸着，这关天令住在这儿干什么呢？

"不好！"亚萍的心里咯噔了一下。姐姐下岗后，是姐夫求关天令问在一家公司上班的，难道他和姐搞上了。姐虽然四十多岁的人，但还是美貌的。中年人有中年人的风度，有中年人的美感。羊吃苦苦菜，各取心上爱。姐陪关天令五十多岁的人，绰绰有余。不然姐夫为什么跟踪的那么有劲呢？别人又与他何干？

哎！看来我这侦探侦出了一大堆的麻烦，真是恼人。

正当亚萍在胡思乱想的时候，她的手机响了。是他的男友浩约她去迷你酒吧。这一下浩帮了她的忙，是手机提醒了她。她接完浩的电话后，赶忙就给姐姐打电话，看她在什么地方。不料，姐姐的手机却在关机。

亚萍的心更急了。现在只能给姐夫打电话了，试探一下，看姐姐在什么地方。

亚萍拨通了"老狼"的电话："喂！是姐夫吗？你在哪？"亚萍的心在咚咚直跳，等待着姐夫的回应，看语气怎么样。

"老狼"回过来了："噢！亚萍。我在家。有事吗？"那声音不紧不慢，不轻不重，让人难以捉摸。

亚萍听着，心里在判断着。声音柔和地问道："我姐呢？"

对面传来不愉快的声音："不知道！"

亚萍的心又紧张起来，她不知道再说什么好。心里骂道："天哪！这是怎么了？都出轨了！"

"老狼"不见亚萍说话了，便说道："怎么不说话了？"

亚萍被姐夫这一催如梦方醒，回道："没什么的，随便问问。你忙吧。"即刻挂了电话。

亚萍的电话刚挂了，铃声又响了起来。是浩等不住了，来电催她。亚萍才可怜地说："我肚子饿啊。"

浩带亚萍来到一家小餐馆，要了碗面食，亚萍狼吞虎咽地吃了起来。浩心疼地问道："你怎么这么晚了还没有吃饭？看把你饿的。"

亚萍头都不抬地说："别提了，一言难尽。"说罢尽管吃着她的饭。

浩不解地看着，但也再没有好意思追问。只是坐在对面看着她那吃饭的样子。

亚萍吃完饭后，没有心情陪浩去酒吧逍遥，她的心乱得很。她央求地对浩说："今晚我不想喝，改日我陪你喝好吗？"

浩见一贯豪爽的她今晚却这么可怜，点点头应允着。只是眼睛里含着一种舍不得离开的神情，这神情回应着亚萍投来的目光。

亚萍真不忍心这样对待浩，她知道热恋的心有一点点的冷意都是冰凉的。但她今天的心情却实很糟，恐怕和浩在一起，不但没有给浩快乐，反而伤害了他。

两个人走出了小饭馆，慢慢地在林荫道上溜达。

亚萍想着这两天发生的一切，恐怕浩对她的爱也是假的。慢慢地对浩说："浩！你真的爱我吗？"声音里稍微有些凄凉。

浩被亚萍这一问，弄得丈二和尚摸不着头脑。他回过神来，看着亚萍，不解地问道："你今天是怎么了？竟问起这个问题来？"

亚萍声音有点冷清地说："我只是随便问问，不答也罢了。"

浩看亚萍不高兴，不知是为了什么，还认为是自己在哪些地方难为了她。心一急，走在了亚萍的前面，拦住她说："你今天到底怎么了？我什么地方不好吗？"

亚萍看浩认真了起来，解释说："这与你无关的。你别多心。"

浩还是拦着亚萍说："我看有关呢，不然你怎么能问我爱不爱你呢！"

"我就是随便问问，你当真了。你爱不爱我，我心里还不知道吗？"亚萍双手搭在浩的肩膀上，把那有点冰凉的嘴唇吻在浩的嘴唇上，表示着自己说的事与他无关。

浩被亚萍这一吻，疑问随之消失。他的双手紧紧地抱着亚萍的腰，用力地热吻起来。两颗心紧紧地贴在一起，两人的身体好像都在慢慢融化，在这城市的林荫道上，形成一个完整的雕塑，象征着纯洁的爱情。

# 第八章　云山有雾

亚萍对“老狼”的侦查，陷入了困境之中，发现的线索越来越多，竟把自己的姐姐也列入了黑名单。她想放弃，但又不甘心。姐姐还没有浮出水面，姐夫已露出马脚。关天令嘛，他如果以恩要挟人，我不得让他好过。

亚萍想着想着，下定决心，要把这谜团解开。她又打开电脑记载着侦查结果：

时间：二〇〇九年六月三日；

地点：红桥宾馆门口；

人物：“老狼”，关天令和一个女人；

事件：“老狼”尾随关天令和那个女人。关天令和那女人住红桥宾馆３０３房间。“老狼”尾随后便向南街走去。

证据：宾馆登记册。

亚萍写完后，琢磨着陪关天令的那个女人，她到底是谁呢？她多么希望不是自己的姐姐荷萍，如果是这就彻底乱套了。

说来也巧，那天晚上荷萍加班迟了，下班后，几个姐妹们就去了一个小餐馆吃了个便饭。亚萍给她打电话，她的手机正好没电关机了。由于荷萍长期加班，不能给“老狼”做饭。但“老狼”经常吃不上饭，也感到很生气。这晚上他跟踪社长，回来就没饭吃，躺在沙发上正生着闷气，亚萍来电话问荷萍。饿着肚子的他，无意中话音有点不好，这让亚萍生疑，就和关天令给姐找工作，姐夫尾随关天令这一切联系在一起，让她的心情变得很复杂，想象出很多的问题来，使她的侦查工作变得既多彩又传奇。

过了两天，亚萍来到姐姐的单位，借故要问一下那天晚上她究竟干什么去了？她走到荷萍跟前，轻轻地叫道："姐！我来看你了。"说着那目光中带有一种审视。

荷萍听到叫声，转过头来。一看是亚萍，有点惊奇地问："你干什么来了，我们这上班是不能会客的。"

"想你了呗！看看就走。"说着嘿嘿地笑着。

"这我爱听，你这死丫头懂事了。有啥事？快说。"荷萍高兴地催促着。

"没有事情，就看看你嘛。"说着转身欲走。又回过头来说："你这两天没钱吗，怎么手机停机了？"

"去你的吧，我什么时候手机停机了？你准是打错人了。"荷萍笑着说。

"那前天晚上怎么给你打不通啊？"亚萍进入了正题。

"没有的事。你肯定打错了。去吧。姐还要工作呢。"荷萍忘记了那天晚上手机没电的事，也不知道亚萍要干什么，就随便这么一说。

亚萍再不能问了。给姐姐笑着挥了挥手，说了声："拜拜！"哼着歌子走了。

荷萍目送着妹妹离开，笑了笑自语道："这丫头！"回头上自己的班了。

亚萍从姐姐的单位出来，心想这姐姐肯定是有问题了，你看她那说话吞吞吐吐的样子，还有那兴高采烈的劲儿，都是心里有鬼的表现。如果姐姐真是这样，就便宜姐夫这条色狼了。要治住这条色狼，首先姐姐得没有事才行。姐姐啊！你究竟有事没有呢？

亚萍一路走着一路想着，改变了侦查思路，定下了新的侦查方案：拖住“老狼”，诱住“柔情似水”，把荷萍放在侦探的第一位。

网络上，亚萍和“老狼”这姐夫与小姨子聊得火热：

西北老狼：这几天怎么不见了呢？

水天一色：想了吗？（表情微笑）

西北老狼：有点想！

水天一色：才有点，不够朋友。

西北老狼：说实话，真想。（表情微笑）

水天一色：这还不错，有点交情。

西北老狼：嘿嘿！

水天一色：能告诉我你是哪里人吗？

西北老狼：可以。本市。

水天一色：你干什么工作呀？

西北老狼：杂志社。

水天一色：那你叫什么名字呀？

西北老狼：你就叫我老狼吧。

水天一色：不说算了。不够朋友。（表情生气）

西北老狼：好！好！别生气了，我说还不行吗？

水天一色：有感情。（表情微笑）

西北老狼：我叫王得成。

水天一色：（表情微笑）

亚萍聊到这儿心想：这男人啊，女人给他点情味，他就都什么都说了，老娘看他连生日都恨不得说出来。真是下贱。我给他来点更有味儿的，看他怎么样呢？

水天一色：（表情一个吻）（表情微笑）

西北老狼：（表情一个吻）（表情微笑）

水天一色：好吗？

西北老狼：真香！（表情微笑）

亚萍为了吊这“老狼”的胃口，不告别就下了线。

“老狼”在那边，看“水天一色”未打招呼下线了，心里一股失落感涌上心头。他伸出舌头，舔着干裂的嘴唇，好像品尝着“水天一色”发来的香吻。

亚萍把和“老狼”在QQ上交流的信息都保存了下来，作为将来治“老狼”“罪”的有力证据。

这几天，亚萍一直在跟踪姐姐。一连好几天了还没有个苗头出现。她想可能是自己误会了，姐姐应该不是那样的人。如果不把姐姐的事弄清楚，在治姐夫“罪”的时候，姐夫来个猪八戒倒打一耙，这如何是好？那自己就下不了台啊。她想着，这事不能急，心急吃不了热豆腐，不好会弄出麻烦的，还得慢慢来。

荷萍怎么能知道自己的妹妹侦查起自己来呢，都是她那个不争气的男人惹的祸。要是她知道了，准会把这个色狼吃掉。把这个自己疼爱的妹妹，狠狠地打她几个耳光。

荷萍也是个可怜人，下岗了没有收入，是丈夫“老狼”求关天令托人来到这家公司上班的。早起晚归，寄人篱下，一月就挣个一千多块钱，还忙得顾不上家。

“老狼”呢，自从网上有了红颜知己后，竟对荷萍冷淡起来，就连最起码的丈夫的责任都不愿尽了。晚上虽然与荷萍睡在一张床上，但却做着他的美梦。就是在荷萍的强烈要求下，也是应负差事，让荷萍在丈夫身边活活地守着寡。日积月累，荷萍也不再对“老狼”抱有什么希望，就由他去吧。

荷萍在公司里很受大家尊重，她工作踏实，勤奋敬业，为人憨厚，大家都把她叫萍姐。虽然她四十开外，但美韵犹存，也是公司里最漂亮的人儿，不论男女同事都很爱接近她。

公司主管他们的经理翔，三十多岁的小伙英俊潇洒，帅气斯文，大学毕业来到这里，他很器重荷萍，萍姐就是他先叫出来的。

荷萍对翔也很有好感，总觉得他是个小弟弟。“老狼”对她的冷淡，使她把对丈夫的爱，慢慢地转移到了这个小弟弟身上。

记得那天晚上加班后，荷萍作为班长最后收拾着东西。翔过来说道：“萍姐老是最后下班的，今晚我请客。”

“没关系的，晚了，你也早点回吧。”荷萍笑着看了一下翔。

“回家也是没饭吃的，你也得回去做，还是在外面吃点算了。”翔说着硬是让萍姐一块去吃饭。

经理请客，荷萍不好推辞。两个人来到一家快餐店，简单地要了两个小菜，来了两碗面，随便吃了一顿。吃过后，准备回家时，荷萍一看把包忘带了，放在公司里，里面还有今天刚发的工资呢。她对翔说：“经理你先回吧，我忘记带包了。”

“我陪你去取吧。唉！是我一打扰让你忘了的。”翔有点不好意思。

“我去就行了。你快回去休息吧。”

“早着呢，还是我陪你去。再说你一个人去也不安全。”

“那就谢谢了！”

“萍姐！你客气什么！”

说着荷萍与翔来到了公司。当荷萍准备拿包的时候，翔再也忍不住了，他把默藏好久的对萍姐的爱，一下子爆发了出来，紧紧地把萍姐抱住，狂吻起来。

荷萍被翔这突如其来的拥抱和狂吻吓坏了，她几乎喊了出来。但她总是成熟的人，马上冷静了下来，推开翔说：“你还年轻。别这样了。”

翔喘着粗气，涨红着脸说“不！我爱你！是真的。”他还是紧紧地抱着，不松开他的手。

荷萍这时浑身像瘫了似的，不由自主软绵绵地躺在了沙发上，她闭着眼睛，任凭翔热烈地吻着，疯狂地抚摸着。她的衣服被翔脱掉了。翔也把自己的衣服脱了个精光。就这样她接受了翔的爱，接受了翔的一切。

荷萍穿好自己的衣服，呆呆地站在翔的面前。翔穿好衣服后，有点抱歉地说："对不起，萍姐！"

荷萍提起自己的包，看了看翔一眼说道："走吧！一切都发生了，一切都过去了，说这些有什么用呢。"

荷萍和翔关了灯，从黑暗中走了出来。大街上霓虹闪烁，车辆穿梭，一切还在喧闹之中。

荷萍回到家里，看"老狼"不在客厅，知道他已经睡了，便去卫生间冲了个澡，洗涤着心灵和肉体上的痕迹。洗完后，回到卧室，看"老狼"睡得像死猪一样，打着那粗声粗气的呼噜，不由心里一阵凄楚和悲哀。她轻轻地睡在"老狼"的身边，眼睛湿润起来："老狼"啊！不是我不忠诚，而是你不爱我啊。

荷萍与翔这些事当然是没人知道的。从那时起，他们有时偷偷陈仓暗度，慰藉着各自的精神和肉体。

翔大学毕业就来到这个公司，三十出头了还没找上个合适的对象。他在外面自己租了个房子一个人住着。孤独寂寞的小屋，是萍姐带来了女人的温馨。乱七八糟的东西，是萍姐收拾得整整齐齐。空虚的精神是萍姐给他抚慰。翔似乎觉得没有萍姐的日子，就是无法忍受的日子。萍姐是有家室的人，怎么能和自己永远在一起呢？他在无奈和痛苦中挣扎着。

亚萍的侦查还没有进展。这几天她所盯的目标，都没有异常表现。自己只是在网上和"西北老狼""柔情似水"漫无目的地聊着，等待着机会的出现。

亚萍也到放松自己的时候了。这天下午她早早地就给浩打电话，准备约他去潇洒潇洒，不料浩的手机竟无法接通。亚萍心里嘀咕着：这个混蛋干什么去了，真是的。

浩在市工商局工作，亚萍是在给服装店办营业执照时认识他的。浩对亚萍的追求，使亚萍觉得可以托付终身，从此两个人的恋爱关系向纵深发展。浩约她，不论她有多忙，都把手里的活放下来，去陪他。只有上次跟踪“老狼”，自己心里不痛快，没有去陪。但自己还是吻了他，给了他应得的爱。这会儿自己需要他，他却约不上了，真是气人。

亚萍走在回家的路上，浩突然出现在离她不远的地方。亚萍很高兴，刚要叫喊。一看浩和一位摩登女郎在一起，亲热地向拐弯处走去。

亚萍顿时觉得天旋地转，浑身发冷，一种被凌辱的感觉涌上心头。她想追上去，把这一对狗男女放翻在地，打得他们头破血流。她走了几步又停了下来，看着这城市的纷繁，心里有种说不出的哀伤。

亚萍迈着沉重的脚步回到家里，径直接进了自己的卧室，把那门“砰”的一声关上，一股脑地钻进被窝里，哭了起来。

母亲见她这般状况，知道受了什么委屈，便轻轻地推开门，心疼地问道：“你怎么了？”

亚萍一股子气没处出去，竟给老娘发起火来了。她大吼着：“出去！”哭得更伤心了。

母亲无奈，只好轻轻地关了门，又到厨间去了。

亚萍的父亲去世比较早，家里的事都是母亲操持着，她对两个女儿非常疼爱。荷萍下岗的那一阵子，把这个含辛茹苦养育她们的老娘确实愁坏了。刚舒坦了没几天，这亚萍又是怎么了？哎！真让人熬心啊。

亚萍还在哭泣着，母亲只好给荷萍打电话让过来劝劝。小女儿这样伤心，她的老泪也控制不住流了下来。真是可怜天下父母心！

不到一个时辰，荷萍气喘吁吁地跑了进来，问亚萍到底怎么回事。母亲一把鼻涕一把泪地说："她一来就这个样子，我也不知道。"

荷萍推开亚萍的门，坐在妹妹的床边说："我们的大老板，你受什么委屈了，哭成这个样子？给姐姐说说！"

"你出去好不好？我就是想一个人哭嘛！"说着把被子拉过来盖在了头上。

"你哭吧，让你哭个够。"荷萍装着有点生气，从亚萍的卧室里出来对母亲说："没关系的。让她哭吧，一会儿就好了。"

荷萍来了，有她帮自己分担这家里的不愉快，母亲放心了许多。

亚萍这天晚上没有起来吃饭。荷萍陪着妈妈睡，母女俩好长时间没有在一块聊了，这下说了大半夜，直到荷萍睡着了，母亲才慢慢地睡去。

第二天凌晨，荷萍早早地去上班了，母亲起来收拾着屋子，亚萍还在睡着。昨夜她闹腾了半天，这会儿睡得正香呢。

母亲走到亚萍卧室门前，悄悄地听了一下，转过身来自语道："这孩子，莫名其妙地折腾，真拿她没有办法。"

亚萍终于睡醒了，她伸着懒腰起了床，没精打采地去了洗手间。一看那对大眼睛，已被哭得像一对熟透了的红桃子似的。她这会儿坚强了起来，用热水敷着眼睛，消除着心痛的痕迹。她洗漱完毕后，笑着走出来，到母亲身边亲昵地说："妈！你女儿没有事的，昨天有点不高兴，今天好了。"说罢嘿嘿地笑着。

母亲见女儿高兴了，故作生气地说："你这死丫头，竟跟妈生气。我把你白疼了。”

亚萍撒娇地说：“我知道妈妈疼我。女儿以后再不惹您老人家生气了。”

“这还差不多，娘爱听。”说着，母女俩开心地笑着。

亚萍是个聪明的姑娘，她这是让老娘高兴，其实她的心里是痛苦的。她对浩一片赤诚，就差以身相许了。她把纯洁的初吻给了浩，这就是她对爱的最高奉献，还要怎么样呢？

亚萍考虑问题毕竟是有文化人的思维，她冷静地想了一下，对浩还需要观察，需要进一步了解。昨晚上他和那个女人，那女人究竟是谁？他们去干什么了？成了她侦查的又一个问题，她决心要解开这个谜团，给自己的将来做个交代。

她打开电脑，在她的侦查记录上写道：

时间：二〇〇九年六月二十九日晚六点许；

地点：市天马路大十字；

人物：浩和一女人；

事件：下午五点三十分，亚萍给浩打电话，浩手机无法接通。六点，浩与一女人出现在天马路大十字，向左拐去。

写完后，关了电脑，向母亲打了个招呼，去了自己的服装店。

# 第九章　相爱无时空

真当亚萍对“老狼”等的侦查初见端倪的时候，自己的男友却卷入了侦查的范围，这让她很伤心。问世间情为何物？谁能说清楚呢？亚萍陷入了深深的思索之中。

在这个时候，我和梅在网络上已经如痴如醉，难分难舍。我每天一有空闲时间都要上网，看梅在不在QQ上，抒发一下我对她的思念和情怀。虽然我和梅不在同一个城市，远隔千山万水，但我们的心紧紧联系在一起。梅对我很好，从她发来消息的字里行间可以看出的。我们大多谈的是诗文，但诗文里夹杂着我们的感情。我们是浪漫主义者，但我们各自的心里都向现实主义追求和发展，向往着美好的那一天的到来。

我们谈苏轼的“明月几时有，把酒问青天。不知天上宫阙，今夕是何年？”还有李清照的“莫道不消魂，帘卷西风，人比黄花瘦。”当谈到陆游的“红酥手，黄縢酒，满城春色宫墙柳”时，梅为唐婉感到惋惜。

她说：“陆游和唐婉的爱情，不能与李清照和赵明诚相比。这两个的爱情不同，一个是爱的没有终局，一个是爱的终局没有圆满。但都是女人的悲哀。”

我同意她的观点。她说：“知己同音啊！”我为之很感动。

我们谈到“梁祝”，谈到“宝黛”。她说：“这都是萍聚。萍水相逢啊！”

我说："萍水相逢是世界上最好的姻缘，荷花没有水就会枯萎，就会死去的。"

梅感叹了："自古红颜多薄命，红颜知己又是谁?"

我们的谈话太凝重了，爱情本身就是个凝重的话题。

我看她太伤感，说道："那是封建时代的故事。现在不必担心啊。"

她笑了笑。我觉得她笑得有点凄楚和幽怨。

我深深地理解她。但我的心里也不好受，我也懂得姻缘好遇，知己难求的道理。

梅说她最喜欢李清照《凤凰台上忆吹箫》，特别是词的后两句："惟有楼前流水，应念我、终日凝眸。凝眸处，如今又添，一段新愁。"

我说："古人留下的这些都让人太伤感了，但今人还在演绎着，无法逃脱。"

梅又在苦笑着。

我无法表达自己此时此刻对她的心情，便给她赠了一首小诗：

谈诗论赋寻知己，
白云邀我去。
高山流水遇知音，
悲切切，
泪珠抚瑶琴。

梅也给我回过来一首诗：

春江绿水映夜月，
花好影半阕。
牛郎织女恨银河，
泪洒洒，

一曲幽怨歌。

……

我和梅在现实世界，对酒当歌，感叹那人生几何。我们唱着高山流水，踏着春江花月夜。我们好似并肩在林荫中漫步，好似在楼台上望月。我们好似人约黄昏后的一对恋人，依偎在杨柳树下。清风为我们轻轻吟唱，星星为我们点灯。我们幸福极了，我们再没有痛苦，没有悲伤。“梁祝”从蝴蝶幻化成原身，“宝黛”投来嫉妒的目光。那陆游唐婉抱头痛哭，那明诚清照撕碎了辞章。他们羡慕地看着我们牵手走向了爱的天堂。

我们比那些古人们幸福，他们有爱的悲伤，有爱的凄凉，有爱的彷徨，有爱的迷茫。我们不再是古人，网络拯救了我们，让我们才有了今天这真正的爱的绝唱!

这几天“影子”很不高兴，看我怎么都不顺眼，发着牢骚。说我是一个不负责任的男人，不管家里的米面柴油，不洗衣服，不搞卫生，不做饭。其实我什么都在管，什么都在做，就是不如她的愿罢了。

我洗好的衣服，挂在阳台上。她那件上好的裙子，不知什么时候染上了豌豆大的一块油渍，我怎么也洗不干净，在她验收时被发现了。她严肃地把我叫到跟前训斥道：“你洗的时候没有看到吗？你这叫洗衣服吗？你干什么都不认真。”

我无法说清，只是听着她的训斥。

我做好了饭，炒好了菜，热腾腾地端了上来。她吃了两口，不高兴地说：“米饭有点硬，菜有点咸。这让人怎么吃呢?”

我看看她，只是听着她的指责。

吃过饭后，我去洗刷。她进来看着我洗过的碗说：“那些水渍为什么不擦干净？下次又怎么吃饭呢?”

我看着她，只有无奈。

午睡了。“影子”睡在左边，我睡在右边。刚睡了一会儿，她便坐了起来，生气地说：“你这呼噜声这么响，让人怎么睡呢?”

我只好悄悄地起来，轻轻地关上门，乖乖地睡在客厅的沙发上。

我在她的眼里，我一无是处，一事无成。

“影子”对我说：“你看你们那些同学，都比你有出息。杨生当了市长，人家呼风唤雨，多么威风。苟玉最起码是个局长，也是个县级干部，人家老婆走哪里都有轿车坐，穿金戴银，就那手提包都要几千块呢。就是最不行的牛耕田，也当了个派出所的所长，人家那套警服一穿，走到哪里办事都顺当。今天这个请吃饭，明天那个来送礼。人家哪个没有住大楼房？你呢？什么个杂志社的主编，听起来文绉绉的，能干什么？住在这个又小、又潮的夹道里，骑着你那十几年的旧铁驴儿，连羞都不知道。不时还参加个什么的同学聚会，你也敢去?”

我像个小孩子一样，听着“影子”的数落，心里一阵的酸楚，自叹不及人家。人家大小都是个官员，我是什么呢？凭什么和人家比呢?

“影子”这几天这样对待我是有原因的，她本来在学校带的是“奥赛班”，她当这个奥赛班的数学老师已经五连冠了，就考上大学的学生，数学的成绩都是响当当的。最近教导处主任跟她谈了话，说下学期她再不带奥赛班的课了，要她有个心理准备。

接她带奥赛班的是他们数学教研组的李芙蓉，去年她男人当了副市长了，主管教育工作。校长考虑到将来的工作关系，就把李芙蓉从追奥班调到奥赛班，升了个档，表明对市长夫人的关心。

当然这样调动也无可非议，夫贵妻荣嘛，谁让人家有个好名字叫李芙蓉呢？谁让人家的丈夫是副市长呢？你不服气还怪谁呢？

“影子”这样对待我，我没有话可说。我只觉得她的委屈因我而来，谁让我是个烂编辑呢？一没权，二没钱。就这个境况老天都照顾我了，算我祖上积了大德，才有了我的今天，我是知足的。

话又说了回来，当初我还是同学中的人物呢。大学毕业后，他们都下了基层，我被杂志社看中要去了，那时候我还走在他们的前面。他们来到省城，都是我请的客。“影子”看上我，不就是我当时比他们强吗？唉！现在呢？他们都升官发财了，慢慢地与我疏远了，同学之间的感情也随之冷淡起来。他们来到省城有人请客吃饭，有人安排住宿，有人陪他们潇洒。我这个昔日常常被他们光顾的人，现在被他们遗忘在角落。只有一点用处，就是他们在升迁需要论文时，笑着来找我。我给他们赶着“炮制”一枚“导弹”，让他们发射出去，击中他们所瞄准的目标。他们高兴地举杯欢庆，那碰杯的声音，隐隐地敲击着我的心。

真是祸不单行。正当“影子”被“贬”的时候，我那主编的位子摇摇欲坠。社长今天叫我谈话，他不好意思地说：“老林啊！我有个事想跟你谈谈，你考虑一下再给我答案。”

我看着他，不知是什么事，不假思索地说：“社长说吧。”

社长又把他那金丝边的眼睛扶了扶说道：“咱们杂志社现在需要急速培养年轻人出来担当重任，要后继有人啊！我想让丁香接任你的主编工作，你退到二线，做做调研也好嘛！”

社长提名随他去南方考察的丁香，“老狼”跟我说过他看到的一切，使我马上意识到退居二线的必要性和重要性。我有点苦涩地笑着说：“好！好！我也想退居二线休息休息。”

社长满足地嘿嘿地笑着说：“老林就是大度，就是开通。就是我们学习的榜样。”

我被他表扬得头脑发昏，心里发怵，身上起着那鸡皮疙瘩。

我走出社长办公室，好似刚从“监狱”出来的“囚犯”，茫然地看着这世界。我再没有回自己的办公室，骑着跟随我十多年的铁驴，凄凄凉凉地回到家里，没精打采地坐在沙发上，想着如何给“影子”交代。

星期天，我来到自己的办公室，把自己的东西装在一个纸箱里，然后把属于单位的东西收拾得整整齐齐，把卫生搞得干干净净。出去叫了个出租车，把那一箱我多年来创造的一文不值的“财富”拉回家去，那里应该是它归宿。

“影子”见我抱了一箱烂纸回来，没有好声气地说：“你把这些烂纸不处理掉，拿来干什么?”

我的心好像被她用一把刀子深深地刺入，那血珠滚滚地流着，染红了我这无助的身体。

我没有说什么，又把那纸箱从楼上抱了下来，挡了个出租车，把它拉到郊外。我一张一张烧着它，那是我多年的心血，我的文章，我的诗稿，还有给那些人“炮制”的“导弹”。它们现在随着清风悠然而去，也去了另一个世界。我的心在呻吟，这呻吟是给它们致着悼词，肯定了它们既有价值又无价值的一生。

烧完后，我向它们深深地三鞠躬。我悲痛地说：“安息吧！你们的历史使命已经完成，你们曾经辉煌过，不要悲伤！在另一个世界，我相信会有读懂你们的人。在不远的将来，我也和你们一样，也会来到这个世界，有可能我们还会见面，你们还是我的好文章!”

我告别了它们，告别了我多年的心血，像个没魂的鬼，飘荡着回了家。这家好像也没有了我栖身之地，我走进不到一平方米大的书房，轻轻关上门，坐在那旧得没人要的木椅上，心也累，身也累，就这么累得睡着了。

第二天，我来到杂志社，把房间的钥匙交给了办公室。从今天它不归我所有，它换了新的主人。它应该是高兴的，那主人年轻漂亮，跟随她是幸福的。

从此，我就是个调研员，闲置在杂志社，除了看报，什么事也没有了。社长还算照顾我，给我的办公室也配了台电脑，虽然旧点，但还能用。

我的办公室现在搬到了五楼，除了那几间装着书的房子外，就我一个人，心闲得很，要想找个蚂蚁说说话都没有的。

我每天大部分时间在上网，梅不在的时候，就是看看新闻，就这样安然地虚度着光阴。

这一天，“老狼”来看我，说我搬了新办公室，是要给我暖房的。他拿着一瓶二锅头打了开来，我们就用瓶盖当酒杯，你一盖我一盖地喝着。

“老狼”说：“社长不够意思。这叫卸磨杀驴。他为了他的那个相好，竟干出这些缺德事情。”

我赶快堵住了“老狼”的嘴说：“别再胡说了。这是社长高瞻远瞩，为了杂志社的未来，采取的重大措施。没有什么大惊小怪的。”

“老狼”把一盖酒喝了下去，还觉不美气，拿着酒瓶咕咚咕咚地喝了两口说：“你这个人就是个窝囊，怂到底了。”

我强装着笑脸说：“这不是怂不怂的问题。再说退一步海阔天空嘛!”

“老狼”又把酒瓶抱着咕咚咕咚地喝了两口，用那说不清的目光看着我，把酒瓶“咚”地在桌子上一放，然后又瞪了一眼，想说什么却没有说出来，便走了出去。

我知道“老狼”是为我好，但人嘛就得理解别人，不是说好人一生平安嘛!

“我不管它三七二十一了，什么都不管了，也没有什么可管得了。”嘴虽然这么说，但心里却不是个滋味。待在这个五楼上，空荡荡的，人空了，心也空了，好像什么都与我无关。我的心情糟透了，整天地抽着烟，一肚子的闷气给谁说呢?

我打开电脑，梅正好在QQ上。她看我上来了，马上发过来消息问道:“这几天在哪里晃悠去了?我还当你失踪了!”

我苦笑着回道:“唉!一言难尽啊!”

梅:“能告诉我吗?”

我把这一肚子的苦水全部倒了出来，让梅这个我唯一的知己帮我分担些。她嘿嘿地笑着说:“好事啊!这才修身养性，延年益寿。”

我苦涩地也笑着。

梅给我发过来一首诗，表示对我的安慰:

世间纷尘世事难，

卷入纷尘心不闲。

今闻知己辞笔去，

QQ聊天胜桃源。

我感谢梅对我的一片赤诚之心，在这QQ上我与她聊天，真是胜过桃园。我回道:

从今再无世事难，

撂下红尘心不烦。

云山有路乘风去，

我与知己耕桃源。

梅说:“这就对了。”她微微地笑着。

我也微微地笑着。

梅为了让我高兴，抛除烦恼，给我提了很多有趣的问题让我回答：

"苏小妹结婚时，给秦郎出了个对联，让他对上才允许上床。上联是'双手推出窗内月'，下联呢？"

"呵呵！"我笑着答道："一石惊破水中天。"

她又说："祝英台和梁山伯在回家的路上，祝英台暗示自己是个女人，唱道'前面又是一条河，岸上一对好白鹅，雄的便在前面走，雌的后边叫哥哥，梁兄你就像只呆头鹅，不由英台笑呵呵。'梁山伯是怎么回唱的呢？"

我微微地笑道："贤弟讲话理由错，谁让你把兄比作鹅？"

"嘿嘿！我没有把你比作鹅啊！"

"我回答的是唱词啊！呵呵！"我也笑着。

……

在我困惑的时候是梅给了我快乐，我忘却了痛苦，尽情地在这桃花源里耕耘，播种着属于我们的爱情种子。

# 第十章　火红的玫瑰

在这网络的桃花源里，我和梅尽情地耕耘着。那爱情的种子，在这肥沃的土壤里生根、发芽、开花，似乎就要结出丰硕的果实来。

我人在曹营，心在汉。我像个游魂整天在这网络上盯着那QQ，守候着我心中的梅，我的心在无时无刻地呼唤着她：

“亲爱的，你在何方？对你的思念夜夜超长。对你的爱，无泪，有一梦。亲爱的你在何方？今夜我想与你一起歌唱，一起疯狂，一起飞翔在爱的天堂……”

就这样，日日夜夜，时时刻刻，我的心在天空忠实地为梅守候着，我等待着每天早晨的来临，等待着她那白嫩的手打开窗户，那漂亮的脸盘冲我微笑。

我看到了，看到了那朝霞是她美丽的笑脸，那白云是她对我的思念，那轻风是她在抚摸我的脸庞，那树上的鸟鸣是她对我的问候。

我呼唤着她的名字，我向她跑去。

梅微笑着也向我走来，从那遥远的地方。

此时此刻，一对蝴蝶在天空翩翩起舞，是梁祝？不！那是我和梅的灵魂在天空飘逸，我们在诉说相思，我们在吟诗作对，我们在飞向爱的天堂！

梅终于上网了。

我迫不及待地问道：“你终于来了？这几天你到哪去了？”

“嘿嘿！想了吗？”

我把关汉卿夫人给关汉卿的信改了一下发了过去：

一别之后，
两地相思，
你说三四时，
为何五六天？
七弦琴谁来弹？
八项书无法传，
九连环似乎折断，
十里长亭望眼欲穿，
百般想，千般念，
万般无奈把君怨。

以此来表达我对她的思念。

梅笑了笑给我回道：

万语千言说不完，
百思十念心已烂。
九连环怎能折断？
八项书鸿雁飞传，
七弦琴我给君弹。
六月长夜五更天，
四时三刻泪眼盼。
织女牛郎遥两岸，
总望一相见。

我像白马王子向公主求爱一样，真诚地给梅发去一朵火红的玫瑰，这玫瑰代表我的情，我的爱，我的心。

梅接受了我送她的玫瑰，微微地笑着。并给我回过来一首小

诗:

玫瑰有如君的心,

花蕊好似君的情。

片片绿叶意缠绵,

自从相识到如今。

我很感动，梅把这束玫瑰珍藏在了她的心间。我激动的心竟想不出来用什么好的语言来回赠她呢?

“呵呵！激动了吧？怎么不说话了?”梅好像看懂了我。

“嗯!”我腼腆地只回了一个字。

梅笑着问道:“你为什么这时才送我玫瑰呢?”

这一下把我问愣了，不知如何回答是好。

“说呀!”

我还没有回答。

“看来你没有真心爱我？这玫瑰都是虚情假意的。”

“是真心的!”我赶忙回了过去。

“那为什么不说呢?”

“我！我怕送你，你……”

“我怎么了?”

“你不要啊?”

“你没送，怎么知道我不要啊？胆小鬼！嘿嘿!”

我也嘿嘿地笑着。

“这会你怎么敢送了?”

“我也不知道。”我像个孩子，竟无法回答她的话。

“真是一个可爱的孩子，嘿嘿!”梅说着给我一个“吻”。

仿佛她那红红的口唇与我浑厚的口唇相接，那滚烫的热流，传遍了我的全身。顿时我的血液在沸腾着，我的心情在激荡着，我们的爱在激烈地碰撞着……

这天，梅告诉我说，她要去西藏旅行，要我陪她去，在布达拉宫为我们的爱情烧一炷香。

我苦笑着说："这怎么可能呢？"

她笑着说："你这个呆子。我已经开通手机QQ了，这不是你就陪我去了吗！"

我恍然大悟，连说："是的，是的。你看我真笨。"

她咯咯地笑着骂道："笨得可爱！"

为了我和梅去布达拉宫烧香，我也开通了手机QQ。这样我在什么时候都可以和她联系，再不受时间、地点的约束了。我陪着她开始了旅行，我的心在她的身边，我在无微不至地照顾着她。

梅的旅行开始了。火车在那青藏高原上驰骋着。那《天路》在我们的耳边回响：

清晨我站在青青的牧场，
看到神鹰披着那霞光，
像一片祥云飞过蓝天，
为藏家儿女带来吉祥，
那是一条神奇的天路，
把人间的温暖送到边疆，
从此山不再高路不再漫长……

是的，我们的心里也架起了一条天路，从此，山不再高，路不再漫长。梅走到哪里，我跟随到哪里。

我们徒步来到了布达拉宫，我们仰慕着这庄严肃穆的佛教圣地。我们轻轻地步入了佛的殿堂，虔诚地为我们的爱情祷告。

佛问我："你爱她吗？"

我诚心的向佛宣誓："我爱她，地久天长！日月不老！"

佛又问梅："你爱他吗？"

梅红着脸向佛表态："我爱他，山河永在，松柏常青！"

佛说："你们真心相爱了！你们会幸福的！"

我们仰望着佛，双手合十，双膝跪地，磕头道谢！

我们幸福地告别了佛，走出了布达拉宫。开始了我们甜蜜的旅行。佛送我们一匹枣红色的骏马，我抱着梅骑着它，奔驰在这祥云缭绕的圣地。

我们来到了一个只属于我们两个人的地方，这里山清水秀，青草丰盈，山花烂漫。白云在山头缭绕，泉水在轻轻吟唱，蝴蝶在翩翩起舞。

我们让马儿在那里吃草。

我们用花枝搭建了洞房。我们并肩躺在洞房里，青草是我们柔软的床铺，月亮是我们优美的被单。星星照耀着我们，风儿让我们纳凉。

马儿吃饱了，卧在我们的身旁。

蝴蝶落在周围给我们编织着彩色的梦。

蟋蟀给我们弹着瑶琴。

还有远处那忠实的狼给我们守着大门。

风儿拉来一片白云，悄悄地遮住我们，唯恐天上的星星偷看。

月亮躲在了云的后面，脸儿被羞红了。

马儿闭上了眼睛。

狼儿转过了头。

蝴蝶们乱了方寸，跳到了花枝上面，惊奇地把那美丽的翅膀耸立起来。

只有那蟋蟀恐怕别人听见我们的声音，还在那使劲地弹着瑶琴。

我们在这里度过了难忘的时刻，酿造了我们的洞房花烛夜。

清泉是我们的美酒，我们挽着手尽情地交杯。浓烈的感情铸造了珠穆朗玛峰，那峰的顶端让我们再加上了厚厚的一层。

当太阳从东边的山梁上冉冉起升，我们伸着懒腰，骑着那枣红色的骏马，又开始了新的旅行。

我们向青海湖走去，那里是我们心的明镜。我们要到那里拍一张结婚照，把它留给我们的后人。

青海湖的水波声越来越近，我们看到了白天鹅展翅相迎。我们的马儿放开了脚步，我们像音符在它的身上跳着《琵琶行》。

我们忘却了一切，在人世间的红尘中洗涤着我们纯洁的爱情。我们听到了李娜在高歌：

是谁带来那远古的呼唤

是谁留下千年的企盼

难道说还有无言的歌

那就是久久不能忘怀的眷恋

这难道不是正在为我们歌唱吗？我们的爱情就是这远古的呼唤，我们的爱情就是这千年的企盼，我们的爱情就是这无言的歌，我们的爱情就是这久久不能忘怀的眷恋……

当太阳留恋地从我们身边走过，当月亮与我们同行的时候，我们来到了青海湖。

青海湖，天的瑶池，佛祖沐浴的地方。

我们架起了篝火。我们看到了海市蜃楼，看到了山湖倒影，看到了佛驾归云。我们听到了塔尔寺的经韵，听到了布达拉宫的风铃，听到了天竺的禅声。

我们在布达拉宫接受了佛的洗礼。我们在这青海湖尽情地享受着圣水的沐浴。我们再不是红尘凡俗，我们净化了心灵。我们的爱，是人间追求的目标。我们的情，升华成为雨后的虹。我们的心再不疯狂，我们的灵魂再不飞翔，因为我们已经到了爱的天堂！

篝火燃烧得彤红彤红，照亮了整个青海湖。我们在这世界上最纯净的圣水里，彻心彻肺地清洗了自己心灵深处的凡俗。我们淡忘了人世间的悲哀，淡忘了人世间的纷争，淡忘了人世间的尔虞我诈，也淡忘了人世间的红尘。

我仰天问佛："问世间情为何物？"

佛说："你去问天上的星星。"

我找到了天上最亮的启明星问道："问世间情为何物？"

启明星说："你去问天上的月亮。"

我又问月亮："问世间情为何物？"

月亮说："你去问天上的彩虹！"

我望着天上的彩虹，彩虹对我笑着说："情是心灵的桥！"

我对梅说："你听到了吗？"

梅微笑着对我轻轻地点着头。

我们依偎在心灵的桥上，彼此的心在激烈地跳动，把平静的湖面荡起了微微的涟漪，在那篝火的映照下，筑成了一条美丽的虹，那就是我们的情。

我又仰天问佛："什么是爱？"

佛笑着说："这要问你的灵魂。"

我摸着自己的胸膛，灵魂说："爱是灵魂深处的东西，是与情分割不开的。"

噢！我恍然大悟。

我抚摸着自己的胸膛，我的灵魂在跳动。我又抚摸梅的胸膛，梅的灵魂也在跳动。我们的灵魂在一起有节奏地撞击着，闪耀出美丽的火花，那就是我们的爱情。

我们的灵魂深处是爱情，我们的爱情是天上的彩虹，天上的彩虹是心灵的桥。我们在这个桥上追求着我们的拥有。我们不再惧怕风雨，因为狂风过后就是细雨，雨过天晴就是彩虹，那彩虹难道不是我们的爱情吗?

我们在青海湖受到了佛的教化，心灵受到了洗涤，受到了圣水的沐浴。我们懂得了真正的爱情。

佛拉来天上的彩虹，浓缩成围巾，系在我的脖颈，说："这彩带系上你会永不变心。"

佛又拉来彩虹，浓缩成肚兜，系在梅的腰间，说："这肚兜你带上会幸福一生。"

佛又挥挥手说："去吧，去寻找你们爱的源头吧!"

霎时间，那天湖美景随着佛的挥手消失了。青海湖边只有我和梅依偎在篝火旁，望着清清的湖面。

天亮了。红日映在青海湖里，万丈光芒波动着涟漪。我们牵手站在湖边，淡蓝色的湖面倒映着我们的影子，给我们留下了永不会磨灭的彩照。

我们又骑上那枣红色的骏马，翻山涉水，来到了唐古拉山之巅。我们看到了爱河的源头，我们策鞭马儿向河源奔去。我们看到了无数追求真爱的人们，都在这里畅饮着爱的玉液，痛饮着情的琼浆。

我们的马儿停在了一个小山岗上，我问一位长老："这是天的尽头吗?"

长老看看这宝马，又看看我们说："噢!你们是佛让来的。这是西天，是王母居住的地方。这爱河也叫黄河，一直流到东海。你看!"我们顺着长老所指，沿河望去。

长老告诉我们："河源水是清的，喝了它人们的思想是净化的，爱是纯真的。随着水的流淌，水逐渐变得浑浊了，喝了它人们的思想就逐渐变得混沌，变得复杂，爱就不纯真了。"

我们迷茫地点着头，看着河的上游，成双成对的夫妻，用手捧着喝这爱河的水，说说笑笑，好不快乐。那中游，男男女女，用树枝把水澄清，用远古的彩陶罐你一口我一口舀水喝，不知哪个是她的男人，哪个是他的女人。下游，数不清的成群成群的人们，用那古老的陶器，就那样喝着，更不知道他们的一切了。

我才知道佛为什么要我们来到这里。

我们告别了长老，赶快来到河边。我们用手捧着水大口大口地喝着。喝了这水，顿觉沁人心脾，赏心悦目。我看到了梅的心红彤彤的，在扑通扑通地跳着。我对梅说：

“我看到你的心了，红彤彤的，在跳着。”

梅看着我也说：“我也看到你的心了，真的，红彤彤的，在跳着。”

我们又大口大口地喝了起来。我一看梅，我看到了她的灵魂，像白雾一样在周身缭绕。我又惊叫起来：

“我看到了你的灵魂了，像白雾一样。”

梅看看我说：“我也看到了你的灵魂，是白雾。”

我们彼此把什么都看到了。我们再不需要相互间的坦白，对方的一切尽在各自的眼中。

就这样，我们的旅行结束了。

梅给我发来信息说：“我已经回到家里。感谢你陪我一路同行。”

我笑着说：“还是感谢QQ吧。是它给了我这个机会，让我陪着你，才有这愉快的旅行。”

# 第十一章　爱的谎言

自从亚萍那天晚上看到自己的恋人浩和一位女人在一起，心里总不是滋味。她再无心侦查“老狼”，也无心留意荷萍了，而是把目标转向了自己的男友，死死地盯着他。浩约她，她装着什么都没有发生的样子，就等着他原形毕露。

浩呢，那天晚上把手机的电池取下来了，让任何人都无法联系。自己却在偷偷地约见新的女友。他认为这样神不知鬼不觉，万事大吉。但万万没有料到被还在热恋中的亚萍逮了个正着，他的好戏还在后面呢。

在“爱情海”KTV里，浩和亚萍对面坐着。亚萍已经喝得够多的了，但还要喝。

浩看着亚萍今天的样子，不解地劝道：“别再喝了。你今天这是怎么了?”

亚萍端着酒杯，在浩的面前晃了晃说：“我今天是高兴啊!”说罢又是一饮而尽。

亚萍放下酒杯，摇摇晃晃地站了起来，拿起麦克风唱道：

你说我俩长相依

为何又把我抛弃

你可知道那过去

过去呀我爱你

我又爱你，又恨你

恨你对我无情无义

唱到这里，她停了下来，把麦克风一丢说：“不唱了。我要回家!”说着，提着她的手包，醉醺醺地走了出去。

浩看亚萍醉了，上前要扶。亚萍把手一甩，头都不回。浩站在那里，或许有点心虚，再也不敢上前搀扶。只是跟在后面，看着那摇摇晃晃熟悉的背影，消失在了昏暗的夜幕之中。

这晚的约会，不欢而散。亚萍心知肚明，她要让浩对给自己带来的痛苦，付出一定的代价。

浩只是心虚，但他还是不知道亚萍究竟是为了什么？他像个没心没肺的躯壳，胡思乱想地猜测着。

说来也巧，正当浩与亚萍恋得火热的时候，一个第三者悄然来到了他的面前，偷偷地占领了他心的一半。这个爱情的侵略者就是那天晚上陪浩的女人。

那女人叫娇，在市水务局工作。她和浩是在一次宴会上认识的。对浩一见钟情的她，便全方位展开了进攻。她费尽九牛二虎之力把个热恋中的浩，硬从大山的那边拽着一条腿，拉了过来。扯得这个七尺男儿神魂颠倒，没有个主心骨了。

娇每天把全部精力倾心在浩的身上。一天电话不断，信息不断。晚上也不放过他，不是吃饭喝酒，就是唱歌跳舞。这个现在脚踩两只船的浩，再不痛下决心，做出抉择，就会掉进这爱的河里活活淹死。

舍得一身剐，敢把皇帝拉下马。把个浩从恋人身边拉到自己的怀抱，有什么了不起呢？爱是自由的，你有权利爱，我也有权利爱啊！这就看谁的吸引力大了。再说浩也不是法定给你的，就是法定的我也能抢。你一个个体户，我最起码是公务员，这不比你有优势吗？你长得漂亮，我也长得不赖。你是大学文凭，我也是啊。娇想着，用尽了浑身解数，动透了脑筋，想方设法向浩渗透，侵略着亚萍的恋人。

千万不能放松。娇经过一番考虑，自己什么都能与亚萍比，就是这可怕的年龄不能与她比。自己今年二十八岁了。女人还可说九，如果是男人的话，就得说三十了。三十是个什么概念呢？三十而立啊！唉！还而立呢？立什么呢？自己找个恋人都要和别人抢，真是悲哀！所以，这次机会绝对不能放过，对别人的仁慈，就是对自己的残忍。自残那是傻瓜干的，我才不干呢！情场如战场，就是把自己的身体现在豁出去，也是值得的。

娇放开了手脚，放开了思想，加大了侵略的步伐，俘虏着浩的心。

浩自从认识娇以后，在娇大胆的付出，大胆的渗透，大胆的包围下，思想逐渐发生了变化。在他看来，娇热情大方，更具有现代女人的烈味儿。亚萍的温柔贤淑已经过时了，不适应现代人的生活。再说，每次和亚萍在一起，都是自己掏钱请客。而娇从不吝啬，愿意为自己付出，是一个疼爱自己的好女人。娇虽然年龄大点儿，但那才会疼人呢。俗话说：女大两，金钱淌；女大三，抱金砖；女大四，什么都如意。是的，女人大了就是好。记得小时候奶奶说："奶奶比爷爷大三岁，爷爷不管事，只有奶奶当家了。奶奶操心了一辈子，爷爷就是油坛倒了也不管。乖孙子，你以后若找上一个比你大的老婆，你就享清福去吧。"奶奶说得对。不听老人言，一辈子受饥寒。看来我的福气到了，娇就是我的福蛋蛋啊。

浩把重心转移到了娇的身上，他慢慢地在冷漠着亚萍。

山盟酿成百载怨，海誓造就千古恨。亚萍唱罢那曲《长相依》后，凄凉地走了出来。她虽然不让浩搀扶她，但心里却多么想让浩来搀扶啊。浩没有执意搀扶她，这不说明他变心了还是什么呢？你曾发誓说爱我，你曾拉钩说爱我，你的誓言哪里去了？

你这个狼心狗肺，无情无义的东西。

亚萍踉跄地走在路上，嘴里骂着。在她的后面已经没有了关注的目光。那曾经热情熟悉的面孔，已经被黑夜吞没，她的心比这黑夜还黑。

亚萍走着走着，碰到了一棵树上。这一下把她给碰醒了，心想：人倒霉，鬼吹灯，放屁都打脚后跟。你这棵老树都欺负人啊！没有良心的东西，我今天要看你去约那个骚货。

亚萍回过头来，加快了脚步，去追赶她曾经热爱的，现在又忘恩负义的那个浩。

没走几步，她下意识地停了下来。天要下雨，娘要嫁人，我这是何必呢？回家！回家！她又回过头来，向家里走着。

当走到碰了她的那棵树跟前，她发现浩竟然和那女的在她的前面走着。那女的手挽着浩的手，两个人肩挨着肩，亲热得不得了。

亚萍恰些晕了过去，她扶着那棵树，呆呆地看着自己心爱的人与别的女人亲热，自己却像个巡逻兵一样跟着他们。她想冲上去，狠狠地揍他们一顿，弄他个鱼死网破，人仰马翻，同归干尽也值得。但她没有这样去做。她跟在他们的后面，看这对狗男女到底去什么地方。她尾随在后面，心情平静了许多，她在实施抓捕计划，要让昔日山盟海誓的浩在事实面前给“老娘”有个交代。

我的手不能让你白摸，我的唇不能让你白吻，我的爱情不能让你白白欺骗，我的青春也不能白白让你浪费。

亚萍咬牙切齿地跟着，看他们进了一个夜宵店吃起夜宵来。亚萍也悄悄地进去，坐在一个不起眼的拐角，来了碗夜宵，等待着浩的发现。

浩和娇吃过夜宵后，便走出店门。他们没有发现亚萍，这倒是冤家路宽啊。

亚萍也随之出来，仍然尾随着。今天不达目的，誓不罢休。

浩和娇走了一会，顺手挡了个出租车，两个人坐上，一溜烟走了。

亚萍连挡了几个车，都没有停，眼巴巴地看着目标在自己的眼前消失。她气得跺着脚，骂道："你们今晚就抱到一块！"

亚萍失去了追踪的目标，只有带着一腔不快回了家。

浩现在已经对亚萍不感兴趣了。从KTV出来后，亚萍没让他搀扶，正中他的下怀。亚萍那首凄楚的《长相依》对他无动于衷，没有唤醒他对亚萍初恋时的回味和珍惜。亚萍还盼望着这首《长相依》能起到回天的作用，她真是用心良苦，现在成了这个处境，怎么不让她伤心呢？

娇在这场爱情争夺战中初步取得了胜利。这会儿，她领着浩穿过大街小巷，来到维纳斯公园，找了个幽静的地方，两个人坐了下来，甜言蜜语地温柔在了一起。

她躺在浩的怀里，娇声娇气地问道："浩！你真的爱我吗？"

"爱！"但浩的声音有些底气不足，把目光投向那夜幕中裸着身子断着臂的维纳斯，仿佛那就是亚萍，被他无情地砍掉了一只胳膊，美中有她可怜的不足，在那儿痛苦地呻吟着。

"你声音大点嘛！"娇听浩说出的"爱"字没有力量，娇声里增加了娇气，在浩的怀里挪了两挪贴得更紧了。

浩紧紧地搂了一下娇，鼓足了吃奶的力气，把嘴递到娇的耳旁，从他那发烧的嗓门里挤着粗气说："我爱你！"说着目光慢慢地从那维纳斯上移开，看着天上的月亮被一片乌云遮着，心里总还是有点愧疚。

娇在浩"我爱你"还未说完时，就已经按捺不住了。她转过身来，在浩冰凉的嘴唇上，狂烈地吻着，吻得浩喘不过气来。当这长吻过后，浩才发现遮住月亮的乌云竟然是娇的身体，这片乌云已经把他紧紧地缠裹起来，捆住了他的心身。

浩被这团热火烧得再也控制不住了，他心中的烈火燎了起来，烧着他的中枢神经。就在今天晚上，就在这草坪上，就在这月亮之下，就在维纳斯泪眼之中，娇和浩发生了还不应该发生的一切。就这一下子，娇彻底打败了亚萍，俘虏了浩。此时此刻的浩从乌云中滚了出来，瘫在地上，慢慢地又变成一颗冷弹射向了亚萍无知的心灵。

月亮挂在了西天，星星疲倦地眨巴着眼睛。喧闹的城市已经安静多了，维纳斯公园里的人已经寥寥可数。娇和浩还躺在草坪上，这时他们没有什么话可说了，仰望着天空，看着这空旷的宇宙，心里却不知都在想着什么？

亚萍回到家里，这回她没有发脾气，也没有流泪。她打开电脑，删除了那些她侦查的记录，觉得那些都毫无意义。什么是山盟海誓，那些都是骗人的鬼话。风流男子遍地都是，贞女那是传说中的故事。大千世界有谁是信得过的呢？社长、荷萍、“老狼”、那女人、浩和那个骚货，这不都说明了吗？自己还如此幼稚。我也得出手，全面撒网，重点捕鱼，这才是硬道理。

亚萍躺在床上，翻来覆去睡不着觉。浩这个恶魔的影子怎么也挥之不去，往事从心头涌起，历历在目。那是去年大学刚毕业，他准备开办个服装店，去工商局办营业执照，就这样认识了浩。浩的甜言蜜语深深地打动了她，从此浩成了她生活的一部分。浩是她的初恋情人，夺取了她纯真的爱，险些还占有了她美丽的身体。好在自己明智，不然这会儿怎么给自己交代呢？

那天夜里想起来更让人伤心。就在维纳斯公园里，她和浩在一棵枝稠叶茂的大树下，浩抱住了她。她美丽的嘴唇就是这时让浩给吻了。浩还把他那有力的大手摸在了自己的胸前，占有了自己最耀眼之处。还想更进一步，被自己推开了。浩红着脸在那里站着。自己的脸也火辣辣的，心跳很快。从此以后，浩虽然再没有非分的动作，但自己柔软的手和香甜的唇还常常贡献给人家，唉！真是倒霉极了。

亚萍越想越没有了睡意。气也就不打一处地涌上心来。她从床上坐了起来，心里骂道：你这个狗杂种，一点儿不近人情，就是你害我好苦，不然我亚萍能轮到你这个王八蛋爱吗？

说实话，亚萍在大学也有个男朋友，就是爱的萌芽才情窦初开，俩人刚刚有那么点儿意思，大学就毕业了。这迟来的爱，使他们还没有进入角色，就棒打鸳鸯了。本来那男朋友还常常给亚萍来电话，说是要来看亚萍的，就是这个混蛋浩中间插了一杠子，才让亚萍拒绝了。没想到浩这龟孙子是这么个玩意儿，真是气死人了。

亚萍一肚子的窝囊气没出发去，她索性站了起来，在那小小的卧室里转来转去，骂什么话都觉得不解恨。真想把他千刀万剐，碎尸万段，方能解恨。她转着转着，一股冷泪夺眶而出，从脸盘中滚落下来，滴湿了她的襟。

浩呢？他和娇在维纳斯公园快活之后，静静地躺在草坪上，望着深邃的夜空，在这夜空里释放着心里的愧疚。他的人性还没有泯灭，总还是对亚萍有点恋惜。

娇看他躺在那里一言不吭，向他的身边靠了靠说："你在想什么呢？"

浩支吾着说不出什么话来。

娇又撒娇地说："你怎么了，占了人家的便宜就不说话了？"

浩支吾着说："我在想……"

还没等浩说完，娇激动地接过话来，娇声娇气地说："我知道你在想什么了！"说罢咯咯地笑着。

浩慢腾腾地问："你知道我在想什么呢？"

娇不害羞地说："你在想我现在怀了你的孩子！"说罢一骨碌起身爬在了浩的身上，又是一顿狂烈的急吻，把个浩吻得喘不过气来。

浩这时没那么激动了，他闭着眼睛，闭着嘴，像个植物人似的躺在娇的身下，任凭娇的狂轰滥炸，竟没有一点反应。

娇觉得浩这会儿没有了兴趣，心想：这男人就这个德行，占了便宜就不理人家了。但她为了达到目的，装着无所谓的样子，用手在浩的脸上，轻轻地拍了两下，表示着对浩的疼爱，便从浩的身上没趣地滚了下来。

浩这时才张开嘴巴喘着粗气，睁开了紧闭的眼睛，心里有着说不出的滋味。

两个人终于热战罢了，并肩走在大街上，心里都在捉摸着对方。娇想：这回我把你彻底拿下了，生米煮成熟饭，你想从我身边溜走是没门儿的。我要和你马上结婚，让你再没有机会拈花惹草。

浩也想着：我这是怎么了？怎么能倒在一个女疯子的怀里。她这个样子将来能守住贞操吗？唉！不对她早就出轨了？

两个人走着走着，过来了一辆出租车，浩挥手挡住，把娇送到车上。娇从车窗里伸出手臂向浩挥着手，胜利地消失在了夜幕之中。

大街上只留下了浩一个人，他像个鬼魂飘荡着。娇已经牢牢地控制了他，他像个羔羊任其宰割。但他还要面临着亚萍，这个警校毕业的大学生也不好惹啊。

夜很深很深了，亚萍还在痛苦中挣扎着。她已经乱了方寸，不知怎么才好。昔日在学校里练着擒拿格斗，就是遇到犯罪分子也不可怕。这会儿遇到了个忘恩负义的浩，让她束手无策。她又躺在了床上，两眼直勾勾地看着那天花板，心想明天我该怎么办呢？

# 第十二章 走马上任

今天新任主编丁香走马上任了。你看她红光满面，神采奕奕，精神焕发，在市委组织部副部长和社长、副社长的陪同下走进了会议室，顿时会议室里一片热烈的掌声。

我这个原任的主编，不伦不类地也跟在后面，真是难受极了。有什么办法呢？这是社长的安排啊，只能硬着头皮如此了。我知道这掌声是对丁香的祝贺，也是对我的欢送。掌声越热烈，丁香就越高兴。而我呢？脸就越红，心就越跳，肉也就越颤，连腿都好像打着哆嗦。

领导们依次坐在了主席台上。中间是组织部副部长霍山，他的左边是社长关天令，他的右边是副社长毛儒。社长的左边是丁香，副社长的右边就是我这个调研员了。好在我的后面还有个副主编来迟，但他却坐在主席台的最那边。

台下的同事都看着台上。社长有些春风得意，满脸被岁月镌刻的战壕，好像彩旗在飘扬。副社长毛儒呢？没有原来那样镇静自若，丁香的提拔是他将来官场上的敌人，谁是社长的接班人呢？这的确成了个未知数。丁香当然高兴得不得了，那荣升和感激的心情，在那漂亮的脸盘上使劲地荡漾着。我呢？好像个霜打的茄子，总觉得同事们的目光像梅花针一样刺扎在我的脸上。我把小时候吃娘奶的力量都用了出来，鼓足着勇气，强打着精神，僵硬地坐着。我原来的副手来迟他依然外甥打灯笼——照舅

(旧)，一幅漠不关心的样子。

会议开始了。

霍副部长宣布道："现在开会。今天我来宣布杂志社领导班子变动情况。经研究决定，丁香同志任杂志社社委会委员，主编职务。让我们表示热烈的祝贺！"说罢一片热烈的掌声。丁香满面红光地站了起来，给大家深深地鞠了一躬。

霍副部长又说道："丁香同志是杂志社年轻有为的女同志，工作勤恳踏实，任劳任怨，一丝不苟。为人谦虚谨慎，不骄不躁，和蔼可亲。希望丁香同志再接再厉，更上一层楼。"说罢又是一片掌声。

掌声过后，霍副部长停了停说道："林风同志任杂志社调研员职务，再不担任主编。"说罢他提高嗓门："我们对林风同志也表示祝贺！"大家还是给了我掌声。

我腿打着战，站了起来，给同志们也深深地鞠了一躬。

这难受的掌声过后，霍副部长看了看社长说："林风同志是对杂志社做出很大贡献的同志，现在他退居二线，但杂志社的工作还是需要他的。这次提拔年轻同志，他主动让贤，堪当我们学习的榜样。林风同志，为人忠厚的品行，工作敬业的精神值得我们在座的学习。让我们对他表示感谢！"大家又给我鼓起了掌。我听着这副部长好像给我致着"悼词"，那掌声如"送丧"的鞭炮，在打着我的脸，打着我的心。

霍副部长又停了停说："现在请丁香同志做表态性发言。大家鼓掌！"掌声又响了起来。

丁香脸更红了。她有点紧张，清了清嗓子说："感谢组织对我的信任，感谢同志们对我的帮助，我今后更要向同志们学习，努力搞好工作，不辜负组织对我的期望。"说罢又是深深地一鞠躬。

掌声如雷啊。

霍副部长转过头看看我说："老林也说几句吗？"

我赶忙站起身说："没有说的，没有说的。"说罢又赶忙坐了下来。

霍副部长宣布会议结束。

会议散了，大家都争先恐后地去和霍副部长握手，我羞得无处躲藏，像只老鼠似的溜回了自己的五楼。我这个四十五岁的调研员，现在需要好好调研自己了。

这一天，丁香来到我的办公室，她是来看我的。她给我拿着一盒茶叶，是碧螺春。她笑着对我说："老领导，我还要请你多多指教呢！这盒好茶就算孝敬你的了。"说罢她有些不好意思地笑着。

我理解丁香的意思，年轻人为前途而努力无可厚非。我笑着说："芳林新叶催旧叶，长江后浪推前浪啊！这是历史的必然。你现在是青出于蓝而胜于蓝，我很高兴。有用着我的地方，就尽管说吧。就冲着你这盒好茶，我也要效力的。"

丁香似乎解除了对我的顾虑笑了笑说："胜于蓝不敢当。我怎么敢在鲁班面前弄斧呢？"

我笑笑说："你这傻瓜，鲁班他也会老的。老了他的线就吊不直了，斧也砍不直了。你大胆地去做，要有自己的思维，要有自己的个性。不要受以前的羁绊，要敢于超过以前，这样你才能当好主编。"

"谢谢！"丁香的这声感谢是诚恳的。

丁香走了，我看着她的背影，有一种说不出的感觉。常言道：人为财死，鸟为食亡。这都是为了生活。要追求好的生活，要体现自己的价值，就得去寻找平台。要登上这个平台就得奋斗拼搏，奋斗拼搏就得付出，就得牺牲。再说，商场、情场、官场如战场啊。古往今来人们把《孙子兵法》都用在了这三大战场上。现代人还创造了个《厚黑学》，这都是人生经验的总结啊。

其实我没有为丁香感到悲哀，我倒为她感到高兴，她最起码没有白白付出，她得到了回报。再说感情这个问题，是既简单又复杂的东西。感情是一个人私有的财产，谁人都不能侵犯。这灵魂性的东西，是没有办法控制的。它飞向哪里，看不见，摸不着。只有两个人的感情碰撞出火花来，才能从思想深处脱离而出。这时候已经成为无法抹灭的事实，在天地之间流浪，成为有字无字的故事。

我不恨社长，也不恨丁香。他们的感情是真是假，无须考证。他们是在实践《孙子兵法》，还是演绎《厚黑学》，也没必要去研究。但他们却真正发生了感情的碰撞，发生了那一切。这里有爱没爱，真爱假爱，谁也说不清楚，只有他们各自心里知道。

社长为了报答丁香，或许也是讨好，给她给了个好的平台，这也好像理所当然。我虽然是这事件的受害者，成人之美也是儒家的思想，我也仿效一次吧。虽然代价惨重，但还是可以承受的。丁香给我的那盒碧螺春，不是对我的感恩吗？唉！人嘛，得饶人处且饶人啊！

丁香带着忐忑不安的心情来到我的办公室，捧着那盒碧螺春来看我，实际上是负荆请罪，求得我的宽恕。我原谅了她，宽恕了她。说真的这是社长所为，与她无关。我怎么会怨恨她呢？不论她是真心还是假意来看我，这都不重要了。

丁香带着稍微踏实的心情走出我的办公室，下了五楼，来到三楼进了我原来的办公室，这已经是她的办公室了。她坐在我原来坐的座椅上，仰靠着头，闭着那毛茸茸的眼睛，在沉思着，她在想什么呢？

自己和社长的那一幕幕，像过电影似地在眼前浮现。这都罢了。现在虽然当上了主编，但这里面总有不光彩的成分交织着，像个魔影常常伴随着自己。同事们好像用一种不祥的目光看着自己，交头接耳的不是在议论自己吗？唉！我这“爆米花”现在真的“爆”出密话来了，够他们茶余饭后议论的。

丁香正在反思着自己。外面传来敲门的声音，丁香睁开眼睛，坐了起来，用那娇滴滴的声音说道：“请进！”

门推了开来，社长进来了。丁香赶忙站了起，从座位上走了出来，左手指着沙发说：“社长请坐！”

社长笑眯眯地看着丁香，慢吞吞地坐了下来说道：“工作上有什么困难吗？”那圆溜溜的眼睛死劲地在丁香的脸盘上盯着。

丁香红着脸，移开社长的目光说：“还行。”

“我让你去看看老林，去了吗？”社长的目光像个探雷仪似的，在丁香的身上扫描着。

“去了。”丁香还没有从刚才的反思中醒过神来，对社长没有从前那样热情。

社长看丁香有些不高兴，急问道：“他伤着你了？”

“没有。”

“那你怎么了？”

丁香这才醒过神来。赶忙说：“噢！我今天有些不舒服。”

社长的目光有些心疼，他上下看了看丁香。关切地说：“怎么了？去医院吧？”说罢站了起来。

“没关系的。休息一会儿就好了。”丁香看了看社长。

“那你要注意身体呀，别累坏了。工作不能急，慢慢来。”社长更是关心。

“这我知道的。”丁香又看了一眼社长。

楼道里传来了脚步声，社长看着丁香，不情愿走地说道：“注意身体，别累坏了。”说罢走出了丁香的办公室。

丁香回到自己的座位上，深深地长出了一口气。

编辑组的小马过来了，她正好和社长打了个照面。社长有话无话地问道："小马，忙啥呢?"

小马不巧碰上了社长，吓了一跳。她微笑着不加思索地说："找一下丁主编。"

"噢！去吧。"社长说着走了。

小马回头看看社长的背影，吓得吐了一下舌头。心想：我这是找死啊。

小马走到丁香办公室门前，轻轻地敲了一下门。

丁香本来就听到了社长和小马说话，但她装着没有听见什么。她看小马敲门，热情地招呼道："噢是小马，快进来，进来。"

小马微笑着，走到丁香的跟前，把一叠审阅过的稿件递了过来说："我已经看了几遍了。请主编定稿。"说罢看着这位新任主编。

丁香接过稿件，便放在桌子上。她看了看小马说："坐！小马。"

"不了，你忙吧。我还有点事。"小马说着欲要走出。

"来！来！不忙。咱们姊妹聊聊。"丁香挽留着。

小马在丁香的挽留下不好意思地站住，等待着这位新任主编的指示。

丁香笑着看看小马说道："我这个主编还真没本事，还要大家帮助啊!"

小马也笑着说："主编你太谦虚了。你尽管吩咐我们去做就是了。"

丁香又看看小马说："咱们社里，唯咱俩关系最好。你要好好帮姐姐的。"

小马听着心里一愣，她看着这位新任主编，好像看不透似的。她赶忙说："你放心吧，我会尽力而为的。"

"那就好！"丁香微微地笑了笑。

"我当这个主编，我知道大家都不服，实际上我也没这个能耐，组织上是赶着鸭子上架，真是难为我了。"说罢把目光投向了小马。

小马笑了笑说："组织上用人是全面考虑的。大家都还是佩服你的。就连林主编，噢林调研员都说你能行的。"

"唉！"

小马不解地看着丁香问道："你当官了，怎么还唉声叹气的？"

"我怕别人议论什么的。"说罢神情有些迷茫。

"这有什么议论的。都说好啊！"小马还是带着不解的目光看着丁香。

"好了。谢谢你！忙去吧。"说罢微笑着看着小马。

"那我走了。你忙吧主编。"小马微笑着走出了丁香的办公室。

丁香套着近乎，想从小马口里知道些什么，但什么也没得到。她心里踏实了许多，看来我和社长的事别人是不知道的。我当主编在大家看来是组织上决定的，就连老主编林风都说我能行，看来他确实对我没什么意见。唉！从心里真还对不起他呢。但也没有办法，社长这样做也是对我好，现在我不当这个主编，社长下了台，能轮到我吗？毛儒看着社长的位子早已垂涎三尺，来迟盯着主编的位子涎水也不下二尺啊。弄好了我还可以和毛儒争一争社长这个宝座呢。从现在开始，我要广交朋友，疏通渠道，理顺关系，跑步前进。

想到这里，丁香眼前掠过一丝阴影。毛儒啊，我就当仁不让了。关天令你现在把我扶上马了，还得送我一程啊。你这社长也就是两三年的光阴了，我来接你班不好吗？

欲壑难填啊。丁香在为自己设计着一条光明大道，要趁着自己还年轻的优势，来实现这一远大的理想。

小马从丁香办公室出来后，心想这新任的主编丁香莫名其妙地说了些什么？她怎么和我这个小走卒套起了近乎，看来是她在网罗亲信，搞她的丁氏集团了。自己还得留心点，别卷在你争我斗的风浪中去。

小马回到了集体办公室，大家都一拥而上把她围了起来。小丽抢着说："'爆米花'，呸！呸！呸！你看我这乌鸦嘴怎么胡说了，大家别当真。"她一急说错了话，红着脸看着大家，个个吓得吐着舌头。

小丽又转过话锋来："丁主编有和咱们一块战斗时热情吗？"

小马点点头说："很热情。"

小凤追问道："她和以前一样热情还是比以前热情？"

小马笑着说："一样热情，也比以前热情。"

"噢！"大家茫然地看着小马。

小凤半天才反应过来，责怪道："你这是什么话呀？一样就一样，比以前就比以前，怎么个又一样，又比以前热情。你把我们都弄糊涂了。"

老张站了起来笑着说："都坐在自己的位置上去吧。糊涂点好啊！"大家回头看看老张，便各就各位了。

小丽坐在自己的位置上，知道今天说错了话，嘴里唠叨着："是的。难得糊涂！难得糊涂！"

丁香从我的办公室走后，"老狼"闻着"腥味"来了。他一进门就笑眯眯地说："老伙计呀，我见你的接班人刚来看你了，你不怕社长吃醋吗？"

我瞪了他一眼，没有好声气地说："你就是猪八戒不成佛，臊在这张皮嘴上了。"

"我是为你好。你这才是猪八戒不识人，倒打一耙。""老狼"说着坐了下来。

我看他还要说什么，就用手指指门，"嘘！"了一声，他回头望着门才停住了那张臊嘴，耳朵竖立起来静静地听着。他听了半天没有听见什么，笑着对我说："我看你被吓糊涂了，大惊小怪的。"

"你活老了却不知道墙内说话墙外有人听啊！"我提醒着"老狼"。

"这五楼上鬼都不来，有谁来听呢？""老狼"说着还不以为然地笑着。

"你懂个屁。天下没有不透风的墙。"我骂道。

"好了！好了！别说这些了，你这个人就是小心。""老狼"对我有些不满。

我又瞪了他一眼骂道："你这个人忘恩负义。良心让狗吃了。"

"你这是什么话，给我说个明白？""老狼"有点不服气。

"你知道吗？你老婆是社长求人安排的。"我恨恨地瞪了他一眼。自己点了一支烟，也没有给他发。

"这一码归一码，你胡拉乱扯什么呢？""老狼"让我骂臊了，他也骂了起我来。

我看他真的生气了，笑着说："好了！老兄！我知道你是为我好，但你要为自己好啊！"

"这还是个话。狗咬吕洞宾，不识好人心。"说罢他也笑了起来。

我给他发了支烟。他笑着说："这根烟来之不易啊！把我当仇人看待。”

我笑着说：“老兄啊！少说话，威信高，摸着肚皮吃得好。别再说三道四了。”

他笑着，长长地出了一口气。我知道是他在为我惋惜。说真的我很敬重“老狼”，他敢爱也敢恨，就是这种作风在社会上却吃不开啊！

# 第十三章 “老狼”的战争

“老狼”是个爽快人，最大的毛病就是心里不藏事，这给他带来了许多的麻烦。

这天晚上，荷萍回家迟了。按照往常十点多就回家了，可是今晚十一点多了还不见她的影子。“老狼”不知哪里来的气，一股脑地往上涌。他一个人在家里骂来骂去，简直是脏话连片。正在他骂得起劲的时候，荷萍回来了，一进门就被他骂得狗血喷头。弄得荷萍丈二的和尚摸不着头脑。

荷萍见他这般无理便问道：“你这是干什么呢？好端端的怎么骂起人来？”

荷萍不问倒好，这一问使“老狼”气不打一处的冒。他恶狠狠地问：“你干什么去了？这么晚了你和谁鬼混着呢？”

荷萍被“老狼”这一问，气得说不出话来。两眼直盯着“老狼”，铁青着脸，嘴巴打着哆嗦。

“老狼”见荷萍不回答，觉得自己占理了。更加气势汹汹地说：“理亏了吧？怎么不说呢？”

荷萍气得从嘴里挤出一句话：“我跟你没有什么说的。”说罢坐在沙发上呜呜地哭了起来。

“老狼”这家伙真是欺软怕硬，他看荷萍哭了起来，还不罢休。他站在荷萍的对面，两手叉在腰间，没完没了地骂着。

荷萍看着丈夫这般凶狠，央求道：“你好端端骂人，我怎么了？我是你的妻子啊！”那哀求的目光让人心痛。

“老狼”憋在肚子里的火还没有发泄完，他不顾妻子的央求，竟把气往荷萍的心里胀：“你是我的什么妻子？你怕是别人的妻子吧？三更半夜不回家，我没有你这样的妻子。”

“老狼”这一下把荷萍激怒了，她把肩上还未来得及放的包往地上一甩，也骂道：“你这个王得成，我和你拼了！”说罢她站了起来。向“老狼”冲去，把个“老狼”推到墙边，碰得“咚”的一声。两个人你死我活地撕打了起来，整得楼上楼下，左邻右舍都不得安宁。

邻居们听到“老狼”和荷萍的战斗声，都出来挤在楼道，但无法进到“老狼”的家里。大家都怕夫妻战斗激烈会弄出事来，你一言我一语地想着办法。保安也被叫来了，但是门还是叫不开。里面的战斗还在激烈地进行着，两个人的骂声和撕打声掺和着家具的碰撞声，越来越激烈。看来今晚他们不打出个胜败，誓不罢休。

保安没有办法，便报了警。派出所的人来了，仍然进不了门。一个民警拿着话筒向里面喊话，但无济于事，只能向局里报告了。局里调来更多警察，两个警察用根绳子从四楼窗户上爬到三楼窗户前，破窗而入，把两个打得筋疲力尽的夫妻拉了开来。一场夫妻的各自保卫战才被制止了下来。

派出所的民警把邻居们疏散开来，“老狼”以家庭暴力被派出所带走了。一个女民警和一个男民警在做荷萍的笔录。荷萍坐在沙发上泣不成声，她哭得像个泪人似的。女民警给她做着工作，要她坚强点，对这样的男人就得依法制裁。该罚款的罚款，该拘留的拘留，该劳教的劳教，该判刑的判刑。

荷萍一听泪眼汪汪地看着这女民警，央求说：“我求你们把他放回来吧。”

那女民警诧异地问道："为什么？他这样凶狠，你还为他求情。"

荷萍擦了擦眼泪说："我们毕竟是夫妻啊。"

那女民警说："那要看他的表现呢。他回去再打你怎么办？"

荷萍低头不语。心想：这人今晚怎么了？真是莫名其妙。

派出所里，"老狼"被询问着。

"你叫什么名字？今年多少岁了？是干什么的？"一个四十开外的男民警很严肃地问。

"老狼"看了看这警察一眼，低着头说："我叫王得成，四十八岁。"说到这儿停了下来。

那警察看了一眼道："继续说。"

"老狼"羞得不敢说出自己的工作单位。低着头一声不吭。

"你是干什么的？怎么不说了？"那警察追问道。

"老狼"支支吾吾地说："在杂志社工作。"

那警察望着"老狼"看了大半天，有点不相信地问："杂志社？"

"是的。""老狼"红着脸，低着头。

"你为什么要打你的妻子？"警察疑惑地问。

"我们为琐碎事争吵，双方不相让就打了起来。没有什么的。还是让我回去吧？""老狼"编着谎，现在真想回去，受警察询问的滋味的确不好受啊。

"你这是家庭暴力，要严肃处理的。"警察的表情很严肃。

正在"老狼"想着赶快从派出所出去的时候，那女民警领着荷萍来了。荷萍要求把"老狼"放了。

这夫妻俩的举动使警察感到奇怪。本来打得不可开交，这会儿女人又来给男人讲情，真是神经病。

警察看着这一对难以捉摸的夫妻，摇着头说："你们写好保证书，以后再不打架。然后找一个担保人，把你们保释出去好了。”

“老狼”写着保证书，荷萍在给亚萍打电话，让来把他们保释出去。

亚萍来了，一看姐夫、姐姐两个人这般模样，心里猜了个八九不离十，准是为那些事情干起来的，真是不害臊。

“老狼”把保证书写好了，双方签了字，亚萍也签了字。三个人没有声气儿地走出了派出所。

一路上谁也没有说话，径直到了家。亚萍气愤地说：“我走了，你们再好好打吧！打他个你死我活才够劲呢！我是你们的担保人，也跟着你们受累吧。”说罢头都不回转身走了。

亚萍从姐姐家里出来，心里想：这“老狼”还有理了，自己在外面胡搞，回来还打人，真是岂有此理。看来自己的侦查计划还得进行，不治治这条“老狼”，将来姐姐会出大问题的。

亚萍回到家里，老娘赶忙上来问道：“什么事你急急忙忙地走了？”

亚萍装着笑着说：“没啥事的。是朋友打电话有些事。”

老娘看着亚萍倒还正常，也就再没有追问什么的。

亚萍走后，“老狼”一声不吭地躺在沙发上，荷萍到卧室去了。家里很安静，只有几只蚊子嗡嗡地叫着，不时骚扰着“老狼”的脸。这起战争他没有占上便宜，只是口战取得了胜利，但让荷萍打了个一塌糊涂。这会儿他还想不通呢。

荷萍在卧室里，和衣睡着。“老狼”今晚究竟怎么了？难道是……想到这里，她浑身打了个寒战。这可万万不能让他知道啊！

“老狼”自己心里不快，加上长时间荷萍做不上饭，肚子一饿这事情就出来了。他真的不知道荷萍的那些事情。他今天的无名火是这样来的：这几天，他的美女网友在QQ上一个都不见了，什么“柔情似水”，什么“水天一色”，她们都到哪里去了呢？正因为他的这些美女不见了，回家来老婆也不见，气就涌满了心头，酿成了如此大的祸端。

这一场无聊的夫妻战争就这样惊心动魄地结束了。“老狼”在口头上取得了伟大的胜利；荷萍在手头上取得了不可小觑的大捷；最终以动用警察来制止而宣告战争结束，成为本市史无前例的家庭矛盾的典型话题，真是可悲啊。

第二天一上班，“老狼”就来到了我的办公室，报告了他昨晚的战况。我听了都为“老狼”害羞。这人真是疯了，怎么能这样做呢？

“老狼”也有点后悔，要我给荷萍说说。我对“老狼”这种做法很生气，没有给他好声气地说：“自己去道歉吧！一个大男人白白亏了七尺身骨。解铃还须系铃人，你自己看着办吧。不羞！”

“对！对！老弟说得对。我自己把老脸抹下来吧，给她认个错。”“老狼”这会儿知道自己错了，觉得对不起荷萍。

荷萍呢？照常去上她的班。装着什么都没有发生，这丢人的事情给谁说呢？

亚萍又搞起了她的侦察，她要撬开这“老狼”的嘴，让他说出事情的真相。好见机行事，替姐姐报仇。

亚萍打开QQ，等待着“老狼”登陆。

“老狼”在我那里讨了个没趣，他看我很不理他，就回到了自己的办公室。他这会儿像个丧家之犬，可怜巴巴地坐在办公桌前，有意无意地打开电脑，登上了QQ。“水天一色”的头像在闪动，好似给他含情脉脉地笑着，顿时他来劲了，昨晚那不愉快的事儿霎时在他心里跑得无影无踪。他激动得涨红着那黝黑的脸，那十个指头在键盘上嗒嗒地敲了起来。你看那高兴劲儿，足足像个老顽童，既弱智又可笑。

西北老狼："好久不见，十分想念。你这些天到哪里去了？"

水天一色："想了吗？"

西北老狼："真是想死人了！"

水天一色："感情不错！"

西北老狼："呵呵！"

水天一色："呵呵！"亚萍看他怎么说呢？也给他来了个"呵呵"。

西北老狼："这几天你怎么没有来啊？"

水天一色："我昨晚来啦！不见你啊，干什么去了？让人白白来看你，浪费感情。"亚萍欲擒故纵。

西北老狼："那就冤枉你白看我了。唉！"

水天一色："怎么了？唉声叹气的？"

西北老狼："唉！没有什么。"

水天一色："还没有呢？我都感觉出来了，你有心事的。难道不能告诉我吗？"亚萍在进攻，给"老狼"给了点添加剂。

西北老狼："还是不说的好了。"

水天一色："嘿嘿！不说我也知道了。"

西北老狼："唉！你能知道什么呢？"

水天一色："让我猜出来吗？你可别羞噢！"

西北老狼："那你猜吧！"

水天一色："嘿嘿！我猜了。是嫂子……嘿嘿！不说了。"亚萍在吊"老狼"的胃口。

西北老狼："说呀！没关系的。""老狼"看这女人说了个嫂子，没下文了，便不害臊地催了起来。

水天一色："嘿嘿！是嫂子没给你做饭吧，又没有准你上床吧。你看我猜中了没有。嘿嘿!”

西北老狼:“有点对。”

水天一色:“有点?怕全对吧?”

西北老狼:“没做饭是对的。我们打架了。”

水天一色:“啊!你打她了?”

西北老狼:“确切地说是她打我了。”

水天一色:“啊!她打你了?我不相信。”亚萍真的糊涂了,怎么姐姐打他了呢?难道姐姐抓住了姐夫的什么了?她想了想便主动问:“那就是你在外面干坏事了?嘿嘿!”

西北老狼:“没有的事。”

水天一色:“那她好端端打你干什么?难道她是神经病?”

西北老狼:“唉!也是我的错。”

水天一色:“看,我就知道是你的错。你们这些男人事情就是多。”

西北老狼:“她下班迟,我老自己做饭,所以就吵了起来。我的语气不好,把她给骂急了。她一气就动手了。唉!是我的错。”“老狼”看来真的后悔了。

亚萍愣了一下,才是这么回事儿。心里骂道:该打的事情你们不知道;不该打的事情你们整了个糟。现在她把事情搞明白了,给“老狼”回道:“噢!这般情况。不该啊!对吗?”

“老狼”有些后悔地说:“是的。”

亚萍的调查完了,她担心姐姐的心,终于放了下来,也该下线了。她给“老狼”说:“以后注意吧。把小事弄成大事不好。我有事要下了。8 8!”

“老狼”看“水天一色”要下了,好长时间没有和她聊了,真有点舍不得。但这是网络啊,下就让她下吧。也回了个“8 8!”失望地看着那“水天一色”头像不闪动了。

“老狼”这个网迷怎么能知道那“水天一色”就是他小姨子亚萍呢？他如果知道了，准把他会羞死的。

亚萍下了线，她的担心终于放了下来，看来姐姐没有错。就这个老色狼，总有一天我要把你制服的，看你再和那个“柔情似水”柔情了不？

晚上荷萍下班了，她匆匆忙忙收拾好东西，赶忙就向家里走。翔看她今天不高兴，便追了上来说：“萍姐！咱们一块吃饭吧？”

“对不起！今天我有事要回家的。”荷萍推辞着。

“家里出什么事了？我看你有点不高兴。”翔关切地问着。

“没什么的。”荷萍看了看一眼翔，便低头走着。

“那改天吧。”翔看荷萍心里有事，再不强求。

荷萍再不说什么，只是点了点头，心情沉重地走了。

翔目送着荷萍，看着她那不高兴的样子，那背影好像背负着多少心酸，不觉心里涌现出更多的怜惜。

荷萍推辞了翔的邀请，怀着十分复杂的心情，回到了家里。“老狼”还没有回来，她赶忙到厨间做起饭来。她想给“老狼”打个电话，问是否吃饭。又一想，这“老狼”反复无常，问他干什么呢？做下了吃不吃由他吧。

荷萍用心炒了两个菜，细心做了“老狼”最爱吃的拉条面。说实话她心里有点愧疚，这也是对老公心里的安慰，也是对老公的补偿，更是对自己那事的忏悔。自己和翔那事他知道也罢，不知道也罢，就让它过去吧。

饭菜做熟了，荷萍摆好在饭桌上，等待着丈夫的归来。

时间一分一秒地过去了。“老狼”连个影子都不见。荷萍看着那墙上的挂钟，已经是晚上十一点半了。心想：这人弄出事来还有理了？成心与我过不去。唉！男人啊！你怎么都对。谁让娘把我生成女人呢?

荷萍也没有吃饭，耐心地等待着丈夫。靠在沙发上不知不觉竟睡着了。

“老狼”下班后，觉得昨晚上自己对妻子真的有点过火，这还不说，左邻右舍知道都是小事，还弄来了保安、派出所、公安警察，真是丢人死了。唉！还是老林骂得对，我怎么不知道羞耻呢?“老狼”想着想着，羞得不敢回家，羞得不敢见自己的妻子。顺便走到一家小面馆里，要了一碗面条，吸溜吸溜地吃了起来。

吃过饭后，“老狼”漫无目的地走在街上，像个没魂的鬼在游荡。街上的人们，三三两两地走着，有的是情侣，有的是朋友，有的是家人。他们说说笑笑，好不快乐！还有单个匆匆忙忙回家的，他们都多好啊！只有自己这个游魂飘荡在这夜幕中，可怜得不得了。

“老狼”飘荡着，不知不觉来到了家门口，他悄悄地开了门，见妻子在沙发上斜躺着睡着了。他轻轻地走到厨间，看饭菜整整齐齐摆放着，心里不觉一股难受。他又轻轻地出来，走在妻子跟前，把她小心地抱了起来，向卧室走去。

荷萍被惊醒了，她看丈夫抱着她，两股热泪从那双眼睛里流了出来，滚落在那漂亮的脸盘上。

“老狼”轻轻地把荷萍放在床上，声音有些哽塞地说：“对不起！我错了。”

荷萍什么都说不出来，只是尽管地哭着，越哭越伤心。她的心酸，她的苦衷，她的无奈都倾诉在这泪水之中。

# 第十四章　讨不回的爱情

浩与亚萍好长时间没有联系了，这是亚萍心里的一块病，看来他彻底变心了。百年修得同船渡，千年修得共枕眠。既然你和我没有修下缘分，那我们就一刀两断，大路通天，各走一边吧。但我不能便宜了你这个无情无义的家伙，我要讨回我失去的东西。亚萍心里乱极了，她被情所惑，被情所困，被情所欺骗了。她想着想着，决定约浩做个了断。

亚萍给浩发了个短信："今天晚上九点，天桥西头见。"就这一句话，再没有多说一个字。

浩收到亚萍的短信，反复看了几遍，他知道这一天迟早是要来的，他必须得面对。他犹豫了一下，给亚萍回道："好。"不多不少，干净利落，就一个字。

亚萍看着浩的回信，就一个"好"字，心里骂道："你这个歹毒的男人，太绝情了。"生气和失落中夹杂着无奈。

夜幕轻轻降临，天空灰蒙蒙的一片。月亮在云的那边忽隐忽现，失去了昨日的皎洁和美丽。亚萍在天桥的西边急躁地踱来踱去，清风抚弄着她的头发，好似抚慰着她的心。她一会儿望望桥的东头，一会儿看看桥的西边，她在等待着这个情仇爱恨。

浩从桥的东头走了过来。亚萍真想冲了上去，从这个桥上把他扔到河里，活活淹死，以解心头之恨。但她理智地站着，看着他走向自己。

浩走到亚萍跟前，站了下来。他红着脸，看着亚萍。亚萍便把身子侧了过去，没有正面看浩一眼。两个人的心情都很复杂，这一对昔日的恋人，今天要反目为仇了。

“你好吗？”浩有些不好意思地问。

“很好！但是没你好，有漂亮的美女陪着。”亚萍生气的声音里有些哀伤。

“真对不起你。”浩说话的声音明显底气不足。

“没有什么对不起的。你只是对不起你的良心罢了。”亚萍看了浩一眼，又把目光送向远方。

“我想给你道歉，就是没有勇气见你。”浩有点内疚。

“不是没有勇气，而是没有脸面吧？”亚萍的目光仍在远方看着。

浩觉得理亏，再也没有说什么，一动不动地站着。

亚萍转过身来，正视着浩，严肃地说：“你为什么要欺骗我？”

浩被亚萍问得说不出话来，那脸红一会儿，紫一会儿，烧得火辣辣的疼。

“你说呀，你怎么不说话了？你不是发誓说爱我吗？你的誓言哪里去了？”亚萍咄咄逼人，要与浩讨个说法。

“我……”浩欲言又止，吞吞吐吐说不出话来。

“那个女人很好嘛！你娶她有清福享的，是吧？所以你对我这样残忍，对吧？”亚萍怎么说都觉得不解恨。

浩不敢正面看亚萍，他觉得亚萍的目光像两把利剑，毫不留情地在他的头上悬着，一不小心就会刺了下来，把他大劈两半。他用一种说不清的目光，看着亚萍，期盼着她的原谅。

“我今天让你来，就是给我个解释。我没有别的意思。”亚萍把目光又转向了远方。那月亮还在云的后面漂浮着，怎么也挣脱不了阴云的缠绕，被无力地困在天的那边。

浩没有什么话可说，事到如今，只能由亚萍发落了。她爱过亚萍，也曾山盟海誓。现在呢？自己变心了，深深地伤害了她，让她怎么出气都不为过。

亚萍呢？见浩不说话，真想把他宰在这桥头，让世人唾骂。但她不能这样去做，她也静静地站着，等待着浩对她的回答。

空气凝固了。月亮彻底被乌云吞没，天阴沉沉的。风凉飕飕地吹了过来，到有些寒意。

浩向前走了一步，声音哽塞地说："亚萍！我给你道歉了，对不起。"说罢"咯噔"一声跪在了亚萍的面前。

亚萍回过头来，看浩给她跪下了。气愤地说："你起来吧。男儿膝下有黄金。"

"你不原谅我，我是不起来的。"浩痛下决心，跪着不起来，等待着让亚萍原谅他。

亚萍有心拉他起来，但心想这也是他自作自受。你既然跪着求我原谅，说明你的心已经死了，我还对你有什么说的呢？她看了看浩一眼，一声不吭地向桥的东头走去，头也没回地消失在那黑色的夜幕里。

浩见亚萍愤然而去，没有理他，觉得自己非常渺小。他没趣地站了起来，仰头看着朦胧的天空，声嘶力竭地吼道："我真混蛋！"那声音像一头绝境中的狮子，在黑暗中悲哀地嘶鸣。

亚萍和浩的情感纠葛就这样解决了。浩的心被膝盖死死地压在地上，跪着不起，亚萍还能说什么呢？她踏着夜幕，脑子一片空白，凄凉地走在大街上，晚风洗涤着她的痛苦，也洗涤着她的满心惆怅。

亚萍走着走着，来到一家小酒吧，她要了瓶红酒，咕咚咕咚地喝了两口，嘴里骂道："瞧你那个德行，你还是个男子汉吗？

你只有玩弄女人的本事，给我下跪，你羞不羞？”骂罢又咕咚咕咚地喝着。一瓶酒，她两口就这么喝完了。她带着微醉的语气喊道：“老板！再来一瓶。”

那女老板过来看她心里有事，在用酒解愁。劝道：“姑娘，你少喝点，喝多了对身体不好。”

亚萍抬起头，看了看女老板，含糊不清地说：“给我再来一瓶，我就是想喝嘛！”说罢把那空酒瓶倒过来，放在嘴上摇了摇。对女老板说：

“你怕我没钱买单？”说罢从桌子上的包里取出钱包，向桌子上一丢。醉笑着说：“这会儿相信了吧？”

女老板看她执意还要，笑了笑说道：“不是钱不钱的问题，是我怕你喝多了不好受啊！”

“我今天就想一醉方休嘛！”说着她耷拉着脑袋，慢慢地趴在桌子上彻底醉了。

借酒消愁愁更愁啊！亚萍这一醉，把女老板弄得无可奈何。这丫头醉在这里怎么办呢？

真是冤家路窄。正当女老板在为亚萍发愁时，浩走了进来。他见亚萍醉在那里，心里难受极了。就是他把亚萍弄成这个样子的。他替亚萍结了账。走到亚萍跟前，收拾好东西，把她搀扶了起来。

那女老板看着说：“你们年轻人，就是这个样子。小两口有事不好好解决，闹什么矛盾？男人家应该让着点才是。”

“是的！是的！”浩说着，扶着亚萍走出了小酒店。

浩拦了一辆车，把亚萍扶到车上，自己也坐了上去。这是他最后一次送亚萍了，心里也有些说不清的苦衷。

车到了亚萍家的楼下，浩把亚萍扶了下来。他真没有勇气把亚萍扶到家里。但不扶亚萍她怎么能上楼回去呢？没有办法，他只好硬着头皮搀着亚萍，一步一步地上着楼梯，来到了亚萍的家门。他轻轻地扣着门。

亚萍的母亲听有人敲门，赶忙把门打开，一看浩扶着亚萍进来，急忙问道：“她这是怎么了?”

浩不好意思地说：“她酒喝多了。”

“你们在一块喝的?”亚萍的母亲目光里有些埋怨。

“没有。是她一个人喝的。我路过看到的。”浩解释着，但心里总觉得虚虚的。

“她怎么一个去喝酒呢?”亚萍的母亲有点疑惑地看着这未来的女婿。

“我也不知道。”浩说着，觉得应该马上离开，再待在这里就没有好果子吃的。

浩告辞了亚萍的母亲，慌慌张张地从楼上走了下来，吓得冒出了一身冷汗。好在亚萍酒醉得厉害，没有醒过来。倘若清醒过来，这母女俩不把他吃掉才怪呢?

第二天早晨，亚萍醒了过来。母亲埋怨道：“你昨晚在哪里喝酒？醉得不省人事了。好在浩路过才把你送了回来。一个大姑娘喝成那样子，丢人不丢人?”

亚萍茫然地看着母亲，心里想：又是你这个浩，你管我干什么呢？我们已经没有关系了，猫哭耗子假慈悲。但她想这事暂且不能让妈妈知道，知道了准会伤心的。她摇了摇头，笑着说：“没什么的，和朋友喝了点酒。他送我也是应该的。”

“你太任性了。老让娘操心。”母亲叨唠着，去做早餐了。

母亲走出了卧室。亚萍回忆着昨晚上所发生的一切，怎么也想不起浩送她的事情来。看来这个无情无义的东西，还有点良心呢，完全没有被狗吃完。

亚萍吃过早点后，高高兴兴地去上班了。她没有告诉母亲，自己与浩分手的事情。但这不是长久之计，母亲总是要知道的，她想如何给母亲说才好呢？她走着想着，唉！还是等我再找下新的男朋友了，再告诉她老人家吧，那时候她就没有伤心了，只有高兴的。

亚萍来到她的服装店里，现在她认认真真做起生意来，没有外界的干扰，也没有情的困惑。她要重新开始，在这大千世界里，茫茫人海中，猎取新的如意郎君。

人在最痛苦的时候，最容易想起曾给自己带来幸福的人。亚萍这时想起了被她拒绝了的初恋情人，那个大学同学上官云霄。她多么想他，她深深地呼唤着：我的上官云霄，你现在在哪里啊？

亚萍拿出手机，查着上官的号，她真想给他打个电话，哪怕只说一句话都行。

她终于找到了上官的电话号码，但却没有勇气通拨。她的泪水一下子从眼眶里涌了出来，那愧疚的心情煎熬着她思念的心。上官啊！你能原谅我吗？

亚萍看着这电话号码，好像是看到了她心爱的人，她深深思念的上官云霄。她把这手机紧紧地抱在怀里，好像在拥抱着上官，恐怕他离开似的。

她无助地看着店里那石膏做的男模特，那冷冰冰的面孔在呆呆地看着自己，那是上官吗？是的，就是他，他是不会原谅我的。是我拒绝了他，拒绝了他的爱，拒绝了他的心，拒绝了他的满腔热情。

亚萍看着看着，她再也忍不住了，一下子扑了上去，紧紧地抱住那冰冷的模特，眼泪汪汪地说："上官啊！我好想你。"

亚萍失恋的心情糟透了。她对浩的恨，对上官的思念交织在一起，使她痛不欲生。她再不考虑那么多了，下定了决心，要给上官打电话，求得他的谅解。她要和他和好，她多么爱他啊！

亚萍鼓足了勇气，把上官的打电话号码拨了出去，把手机紧紧地贴在耳边，静静地等待着回音。

不料话机里传来："对不起，没有这个号，请查询再拨。"亚萍茫然了。她把号码又看了几遍，心想：就是这个号，怎么不是这个号呢？她又重拨起来。那手机里清晰地说道："对不起，没有这个号，请查询再拨。"

亚萍失望极了，不！她简直是绝望。她把手机狠狠地摔在桌子上，那双漂亮的眼睛黯然神伤，她的心像刀绞一样痛得厉害。

怎么办呢？你怎么也不理我了。上官啊我亲爱的！你知道吗？现在我真的需要你啊！

正当亚萍苦苦想念上官的时候，邮递员来了，给她送来一封邮件。亚萍急忙忙地打开，一看顿时掉到了万丈深渊。天啊！我的上官，你怎么也辞我而去，和别的女人结婚呢？

亚萍的手在颤抖着，那邮件从她纤嫩的手里抖落下来，大红色的请柬飘飘然然地落在地上，把个亚萍的心也给摔碎了。天哪！我怎么了？真是祸不单行。浩！我爱你，你却被别的女人勾引走了。上官啊！我对不起你，你也要和别的女人结婚了。你们都去吧，天地如此之大，怎么就没有我亚萍的立锥之地呢？说什么天涯何处无芳草，芳草被别人都占领了，给我留下的却是一片沙漠啊！哪里是我的绿洲呢？

说实话，真是不巧。正当亚萍再次呼唤上官的时候，上官结婚的请柬却来到了她的面前，这是亚萍万万没有料到的。这请柬犹如一盆冷水，泼灭了她刚刚对上官燃烧起来的爱情火苗。她的心在哭泣着，也在呐喊着。真是自古红颜多薄命，无情郎君辜负淑女心，愁煞人啊！

亚萍慢慢地把上官结婚的请柬拾了起来，用那无神的眼睛仔细端详着。那请柬仿佛像一面镜子，映出上官和一位漂亮的姑娘在幸福地笑着。她的心冷冰冰的，她觉得那一对新婚宴尔的微笑是对自己的嘲弄。她又定睛一看，上官也在流着眼泪，那眼泪是对她的爱，是对她的思念，是对她的难以忘怀。是的，自己现在到了这一步，不是上官的错。我没有理由埋怨他，也没有理由恨他。事到如今，我有什么脸面去参加他的婚礼呢？想到这里，亚萍给上官写了一封信，按照上官的地址寄了出去，她的心平静了许多。

亚萍给上官的信是这么写的：

上官云霄：我永远不能忘记的同学！

今日欣喜收到你的结婚请柬，无比高兴。仿佛看到了你和未来的夫人幸福的微笑。你们马上就要结婚了，我衷心地祝愿你们白头偕老，永远幸福！按理我应该来参加你们的婚礼，为你们祝贺！但又觉得还是不来的好。我恐怕看到你们甜蜜幸福的样子，激动得会哭，那是我给你们祝福的热泪。说实话，我现在就哭着写这封信，我为你们高兴，不知怎么就控制不住了，泪水把信纸都打湿了，你别见笑。记得我们在学校相识的时候，多么快乐。那是我一生中最美好的时光，可是它再也不能回来。如果时光能够倒流，我愿永远停留在那短暂的时间里，陶醉不醒。

上官云霄：我难以忘怀的同学！

时空拉开了我们的距离，隔断了我们应该拥有的一切，埋葬了我们深深的爱。现在我说声对不起，你别嫌迟。过两天就是你们的婚礼，这句话我就不应该说了，也不能说了。就是现在说起来也显得太可怜，或许你嘲笑着我。不论你怎么样，我都感到满足和幸福的。

上官云霄：我亲爱的同学！

我有很多很多的话想对你说，但现在晚了。我将把这些话深深地埋藏在心里，也只能埋藏在心里了。我此时此刻的心情就是“碧云冉冉蘅皋暮，彩笔新题断肠句。试问闲情都几许？一川烟草，满城风絮，梅子黄时雨。”实际上这句诗还不够表达啊！

上官云霄：我将日思夜想的同学！

如果有来生，我将化作你的坐骑，与你同行。如果无来生，我将化作一缕烟云，永远萦绕在你的身边。

最后，祝你们美满幸福！

亚萍致上

二〇〇九年初秋

亚萍把信给上官云霄寄了出去。她把自己的思念，把自己的爱，把自己的心都寄去了。现在她如释重负了，她的未来不知将是什么样子的呢？

# 第十五章　你能原谅我吗

“老狼”自从与荷萍战争结束后，好像乖爽多了。但他心里总还是想着“柔情似水”和“水天一色”这两位美女。她们忽隐忽现，把“老狼”弄得神魂颠倒，心意飘然。他多么希望这两位美人在QQ中出现，来慰藉他干渴的心灵。

他一有时间就打开QQ，等待着。好多天了，这两位美女谁都没个影儿。“老狼”很失望，黯然地落下了几滴泪水。谁说男儿有泪不轻弹，那是没到伤心处啊。你看“老狼”这会儿真的伤心了。

荷萍这几天尽量讨好着“老狼”，她弥补着自己的过失。晚上她一下班就往家里赶，给“老狼”做顿可口的饭菜。“老狼”看着荷萍最近的表现，心里多少有了点满足。可是好景不长，他们的战争又起来了。但这起战争不是热战，而是冷战。两个人互不说话，像陌生人似的。荷萍睡在卧室里，“老狼”睡在客厅的沙发上，打起了持久战。

这还得从前天晚上说起，荷萍正在厨间做饭，她的手机放在茶几上。“老狼”正坐在沙发上看电视。突然荷萍的手机震动起来，是来了个信息。“老狼”无意打开看着：“萍姐，这几天你怎么了，家里出什么事了，能告诉我吗？你为什么不理我了，我非常伤心。你知道我多么想你，没有你的日子是多么难过，你能永远做我的萍姐吗？”

"老狼"看着大吃一惊。天那！人说红杏出墙，这蔫杏也出墙了。他简直不敢相信自己的眼睛，他的心怦怦地直跳，脸上的肌肉在抽搐着，觉得一顶绿色的帽子重重地扣在了自己的头上。他把手机轻轻地放在茶几上，像个瘫子无力地坐着，什么都说不出来。

荷萍的饭做好了，她亲热地叫"老狼"吃饭。"老狼"什么都没有听见，他大脑一片空白。荷萍从厨间走了出来，笑盈盈地说："怎么了，吃饭啊？"

"老狼"看着荷萍，又看了看手机，嘴抽搐了两下，却说不出话来。荷萍看着他这神态，觉得不大对劲，心里有一种不祥的感觉。

荷萍镇静着自己，问道："吃饭啊？"

"老狼"这时才从梦中惊醒，那颤抖的手指着手机，结结巴巴地说道："你看看吧，你自己看看吧！"说罢那愤怒的目光里流露着无奈。

荷萍紧张极了，她拿起手机打开信息看着，一下子整个脸红透了。老天啊！你这是真心害我。你迟不来，早不来，为什么这个时候来这么个信息，你让我怎么办呢？

"老狼"与荷萍都沉默不语。好端端的一顿饭都没法吃了。整个房间里沉寂得可怕，似乎霎时间可能就要爆发一场激烈的战斗。

荷萍恨着翔，你害我好苦啊！你这时候发的什么信息，你让我给老公如何解释呢？荷萍想着想着，解释道："这……"欲言又止。她觉得怎么说都是苍白无力的。

"老狼"头都没抬地说："别解释了，解释又有什么用呢？"说罢起身向书房走去。他的心在哭泣着，人呐，究竟是为了什么？

就这样，两个人的冷战开始了。怨谁呢？说不清，道不明啊！

两个人冷战了好多天了。荷萍做的饭“老狼”不吃，“老狼”在外面随便凑合着。两个睡觉也分床起来。看来这从天而降的一刀，割开的伤口无法愈合了。

“老狼”想了好多天了，我上网是在聊天，是在网上抒发着感情。但我没有出轨啊。你倒好，来真的了，这我能接受吗？他想着想着，决定要离婚。

这天，“老狼”对荷萍说：“我们离婚吧！”

荷萍一听，心里打了个寒战。她有些哀求地说：“不离行吗？”

“老狼”心痛地说：“不离也没有什么意义了。”

“那我请你考虑一下孩子的感受。”荷萍把孩子拉了出来，让“老狼”退步。

“你那样做，考虑过孩子的感受吗？”“老狼”这猪八戒倒打的一耙，把荷萍给打晕了。她看着“老狼”什么都不能说了，眼泪只是一股一股地从眼眶中往下流。

“老狼”与荷萍结婚后，感情甚好。生了个男孩叫楠，现在在一所大学读大一。他怎么能知道自己的父母现在在为情决战呢？他的家庭面临着分崩离析，父母面临着分道扬镳，他何去何从也面临着选择。但他什么也不知道，这不知道也许更好啊！

荷萍乱了方寸，什么办法都没有了。她叫来了亚萍，要给自己出出主意。

亚萍听了姐姐一番诉说，问道：“姐！你和那翔真的有那回事？”

荷萍一声不语，红着脸点点头。

“你怎么能这样呢？我担心的事情终于发生了。”亚萍抱怨着荷萍。

“现在说有什么用呢？你赶快给我出出主意吧。”荷萍无可奈何地催促着。

“我也没有什么好的主意。我和姐夫谈谈再说。”亚萍对这件事既不惊讶，也不淡漠。她好像把世事看透了，什么都应该，什么都不应该。什么都会发生，什么都不会发生。没有什么了不起的，也没必要大惊小怪的。

这天，亚萍上网了。她要以“水天一色”的身份约“老狼”见面，要和这个“西北老狼”摊牌，挽回姐姐的败局。

她主动出击了。“你好！怎么好长时间没有见你了？”

“是你不见我啊？”“西北老狼”立刻回了过来。盼星星，盼月亮，终于把美女盼来了。“老狼”那高兴劲儿，早已把与荷萍的不愉快抛在了脑勺背后了。但他却不知道，现在他被小姨子亚萍牵着鼻子走。

水天一色：“是吗？呵呵！”

西北老狼：“这几天你到哪去了？”

水天一色：“在啊！想了吗？”

西北老狼：“还真是想了。”

水天一色：“我还认为你把我忘了呢？”

西北老狼：“怎么能忘了呢？”

水天一色：“为什么有忘不了的？男人家都一个样。站在这山头，看那山头高啊！”

西北老狼：“那是坏男人，我是好男人啊！”

水天一色：“那我倒要看看你是好男人，还是坏男人呢？”

西北老狼：“真金不怕烈火炼，你就看看吧。”

亚萍看时机成熟了，给他下套的时间到了。她趁热打铁地说：“你不怕我是坏人，把你这个狼反过来吃了。嘿嘿！”

西北老狼：“好人还是多啊！那里有那么多的坏人呢?”

水天一色：“那好吧，今天晚上我约你，你敢来吗？嘿嘿!”

西北老狼；“敢啊!”“老狼”巴不得有这样的好事呢!

水天一色：“一言为定，不见不散。晚上九点，仙人居饭庄D座。”

西北老狼：“好的!”

水天一色：“不来就是小狗。嘿嘿!”

西北老狼：“一定！一定!”

水天一色：“再见！我有事了。”

西北老狼：“再见！我一定应约。”

“水天一色”下线了。“老狼”高兴坏了。你看他眉飞色舞，情不自禁的样子，真不知道晚上这一台戏怎么演呢?

晚上九点，“老狼”如期来到了仙人居饭庄D座，他一看，这不是上次和“柔情似水”吃饭的那座吗？真有意思。看来这座与我有缘，约美女就是这个座了。他高兴地摇了摇头，焦急地坐在那里等着。

服务小姐给他上了杯茶。“老狼”说：“我没有要啊?”

那小姐笑着说：“这是一位小姐为您点的，您尽管享用就是了。”

“老狼”品着这浓浓的茶香，眼睛不时地看着向这个方向来的每一个女人。

亚萍实际上早已来了，她要让“老狼”焦急着，看看他那可笑的样子。她看“老狼”坐立不安，心急如焚地等待着，觉得这时该出场了。她走上前去，装着没事的样子。看着“老狼”笑着说：“哟！姐夫。你在这干什么呢?”

“老狼”一看是亚萍，便紧张起来。但故作镇静地说：“噢！亚萍！你在这干什么?”

亚萍看着“老狼”便笑笑说：“我等个朋友。你怎么一个人在这里坐着?”

“老狼”不好意思地说：“我！我也在等个人。”心想，这“水天一色”难道是亚萍？不！不会的。这时他很害怕“水天一色”的出现，也盼望亚萍快点离开。他像热锅上的蚂蚁，心乱极了。

亚萍坐了下来，这更让“老狼”不安。他心想：这死丫头你赶快走啊！怎么还坐了下来？不然老姐夫就露馅了。

“姐夫你等谁呀？是男的还是女的?”亚萍说着笑着，做了个鬼脸。

“这死丫头。你放心吧，是男的啊。”说着向大厅望去，恐怕“水天一色”到来。前两分钟他急切地盼着那美人早点到来，现在他又盼着她迟点来，真是难为他了。

“噢！姐夫，我问你个事?”亚萍开始“涮”“老狼”了。

“说吧。”“老狼”有些心不在焉。

“我有个朋友她说认识你的。”亚萍笑了下，看着“老狼”。

“是谁?”“老狼”迷惑地看着亚萍。

“你猜!”亚萍卖着关子。

服务小姐把菜端上来了。“老狼”更糊涂了，问道：“我没有点菜啊?”

那服务小姐笑着说：“这是一位小姐点好的，你尽管享用就是了。”说罢又微笑着走了。

亚萍看着“老狼”没头没脑的样子，既可笑又可怜。风趣地说：“姐夫到底潇洒。还有小姐不来就请吃饭的，真好!”

“老狼”已经丈二的和尚摸不着头脑了，吃嘛？主人没来。不吃嘛？这亚萍也坐着。这该死的丫头，你来搅的什么局啊？真是的。

"你的朋友怎么还不来?"亚萍装着问道。

"可能有事吧。""老狼"看着这香喷喷的菜，心里却像吃了五味子，说不清是什么滋味。

"我那朋友你是见过的。"亚萍又把话头转了过来。

"我的姑奶奶，你就说是谁吧?""老狼"求着亚萍。

"她！她叫'柔情似水'，认识吧?"亚萍看着"老狼"，"老狼"的脸红透了。

"她说你请她就在这里吃过饭。今天不会是她吧?"亚萍给"老狼"头上紧着螺丝。

"不！不！不！今天不是她。""老狼"不知如何是好。脸红得快发紫了。

"那今天是哪位美女呢?"亚萍又把螺丝紧了一下。

"我的姑奶奶，你就别说这些了。她们都是正经人。""老狼"央求着。心里骂道：你赶快走吧，别让我再难看了。

"我知道今天是谁呢!"亚萍嘿嘿地笑着。

"老狼"隐隐觉得自己钻进了个套，被人戏弄着，但却不敢吱声，只能任其自然了。他苦笑着说："谁啊?"

"'水天一色'，是吧?"说罢又嘿嘿地笑着。

"你怎么知道的?""老狼"再也忍不住了，追问道。

"我是受朋友之托，来招待你这个大贵宾的。我怎么不知道呢?"亚萍还是笑着。

"来来来！吃吧。只顾说话了，菜都凉了。把你招待不好，我的朋友会责怪的。"亚萍拿起筷子，指着菜说："吃！吃！吃!"

"老狼"觉得蹊跷，也苦笑着脸说："吃！吃!"但他却没有一点胃口。

亚萍呼呼啦啦地吃着，倒像个大男人似的。"老狼"却很不自在，像女人一样，羞涩地不敢向嘴里夹菜。

亚萍吃着，看了看“老狼”，他胆怯地像只老鼠，头上的汗水都渗了出来。亚萍觉得现在要谈正事了。她笑了笑说：“姐夫！和美人吃饭就是好！对吧？”

“老狼”不好意思地说：“也没有什么，就是吃个饭嘛。”

“嘿嘿！还不好意思说呢。你们这些男人就是下贱，把钱花上和女人吃饭，还高兴得不得了。”亚萍瞧了“老狼”一眼又说：“听说你要和姐离婚？是看上‘柔情’还是‘水天’？”

“没有的事，那是你姐胡说的。”“老狼”不敢说离婚的事了。他现在也是受之以柄啊。

“你们男人在外面可以胡作非为，女人在外面稍有差错就不得了了。不是挨骂，就是受打，动不动就离婚。你说这公平吗？”亚萍有些激动。

“老狼”好像一个犯人被审讯着，头都不敢抬起来。

亚萍看着“老狼”的确有点悔意，给他又加了一把火，要让他知道烧得厉害。她加重语气说：“‘柔情’和‘水天’都是我的朋友，她们是尊重你和你聊天，你别想入非非了。不过这件事我不对任何人说的，我姐她也不知道。如果你再对我姐不好，我把你的丑事全部兜出来，有你吃得消的。”亚萍的话有些威胁，但用心良苦。

“老狼”像个孩子，听着大人训导一样。他低着头，一声不吭，心里也在忏悔着。

这一顿饭把个“老狼”吃的汗流浃背，心里窝着火，什么都说不出来。怎么这么倒霉，“水天一色”你害我好苦。你怎么能和我这个母老虎小姨子弄到一块来整我呢？不够朋友啊！

亚萍把姐姐的事情妥善解决了，她松了一口气。姐姐可不敢出事呀，出了事老娘怎么能受了呢？

亚萍和“老狼”吃过饭后，亚萍笑着给“老狼”说：“姐夫今晚没有吃好吧，别怪‘水天’了，招待不周是我的事，改天我请客，给你把这顿补上。你回吧，去了好好睡一觉，明天从头开始，一切重来。”说着给“老狼”挥了挥手，笑着走了。

“哎呀！我的妈！”“老狼”长长地出了一口气，好像从蛇洞里爬出来，呼吸着新鲜的空气，把悬着的一颗心慢慢地放了下来。“我的个姑奶奶，你好厉害啊！”心上想着，脸也烧着向家里走去。

亚萍离开“老狼”后，赶忙给荷萍打了个电话，告诉她一切搞定。让她装作什么都不知道，看“老狼”以后的表现。

# 第十六章　相约勿忘湖

这天，我和梅在聊天，梅邀我去勿忘湖旅游，我高兴得不得了，这回是实实在在的见面，再不是虚幻的梦境。我们约定了在勿忘湖见面的时间和地点，我怀着激动的心情，准备出发了。

我回到家里，对“影子”说：杂志社要我出差一趟，大约得七八天时间。就这样我骗过了“影子”，坐着南下的火车，向勿忘湖赶去。

火车上，我得意地想着，我老林也能够风光一回了。“老狼”你曾经的潇洒，我今天也拥有了。社长你昔日的烂漫，我即将也会实现。我设想着与梅见面的每一个环节，甚至每个细节我都在脑海中幻想着。我们住怎样的宾馆，什么样的房间，以及房间里是什么样的灯光，我都用心铺垫着。就连我们见面是用东方的握手还是西方的拥抱，接吻时先吻她的上嘴唇还是下嘴唇，是轻吻还是深吻，这些我都在脑海中盘算着。想到这里，我兴奋极了。火车在飞速奔跑着，窗外的树木像闪电一样的逝去，但我总觉得它的速度还是太慢。

火车像一条银蛇在大地上艰难地爬行着，天空黑暗了下来，车窗外几乎什么也看不见了。车内的旅客们有的在闲谈，有的在玩牌，有的进入了梦乡。在我对面的一对情侣，相互依偎着，已经睡熟了。但我却没有一点睡意。我望着夜空，那天上的星星，从我的眼前闪烁而去。凉风从外面吹了进来，多少夹杂着些热气，触动着我的思愁。我多么想马上飞到梅的身边，尽情地依偎在她的胸前，像个孩子似的让她抚弄着我的头发，让她深情地看着我。我枕着她的玉腕，抚摸着她的嫩手，轻轻地吻着她的倩指。我们的心在一起跳动，我们的血液在一起流淌。我们什么都不说，我们也不需要表白，我们要说的话都在心中绽放。

经过两天一夜的奔波，随着我的遐想，火车慢慢地停靠在了K站。我整好行李，下了车，又乘坐了一辆大巴，向勿忘湖赶去。

勿忘湖，一座美丽的神话湖泊，那是情人们向往的地方。相传，在很早之前，这里是一片荒漠。人烟稀少，土地贫瘠。人们靠天吃饭，天不下雨，就没有生活的希望。那年大旱，地裂三尺。鸟儿都飞到了远方，地上的动物渴死无数。人们也奄奄一息。老王爷不堪病重，撒手人寰。年轻的王子，为了子民，长跪在旱漠中为民求雨。他连跪了好多天了，他要为民捐躯，只要老天爷把雨降下来。

几天的长跪和饥渴，使王子昏了过去，人们都绝望地哀号着。这天夜里，突然来了一位漂亮的美女，她穿一身白色裙衫，眉目十分秀气，自称龙娥。她走到王子跟前，轻轻地在王子头上一抹，那王子竟然清醒了过来。她微微地笑着对王子说："你不能死，你还有这一群子民，我来帮你渡过难关。"说罢，她带领大家在这荒漠中开湖。然后从银河中引下水来，形成了湖泊。湖中央的一座山岗形成了一个小岛屿，从此这里成为一个富庶之地。

王子称王后，恭娶她为王妃，俩人相亲相爱，情深意笃。王妃还给王爷生了个小王子叫弘，聪明伶俐，十分可爱。在她和王爷的共同努力下，带领众人植树造林，美化环境。年复一年，日复一日，荒漠变成了绿洲。

光阴荏苒，一晃好多年过去了。这年小王子也十八岁了。王妃告诉王爷，她是银河龙王的女儿，看王爷为民向天请命，深受感动，故偷来相助，这也是天缘。现在我们缘分尽了，我要回到天上去，不然要受天宫的惩罚，还会殃及你和儿子，连累你的子民。王妃说罢，乘着一缕清风，向天飞去。她在天空中向王爷喊道："勿忘我！看好我们的儿子！照顾好你的子民！"

王爷看着自己心爱的王妃就这么离开了，心如刀绞。他亲手在这湖泊边立了一块碑，把这湖泊命名为"勿忘湖"。在湖中心的岛屿上种植了大量的相思树，人们把这个小岛叫相思岛，以此来纪念美丽的王妃和她给人们所做的贡献。

从此以后这里成了人们所向往的地方，爱情在这里可以将沙漠变为绿洲，长青不老。

我和梅约定的见面地方就是这勿忘湖的石碑前。我来到了勿忘湖边，看着这一湖碧绿的湖水，在斜阳的映照下，湛蓝清澈，美不胜收！那古老的石碑上"勿忘湖"三个鲜红的大字映入了我的眼帘，石碑旁边站着一位英俊秀气、美丽漂亮的女人。她身穿一件白色裙裾，漂亮的脸盘上架着一副金丝边眼镜，披肩的头发随风飘逸，站在那里好似一尊美丽的雕塑，把这勿忘湖点缀得更加引人入胜。

我定睛一看，那就是梅，就是她。她看着我微微地笑着，秋波里荡漾着一种让人神往的柔情。我被她这美的神态所震惊，一下子不知所措，像个傻子呆呆地站在那里，一动不动地看着她，竟不知如何是好。

她看着我那傻样子，用那白皙而绵软的手掩着嘴巴，咯咯地笑着。那银铃般的笑声随着清风飘来，把我从迷魂中惊醒。我赶忙走了上去，颤抖着伸出手来，结结巴巴地说道："你好！"

"你好！"梅也伸出手来，当我那粗大的手握住她那绵软的小手时，我的心怦怦地直跳。我的脸红了起来，我看她那漂亮的脸盘也微微泛红。我感觉到了她的心速和我一样，也在加快，此时此刻，我们的心律在寻找着彼此的平衡点，在牛顿没有研究出的定律中碰撞运行，汇聚成风波，让这勿忘湖涌起了微微的涟漪。

太阳已经在湖的那边款款落下，湖的周围冉冉点亮了无数的霓虹灯，把那湖面映得五彩缤纷。慢慢天上的月亮也姗姗而来，晶莹般的星星在深邃的天空里闪烁。这天湖相映，水天一色，勾描出一幅美妙的图画。湖岸上，楼阁林立，树木参天，碧草幽幽，鲜花怒放。游客们成群结队，络绎不绝。清风徐徐，树涛声声，夜鸟啼鸣，蟋蟀吟唱，好一派天上人间的佳境啊！

我们看着这勿忘湖的美景，乘着龙舟向相思岛走去。相思岛在勿忘湖的中心，那里有龙娥的雕像，还有郁郁葱葱的相思树，那是情人们许愿祈祷的地方。

龙舟缓缓而行。梅看着远处问我："你在想什么呢？"

我笑了笑说："我在想龙娥！"

"那是一个美丽动人的故事啊！"梅看了看我，目光仍然望向远方。

"是的。正因为有了她的出现，才有了这勿忘湖，才有了这相思岛，才有了……"我说着说着，梅的表情变得有些凝重。

梅回过头来，把我的话接了过去说："才有了我们的今天！"

我深深地点了点头。

相思岛在夜幕中隐约可见，星星点点的灯光忽隐忽现。那一轮皓月挂在空中，皎洁的月光撒满了湖面。我和梅并肩站在船头，望着这迷人的景色。

我的心潮在澎湃，久久不能平静。我不时地看看梅，她的美丽融合在这景色之中，给这大自然增添了无限的神韵。

梅回过头来，微微地笑着问道："林风！你看天空中的月亮漂亮，还是湖水中的月亮漂亮？"

我听着她的话，抬头望着天空，那一轮明月，在深邃的天空中镶嵌着，无数的星星在它的周围眷恋。再看看碧绿的湖面，那明月飘浮在水中，波涌着微微的涟漪。我深有感触地说："都很美！"

"不！我要你选择一个。"梅很认真。

我看她那认真的样子，不知如何回答才好。我深思片刻笑着回道："天上的月亮是现实的，但离我太遥远。湖中的月亮虽然离我较近，但又捞不着。正因为如此，它们都很美，美得让人着迷。但又让人迷茫，无可奈何。我选天上的，它却在水中。我选水里的，它却在天上。我还是选船上的吧！她最真实，离我最近，也是最美的！"

"呵呵！你不怕船上的随风而去？"她笑着对我说。

"她现在最起码没有随风而去啊！"我也笑了笑回道。

"那将来呢？"梅追问道。

"我不知道！"我心里顿时一下子觉得空荡荡的，只是看着她，一种无法割舍的感觉在心头萦绕。不由自主地向她身边靠了靠，恐怕她就要随风飘去似的。

"不是说可'上九天揽月'吗？你有这个凌云壮志吗？"梅也向我身边靠了靠问我。

"有！士为知己者死啊！上九天揽月有何难呢？"我说话是那样的斩钉截铁。

"那你想摘它吗？"梅回头又看了看我。

我点了点头，没有正面回答。

"你想长期拥有还是？"梅问这句话时没有看我，她望着远方。

"两情若是久长时，又岂在朝朝暮暮？"我回道，也向她看的方向望去。但我怎么不想长期拥有呢？

我们乘坐的龙舟慢慢地靠近了岛边，我们上了相思岛，沿着幽径来到一家餐厅，顺便吃了点饭。然后住宿在这相思旅馆，在这里开始了我们的第一夜。

已经是夜深人静了，梅就住在我的隔壁。我们痛痛快快地在各自的房间冲了个澡，缓解着一天的疲劳。我再没有好意思去打扰她，就用手机给她发了个信息："睡吧！你也累了。"

我真想去摘那美丽的月亮，但我又没有勇气去九天揽月。我确实有非分之想，但我信守做人的原则。我很爱她，但我非常尊重她。我躺在床上，等待着梅的回音。

梅的信息来了，我赶忙一看，她回道："别胡思乱想了，睡吧！明天我们还要在岛上走我们没有走完的路呢。"

"是的。"我只回了这两个字，也只能回这两个字的。说心里话，我已经知足了，爱是精神的寄托，不一定是身体的拥有。是她给了我这种精神，也就是说是她给了我这种爱。我还有什么不满足的呢？

我一个人静静地躺着，虽然感到有些疲倦，但却没有一点睡意。我还想给梅发个信息，但却不知道发什么？手机在手里转来转去，心思也很乱，总想不出来什么。

时间一分一秒无情地过着，窗外清风习习，树声飒飒。那明月把柔和的光芒无私地送了进来，照在我的床铺，惹得我浮想联翩，夜不能寐。我想：梅肯定累了，她应该进入了梦乡。我便起身来，轻轻地在房间踱着步子，然后来到窗前，遥望天空，那明月含情脉脉地看着我，我却无能为力去把它摘下来，是我的怯懦还是什么？我自己也说不清楚。

我的手机突然来了信息，我赶忙去看，是梅发来的。"睡了吗？"她问我。

我怎么给她回呢？我脑子一片空白，我的手不由自主地回道："没有。"

我没有勇气邀她过来，也没有胆量过去。我的心在极度的矛盾中斗争着，跳动很厉害，好像要蹦出胸膛。我呆呆地看着手机，不知道她要回过来的是什么？

“那过来吧，我们聊聊。一样我也睡不着的。”梅终于发来了邀请。

我的心跳得更加厉害了，我能听到心跳的声音。我的手紧张地颤抖着，一时竟不知如何是好。我的大脑在激烈地思索着，堂堂七尺男儿，在关键时刻却没了主心骨，实在是丢人！

“怕了吗？还敢九天摘月呢？呵呵！胆小鬼！”梅的信息又来了，她是在激我？还是在挑衅？还是在催促？我无所适从。

我壮着胆子回道：“好！我马上过来。”我怀着激动的心情，轻轻地扣响了她的门，轻轻地推开，轻轻地走了进去。

梅笑着说：“请坐！在船上你不是说敢上九天揽月吗？这会儿怎么成了个屁胆子了？”她的脸微微泛红，秋波荡漾着一种神韵。

我笑笑，便坐在那客椅上，心还是跳得厉害，脸也觉得热乎乎的。我打着岔说：“我恐你劳累，不便打扰的。”

“我知道你是睡不着的。你在想什么呢？”她从床上下来，给我倒了杯水，然后又坐在床边。

“你没有睡着啊！”我笑着，不好意思正面回答她的问话。

“我问你在想什么呢？”她追问着。

“我在想，这里挺美！”我端起水杯，喝了口水，压了压自己不安的心情。

“我看不太美，因为你还没有陶醉呢？”她看了看我，微微地笑着。

“已经陶醉了。”我笑着回道。

“没有！在朦胧中，对吗？”

"也许吧!"

"林风!我问你一个问题。"她看着我,看来很认真的样子。

"问吧!"我看着她,等待着她的问话。

"我邀你来勿忘湖,你来是为了什么?"她看了一眼我,又把目光收了回去。

"说真的,是为了缘分。"不知我的回答她是否满意,静候她的打分。

"还有吗?"她还是很认真地看着我。

我的心更慌了,不知该如何回答。我略加思索地说:"有!那就是我对你的感情!"

梅笑了笑,再没有说什么。

时间在沉默中过了一会儿。柔和的灯光照着我们,房间里是温馨还是凝重?我们是幸福还是痛苦?这都无法说清。

我笑着对梅说:"那你为什么要邀我来呢?"

"这还用问吗?"她没有笑,回答地干净利落。

我看着梅有些疲倦的神态,有些不忍心让她再为我受累。我想说休息,但又舍不得离开她。时间一分一秒地走着,沉寂的夜空里只有我们的呼吸声,在相互呼应着。

我有点心疼,我站起身来,对她说:"睡吧!"我把床灯调到最合适的亮度,把她扶到床上,关灭了顶灯,轻轻地锁好门,恋恋不舍地回到了我的房间。

我知道,我不能再待下去了,我怕控制不住自己的感情,伤害了她。我不能那样去做,因为我深深爱着她!

回到房间里,我仍然无法入睡。心像草原上奔腾的骏马,易放难收……

第二天早晨,太阳从东方的湖面上升了起来,红彤彤的霞光映衬在水面上,形成了水天一色的美景。我们吃过早点后,在这相思岛上开始了我们的相思之旅。

我们首先来到相思园，买了颗相思豆，种在这相思园里，给它起了个名字叫林思梅。我把这名字刻在一块木牌上，梅用红漆描好，立在这颗相思豆的前面。我们向园丁交付了管理费，还另付了些小费，嘱托他好好照料。盼望着它生根发芽，茁壮成长。

我们的“林思梅”种好后，我们便来到龙娥的雕像前，给她献上鲜花，虔诚地拜求，保佑我们的“林思梅”，那是我们爱情的种子，那是我们爱情的结晶，也是我们的孩子。

我们沿着山路继续向山顶盘行，来到观湖亭。那碧绿的湖水尽收眼底，各种游船，风帆点点。行人游客，欢声笑语。情侣友伴，依偎相携。我回过头来，深情地看着梅，梅也看着我。我们没有更多的语言交流，我们的心语，都在彼此的目光中脉脉传送。

梅要来一盘通灵果，这一盘只有一对，一雄一雌，酷似桃形。雄的颜色微黄，雌的颜色红润。据说吃了通灵果，则时时刻刻，心心相印，息息相通。梅给了我那颗雌的，自己拿上那颗雄的，我们吃了起来。我们都微微地笑着，心有灵犀一点通啊！

我拉着梅的手，来到了山的顶峰，那棵相思树，树冠参天，耸入云霄。我们手拉手，合围拥抱着。仿佛我们的血液在一起流淌，我们的心在一起跳动。我们与这相思树紧紧融合为一体，我是梅，梅是我，如漆似胶，顶天立地。这时通灵果显灵了，我们的灵魂在一起缠绕，渗透相思树的周身，化作一股烟云飘荡在蔚蓝的天空。

两天的约会马上要结束了，我恨时光的无情。我们就要分开了，这一别，何年，何月，何日，何时再能相逢呢？我们依依难别，依依难舍。梅送着我，我们没有一句话说，也说不出一句话来。当我告别上了车的时候，我看到梅哭了，她哭得是那样的伤心。我的心也在流泪，很痛很痛。

我们没有遗憾，虽然我们没有拥有对方，但我们却拥有了彼此的灵魂，彼此的心！再见了勿忘湖！再见了我的梅！来年我们还要相约在这里，来看看我们的“林思梅”！那是我们爱情的结晶！

我闭着眼睛，我的心在流泪。汽车不顾我的悲伤，载着我和我可怜的心，丢下了梅和我那可怜的情，无情地奔驰着。我的手机突然响了起来。是梅给我发来一首歌曲：

我中了你下的毒
我陪你一起上路
我做了你的俘虏
我心就归你所属
这日子今生不会出头
是老天安排
我做你的奴

才和你吵了几句
泪水依然在奔流
徘徊在十字路口
选择的依然是回头
没说话你转身就走
我的心也有了伤口
期盼你能回头
把我的魂也牵走……

我听着，听着，泪从眼眶中流了出来。

# 第十七章　错爱情恨人难舍

“爆米花”这几天非常高兴，她的临产期到了。原来她为了前途，为了身材不愿意怀孕，这样一耽搁就是几年。后来她当上了总编，真的想要个孩子，想当妈妈了。她和丈夫热情着，同时还与社长陈仓暗度，这样不知不觉，糊里糊涂地就怀了孕。

胎儿在肚子里渐渐地长大，她非常高兴。丈夫周更是高兴得了不得，他一天对妻子关心有佳。他摸着“爆米花”的肚子，亲昵地说：“丁香，你终于要给我生孩子了，我这个爸爸早就应该当了！”

“爆米花”笑了笑说：“我欠你的，现在不是给你还上了吗？你听他在肚子里叫你爸爸呢。”

夫妻俩说着，笑着。那高兴劲儿无以言表。

“爆米花”今天是要生了。医院的楼道里，婆家娘家的人站满了走廊，焦急地等待着。周当然更加焦急，他头上的汗都急出来了。除了这些人，还有一个人也焦急着，那就是社长。社长在办公室急得转着圈圈，他为自己的情人担心着。

好长时间还不见孩子生出来，看来是难产了。所有的人都紧张起来。一个护士从产房出来，她步履匆匆，表情紧张。周赶忙上去问道：“怎么样了？”

那护士只是看了一下，什么都没说走了。所有的人们都紧张得说不出话来。一会儿，那护士拿着一张表过来叫道：“谁是丁香的丈夫？”

“我是。”周赶忙上去。

“你妻子年龄太大，需要剖腹产。把表上的内容详细看一遍，在这里签字。”护士说着，催着。

周一听，眼睛都吓麻了。心想到这个份儿了，还看什么呢？签吧。浑身紧张得打着哆嗦，手抖动着签上了自己的名字。那护士拿着表，又走进了产房。

婆家、娘家的人们，你看看我，我看看你，谁都不敢说话。紧张得像热锅上的蚂蚁，站也不稳，坐也不安。

一会儿，丁香被推着，一个护士抱着孩子，都送进了病房。刚才的那个护士出来紧张地喊道：“谁是孩子的爸爸？孩子需要输血，跟我来。”这一声把大家都吓呆了。两亲家的人，双双都差点晕了过去。

周赶忙说：“我是！”他一边挽着衣袖，一边跟着护士走到化验室。周的血一化验与孩子的不符，把个护士气得骂了起来：“这是救命，开什么玩笑？孩子的父亲是谁？”

“我就是孩子的父亲。”周急得声音也大了起来。

“乱弹琴！”那护士骂着，跑步冲向病房。周也跑着跟在后面。那护士冲着丁香问道：“谁是你的丈夫？”

丁香躺在床上，有些不解地看着周说：“就是他。”

“不是。噢！我是说谁是孩子的爸爸？”护士着急地看着丁香。

丁香感觉迷惑了，她看着护士，鼓着劲说：“就是他！”

“不是啊！我是说谁是你孩子的父亲？”护士更加急了，语气有点生硬。

丁香也有些生气了，她板着脸说：“就是他啊！”

救孩子要紧，护士彻底急了，她生气地说：“他什么都不是。孩子需要输血，你赶快说孩子的父亲到底是谁，他能联系上吗？”

丁香恍然大悟。她流着眼泪，看着周说：“我求你了，赶快叫社长。”

周被这一切弄糊涂了，他听丁香说赶快叫社长，顿时受了当头一棒，把天灵盖都打碎了。他呆呆地站在那里，什么都搞不清楚了。

护士看着发呆的周，催促道：“愣着干吗？快叫啊！”

周被护士催醒了，他感到无比的耻辱。他吼道：“我不知道啊！”像一头发怒的狮子，向病房外面冲去。

周冲了出去，丁香无望地看着护士，央求道：“请你把我包里的手机拿来。”

护士从丁香包里取出手机，递给丁香。丁香接过手机，拨通了社长的电话，她有气无力地说道；“赶快！孩子要输血，是你的。”话音刚落，便昏了过去。

病房里，医生们抢救着丁香。社长也来了，他的血经化验与孩子的相同。社长的血输进了孩子的血管。经医生的全力抢救，母子都平安无事了。可楼道里却乱成了一锅粥。周跑到医院的一个拐角处，伤心地哭着。婆家的人都沮丧着脸，没有一点儿高兴的样子，离开了医院。娘家的人不光彩地站在那里，哭笑不得。丁香躺在病床上，眼泪一股劲地流着。社长的脸青一会儿，紫一会儿，红一会儿，头都不敢抬地坐在那里照看着孩子输着血。大夫和护士们都忙结束了，各自回到了自己的岗位。只有那一个护士看着这母子俩，她有点同情。但目光里对社长有些鄙视。那孩子无辜地躺在社长的旁边，不知道所发生的一切，他的将来是什么样的，谁也不知道。

丁香在医院里都是娘家人伺候着，婆家人的踪影再也没有出现过。她马上要出院了，这把娘家人给愁坏了，她到哪里去呢？丁香也犯着愁，她如何面对婆家人呢？如何面对自己的丈夫周呢？

这天丁香的母亲硬着头皮，拉着老脸来到亲家家里。她给亲家母说："亲家呀！我腆着这张老脸给您道歉了。出了这样的事我也很丢人。"

周的母亲用黯淡的目光看着亲家母说："这孩子都怎么了？为什么做这些事呢？让我怎么说呢？"

丁香的母亲低着头，不敢面对亲家母。她的那双眼睛流着泪水，声音更咽地说："不管怎么说，暂且让丁香和孩子回来。不然让我怎么办呢？亲家母啊！你就看在我的薄面儿上，行吗？哪怕我来伺候。"

周的母亲叹气道："唉！就依你说的吧，还有什么办法呢？"她的表情很惆怅。自己高兴着要抱孙子，这孙子却不正宗了，真是造孽。

丁香的母亲赶忙道谢着："我给亲家叩头了！"说着要给周的母亲下跪。

周的母亲赶忙拉了起来，这俩亲家便抱头痛哭。心里都有各自的苦衷。

丁香出院了，她回到了家里，周没有去看她。丁香由她的母亲照料着，她哑巴吃黄连有苦难言，说了谁能理解呢？

周更是痛苦不堪，盼星星，盼月亮，只盼老婆早点生个儿子。这下倒好，老婆没有给自家生下儿子，却给别人把儿子生下来了。这还不说，重要的是让自己在这个世上怎么活人呢？看来非离婚不可了。

丁香的母亲看着这个孩子，心想：你这不清不楚的，该怎么办呢？你怎么跑到这个世上受罪来了？你给我跑来当外孙，也不能这么当啊？真是折杀人了。

周的母亲更是说不出的痛苦，天哪！我是很守妇道的人，怎么这不光彩的事情偏偏发生在我老周家了？我的儿怎么命这么苦？遇上这种事情羞死人了？我的儿怎么办呢？

社长呢？这几天羞得抬不起头。马马虎虎得了个儿子，老婆还不知道。她要是一知道，这还不翻了天。自己将来如何面对妻子儿女呢？如何在这个杂志社工作呢？再说，丁香的男人周找来算账怎么办？真是一失足成千古恨啊！

这事弄成这样，丁周两家都非常尴尬。丁家一家人坐在屋里，愁眉苦脸，女儿生下孩子却没有一点儿高兴的样子。

丁香的父亲坐在椅子上，一动不动，铁青着脸，不说一句话，尽管一个劲儿地吸烟，把个屋子弄得乌烟瘴气。

丁香的弟弟坐在沙发上，看着自己的妻子，等待着她的意见。

丁香的弟媳妇坐在丈夫的旁边，看了一眼公公，又看了一眼丈夫说道："怎么能这样呢？和别人好上了不说，还生下了孩子。真是。"

丁香的弟弟瞪了妻子一眼说道："现在不是指责的时候，下一步该怎么办呢？"

"你说怎么办呢？是你能说了的吗？"妻子也瞪了丈夫一眼。

"我是说……"

"说什么呢？周家肯定要离婚。她就带着孩子生活吧！还有什么办法？"

"看来这是定局。那以后怎么办呢？"

"骑驴看书走着瞧，还能怎样？她是自作自受。真丢人。"

"这就把姐害死了？"

"害什么了？孩子给关天令就是了。再就让关天令离婚，姐跟去不就行了吗?”

丁香的父亲听着儿子和儿媳争着，差点晕了过去。他的脸青一会儿，紫一会儿的，变化不停。拿着烟的手颤抖着，把烟头抖了下来，掉在了裤子上，把那裤子都烧了个洞。

丁香的母亲伺候着丁香，没有参加这一次的讨论。

周家伤心得说不成，一家人没有一个高兴的。周的父亲坐在沙发上一声不吭。

周的母亲坐在老伴跟前只是个流泪。

周待在卧室里，几天都不出来了。

周的姐夫坐在一个小凳子上，抽着烟。

周的姐姐站在丈夫跟前骂着：“真是不要脸，把野种给我们周家生下了。好就这次发现了，不然我们还让她欺骗到什么时候呢?”

“你少说点行不行?”丈夫阻拦着。

“这种事能不说吗?赶快离婚!要这些女人干啥呢?”

“哺乳期间是不能离婚的，你知道吗?”丈夫反问道。

“让她提出离。她这样赖在我们家行吗?要脸不要脸?”

周的母亲抹着泪水说：“还是等满月了再说吧，这会儿你让她哪里去呢?”

周的父亲长出了一口气说道：“你妈说的对，还是等孩子出月子了再说吧。”他瞧了老伴一眼又说道：

“你过去也看看丁香吧，我们做人要厚道点。好聚也有个好散嘛。”

“看什么呢?丢人现眼的，有什么可看的。”女儿抗议着。

“听爸的!你少说点。”丈夫还是阻拦着妻子。

“你爸说得对。我们周家不亏待她。”周的母亲说着，一脸的愁容，就是舒展不开。

丁香这几天精神稍好了点，她必须面对眼前的一切。这杯自己酿造的苦酒，还得自己喝下去。她准备着面对周提出的任何条件，接受他的任何惩罚。她想给周打个电话，让他来谈谈，总没有勇气拨通他的号码。昔日的丈夫，现在觉得非常的陌生和遥远。她想了很久，还是鼓足了勇气，给周发了个信息，这样有缓冲的余地，避免再伤他的心：

周：我的丈夫！让我最后一次这样称呼你好吗？

千错万错都是我的错，我对不起你。我犯了不可饶恕的错误，是我咎由自取，我没有什么话可说。我不配做你的妻子，为了你今后的幸福，我们离婚吧？给你造成的伤害，我深深地表示歉意。你原谅我也好，不原谅也罢，这些现在都不重要了。希望我离开你后，你能找一个比我好的女人，祝你们幸福！

丁香把信息发出后，她的眼泪唰啦啦地流了下来。她的痛苦只有她自己知道。

丁香哭着想着，也给社长发了一条信息：

天令：我没想到事情会成这个样子，给你带来了诸多的不便，我也不安。已经成了这样，还是面对吧。我做好了最后的打算，准备孤身一人带着孩子，度过余生，我无怨无悔。你鼓足勇气好好地生活吧，人生就是残酷的，来到这个世界上，就得承受残酷。我已经开始承受了。你也别为我熬心，我这是自愿的，我不恨你。

丁香发完信息后，看了看旁边的孩子，慢慢地躺在床上，心想：只是苦了这孩子，将来他要承受多么大的非议，我真正对不起的是这孩子啊！她想着想着，心里非常楚酸，泪水又朦胧了她的双眼。

好事不出门，坏事传千里。丁香生孩子的事情马上传了一道风，成了人们议论的焦点。

关天令的夫人涵也听到了这个消息，把肺都气炸了。她急得等不及下班，就向家里赶去。她气势汹汹地给关天令打了个电话，要他马上回来。

电话打完后，她一屁股坐在沙发上，便瘫了下来，她真的被气坏了。她鼻孔里喘着粗气，嘴里骂道："你这个老东西，你来要给我说个清楚，讲个明白。不然老娘和你没个完。"

关天令接到电话后，一听老婆口气不对，吓得出了一身冷汗。他知道事情败露了，火把纸烧化了，从后院里燃了起来。这是一场大火啊！将如何扑灭呢？他坐在那转椅上，像个霜打的茄子，霎时间失去了往日的高傲。他不敢回家，但不回又不行的。怎么办呢？他六神无主了，只是用手挠着头，很不得跳楼自杀，一了百了。

正当关天令火烧屁股的时候，他的眉毛又被大火燃烧起来，直向他的头发烧来，弄得他焦头烂额，首尾不顾。周气冲冲地来到了他的办公室。他想这是算账来了，绝对不会轻饶他。自己这回死定了，不死也得鼻青脸肿，断肢折肋。

周走到关天令的面前，生气地说："关天令，你作为领导，却干出如此卑鄙的事情，你还有脸坐在这里？"

关天令吓得浑身直冒汗，他结结巴巴地说："请坐！请坐！你说我给你赔多少钱都行。"

一说赔钱，周的气更大了。他狠狠地向关天令脸上甩了一个巴掌。骂道："无耻！"

"别打！别打！好说！好说！"关天令一手捂着脸，一手挡着周，恐怕他的第二个巴掌上来。

"我今天若不来，我不是个男人。我来了不打你，我也不是个男人。我要让你知道欺负人的下场。"周说着恨不得把关天令碎尸万段，方解心头之恨。

关天令浑身哆嗦着，手还捂着脸，央求道：“我对不起你，请原谅。你说咋办就咋办。”

“这是能原谅过去的吗？无耻！”周总觉得骂他不解恨。他顺手拿起桌子上一摞杂志，向关天令头上狠狠地砸去，打得关天令眼冒金星，头嗡嗡直响。

关天令双手护着头，眼睛紧闭着，等待着这些书第二次的砸来。

周把书向桌子上狠狠一扔，骂道：“就像你这样的人，弄死才对，留在世上污染人间，我要你今后小心点！不然就把你阉掉才好。”周骂着走了出去。

关天令被这扔书声吓得惊了一跳，他的胆像破了似的，尿液都淌了出来。他听周走了，慢慢睁开眼睛，赶忙起身把门关了，恐怕别人看到自己这狼狈样。

他惊魂未定，刚坐下来，手机的铃声响了起来，又把他吓了一跳。他定神一看是涵打过来的，他不敢接妻子的电话了，回去这母老虎又该如何呢？他无奈地坐在那里，扶了扶眼镜。老天啊！我该怎么办才好？

# 第十八章　委曲求全

涵听到丈夫关天令与丁香的事后，气的不得了。她没等到下班就回了家。给关天令打了个电话，要他马上回来。她坐在沙发上，像一团软泥一样，没有气力。时间过去好久了，还不见关天令的影子。她又打电话催促，关天令不接。气得她浑身发抖，脑子一片空白，竟没有个主意了。

涵在市电视台工作，虽然年近半百的人了，但丰韵犹存。再加上她爱收拾打扮，看上去成熟漂亮。美容院、健身中心是她常去的地方。就这样她也没有拴住关天令的心。再说涵还是电视台的记者，关天令出了这种事，让她以后怎么见人呢?

已经是晚上十点多了，涵还在等着关天令，越等越急，气就越大，死活等不来这个千刀万剐的老东西。她没有办法，只好给当律师的弟弟雨打了个电话，要他马上过来。

雨接到姐姐的电话，听她在电话的那头哭泣着，不知发生了什么事情，赶忙就向姐姐家里赶来。

雨一进姐姐的家门，姐姐泣不成声地说："你姐夫不是个人，他和别人生孩子了。"说着哭成了一个团。

"啊!"雨听着姐姐的话，简直不敢相信自己的耳朵。

"是真的，和他们社的丁香。我该怎么办呢?"涵哭着说着。

"姐！你别急慢慢说，我来给你想办法。"雨安慰着姐姐。

涵一把鼻涕一把泪地说："是这样的，丁香生孩子了，孩子要输血，但丁香的男人血型不匹配。丁香就把你姐夫叫去了。铁证如山啊！我五点给他打电话，到现在还不来。看来他死心了，要和那个女人过。雨！我该怎么办呢？”

雨被姐姐的话惊呆了。心想：姐夫怎么能这样呢？这下麻烦了。

涵见雨不说话，心里更急了。她催促道：“你这个大律师都想不出个办法吗？”

雨看着可怜的姐姐，心疼地说：“这事不能急。急了倒出问题呢！”

“问题已经出来了，还出什么呢？”涵迷茫地看着弟弟。

“我是说处理不好，你会把姐夫逼到丁香身边去的。”雨关切地说。

“那你说怎么办呢？”涵焦急地看着雨。

“只有冷处理了。你就别当一回事，慢慢地再看情况。”雨很冷静。

“我能不当一回事吗？我心里能装下吗？”涵急了，气又上来了。

“你装不下都得装。只有这个办法。现在是两个女人争一个男人，你能争过人家吗？”雨也急了，他压制着姐姐。

“我不争了，让他去吧。”涵无奈地说着。

“还没到那个份上。如果到这个份上，谁也没有办法。”雨也有点无奈。

雨又看看姐姐说：“不生孩子好说，生下孩子了你想人家不争男人吗？人家不给孩子争父亲吗？”

“那我们的孩子却没父亲了啊？”涵有些委屈。

“你的孩子大了。人家的还小啊！就怕姐夫的心偏重于人家。”雨担心着。

“那肯定的。人家年轻也漂亮。我能争过吗？”涵有点失望。

“所以要冷处理。这时候不能要面子了，你知道吗？姐！”雨讲着利害关系。

“是的。我听你的。”涵无可奈何地看着雨。

“你就当什么都没发生。也给别人不要说。看姐夫怎么办。你给他再打个电话，就说你不舒服。他不接就发个信息。回来不要多说。要和往常一样，并且还要热情点。他现在心里很矛盾，你一不注意，就推向人家那边了。”雨为姐姐真是用心良苦。

“我知道了。”涵有些茫然。

“我走了。你要牢牢记住我的话。”雨最后交代着。

雨走了。涵觉得心里空荡荡的，整个屋子也空荡荡的，连这个宇宙也空荡荡的。她按照雨说的又给关天令打着电话，电话关机了。

涵今晚没有吃饭，也没有心情吃饭。她慢慢起来，走进卧室，连衣服都没脱，就那样躺下了。眼泪不住地流着，把个枕头都浸湿了。

关天令从办公室出来后，他一个人走在大街上，心里在想着对策，如何给涵说呢。事情弄到这步田地，只能面对。涵这面都好说，大不了她把自己骂一顿，打一顿，冷战一段时间就解决了。不好办的是丁香那边，她肯定要离婚，这真是难为她了，真是可怜啊。如果自己也离婚，去照顾丁香，那涵怎么办呢？儿子河不把自己吃了，也不会有好果子吃的。若不离吧，那丁香生下的孩子也是我的儿子呀，他由谁来照顾呢？唉！真是难死人了。

关天令想着想着，不知不觉走到了自己家的门口，他轻轻地打开门，悄悄地走到客厅里，看涵没在，他推开卧室门，见涵睡着，又轻轻地把门关上。

涵听到关天令回来了，问道：“你回来了？”

“是的。”关天令有点紧张。又推开了门走了进去，站在床边，像个犯了错误的孩子，耷拉着脑袋。

“我打电话你怎么不接？”涵尽量控制着自己的情绪。

“我有点事。”关天令听着涵的话，心想，她打电话那样的恼火，这会儿怎么温柔了起来，难道是别的事情？我跟丁香的事她可能还不知道呢？便试探着问道：

“你打电话有事吗？”说罢，心里还是紧张着。

“也没有什么事。那会儿我不知怎么了，心疼得很。”涵说话的语气有些哀伤，但很平和。

“那怎么没去医院？”关天令紧张的心慢慢放了下来。

“你不来，我去什么医院呢？”涵还是侧着身子，闭着眼睛。

“这会怎么样了？”关天令有点关切地问。

“稍好了点。”涵不紧不慢，不热不冷地答着。

“那我们去医院吧？”

“不需要了。”

“你吃饭了吗？”

“不想吃。”

“我去给你做？”

“我不想吃。”

“那怎么办呢？”

“我不知道。”

“你原来没有这种病啊？”

“是今天犯的。”

“光是心口疼？还有什么症状？”

“肚子也疼。”

“那我给你揉揉。”关天令搓了搓手，把涵扶着仰睡下，给涵揉着肚子。

涵闭着眼睛，没有说什么。揉了一会，涵说：“上面，心脏部位。”

关天令向涵的胸部揉去，在涵的乳房上轻轻地抚摸着。

“慢慢向下移动。”涵的声音有点亲昵。

关天令的手慢慢地向下移动着，抚摸着。

“再下面。”涵忍着巨大的心痛，为了自己，为了孩子，为了这个家，在追拉着关天令的心。

关天令的手随着涵的要求，像往常一样从腹部向下不断延伸。这是他曾经熟练的动作，今天他却觉得有些生疏别扭。但对涵来说，虽然没有以前那样舒服美好，但却意义重大，绝不寻常。

涵的手伸了出来，她解着关天令的衣扣。关天令被逼迫着，也在解涵的衣扣。夫妻俩睡了下来，涵的心像针扎一样，流着血。关天令的心像浸泡在五味水里，怎么都说不清楚。就这样完成了有史以来最尴尬的心身碰撞。

关天令虽然暂时避免了家庭的内战，但无法逃脱这难以解决的问题。他睡在涵的身边，心乱如麻。

涵听了弟弟雨的话，以静制动。她知道关天令刚才在应付自己，他的分心、分神是能感觉来的，但他还是把这应付的事勉强做完了。

关天令一声不吭地躺在床上，假装着睡觉。能明显感觉到他那不安的心情。

涵有意地问道：“你睡着了吗？”

“有点迷糊。”关天令假装着翻了翻身子。

“那就睡吧。”涵看他怎么说呢。

“你这会怎么样了？”关天令有些关切地问。

“好点了。”涵说话的语气有点亲昵，亲昵里难免有些悲伤。

"睡吧。"关天令没有话说了，他心乱得很，怎么也控制不住。他想下床抽支烟，但又怕涵发现什么，就这样难受地躺着，比睡针毡还难受。

夜很深很深了，涵和关天令谁也没有睡着，就那么躺着。遇到这样的事情谁能睡着呢？他们心里都在盘算着，都在揣测着对方，盼着长夜不明，又怕明天的来临。

关天令再也睡不住了，他假装着去上厕所，到客厅里取了支烟，蹲在便池上吸了起来。

涵听关天令下床出去了，也松动了一下身体，长长地出了一口气，那窝火的心情实在是不好受。她确实想发出来，雨的话总在耳边响着，提醒着她。

关天令吸着烟，思绪在高速运转，躲得了一时，能躲了长久吗？瞒了今天，能瞒了明天吗？我该怎么办啊？想着想着，一股冷泪从眼眶里流了出来。

涵见关天令出去还不进来，恐怕他行了短见，便起身也去上厕所。她轻轻地把厕所门推开，看关天令哭着，装着惊讶地问道："你怎么了？是不是犯错误了？"

关天令看妻子推门进来，来不及擦眼泪。他一下子跪在妻子面前，哭得更厉害了。

涵压住满腔怒火说道："你到底怎么了，怎么给我下起跪来？"她拉着关天令要让起来。

"你原谅我了我才能起来！"关天令抽泣着。

"你不说，我原谅你什么呢？"涵继续装着，但心在颤抖，浑身都快软了。

"我和丁香生孩子了。"关天令终于鼓足勇气说了出来。

这一声像重磅炸弹，把涵炸得"啊"的一声，晕了过去。她软绵绵地顺着墙跌倒了。她的身心终于崩溃了，压抑和控制冲破了极限，她瘫在地上什么都不知道了。

关天令一看涵晕了过去，吓得魂飞魄散。他再不哭了，赶忙把涵抱到床上，只是不停地叫着："涵！你醒醒！你醒醒啊！涵！……"

在关天令不停地叫喊中，涵慢慢地苏醒了过来，她再也忍不住的泪水，从眼睛里涌了出来。她的心碎了，她的肺裂了，她的肝肠也断了。她抽泣着说："你怎么会这样呢？"

关天令站在床边，惭愧地低下了头。

"我是过去对你不好，但我没有像你这样啊？"涵还在抽泣着，泪水还在止不住地往下流。

关天令拿着纸巾给涵擦着眼泪，哽塞地说："我对不起你。"

"你能对住谁呢？能对住丁香吗？你让两个家庭都陷到了水深火热之中，你能对得起吗？"涵毕竟是女人，这时候还替别人着想着。

"是的。"关天令那目光有些黯淡，表情也很惨然。

"你现在打算怎么办？"涵的声音凄楚得可怜。

"我也不知道。"关天令这时好像没心，没肺，没魂的人，他的大脑一片空白。

"我们离婚吧？你去和丁香过去，她这时比我还可怜。"涵投石问路，也用激将法刺激着关天令，试探着他的虚实。

"我不会离婚的，不会丢下你不管的。"关天令向涵宣着誓，好像求婚时说"我爱你，永不背叛你"一样，真诚得可怜。他的誓言现在在涵面前苍白无力。

"我累了，你去到孩子屋里睡吧。"涵让关天令去孩子屋里睡，是让他想起孩子，不要背叛这个家啊！她真是用心良苦。

"我们一块睡吧？"关天令央求着。

"不！我想一个人安静一会儿。"涵说着挪了挪身子，再也没有说话。

关天令见涵不理他了，只好去孩子屋里。

关天令来到孩子的卧室，他看着孩子河的照片，心里着实难受。河已经上大学了，这事要是让他知道那还了得，孩子的面子比妻子面子还重要，我这伤害了他该怎么办呢？再说丁香和孩子又该怎么办？真让人进退两难。他想到这里，真想从楼上跳下去，了结自己不光彩的余生。

涵睡在床上，心里总是不踏实。丈夫弄到这步田地，处在两难之中，那丁香肯定要与自己争男人，不然她以后怎么生活？我放弃了，不是把男人白白送给人家了吗？不放弃吗？后果又如何呢？她想到这里，心里骂道：关天令啊！你真是死有余辜。

# 第十九章　归真的"老狼"

"老狼"被亚萍一顿饭请吃得很不是滋味，怎么也消化不开。他再也不敢上网聊天了，瞧见那QQ好像银花蛇似的，美丽而又可怕。这几天，他乖爽得很，做饭，洗衣服，勤快极了。见了荷萍总是笑着，一副赎罪的样子。

荷萍呢，她不知道亚萍用了什么灵丹妙药，把"老狼"制服了。为了巩固成果，她装着若无其事的样子，但她心里总是不舒服，因为她觉得对不起"老狼"，也尽量讨好着他。晚上回来百般温柔，好像久别的恋人，别有一番风情。

这夫妻俩的一场暴雨过后，天气晴朗了好多，家里又温馨了起来。他们都在反弹着琵琶，让对方原谅着自己。

这天"老狼"来到我的办公室，笑眯眯地说："老林，想请教个问题。"

我看着他那笑得不自然的样子，问道："什么事？"

他不好意思地说："像咱们这样大年龄的人能出轨吗？"

我看着他，不知他是什么意思。随口说道："能。"

"啊！""老狼"惊讶地看着我。

我看他那紧张的样子，便问他："那你说呢？"

"不会吧？""老狼"表情难看，心里看来非常难受。

我不解地问道："你怎么问这莫名其妙的问题？"

"那你'能'是从何而说起的？""老狼"很认真地反问着我。

我笑着说："我是说像你这样的人能啊！"

"你怎这么开玩笑？我能出什么轨呢？""老狼"舒了口气，笑着坐了下来。

"我是说你不守住自己就会出轨的。"我半开玩笑地说。

"我这人你还不了解吗？天生的狼相，谁能看上。能出什么轨呢？""老狼"有点如释重负。

"什么狼相？是色相吧。色狼一个。"我刺激着"老狼"。

"你老林就会拿我开玩笑。""老狼"从兜里掏出烟，给我递了一支。他慢慢地点燃，吸了两口。

"你这个色狼都出不了轨，谁能出了呢？"我也吸着烟，漫不经心地说。

"看来我神经太过敏了。""老狼"自言自语地说着，竟忘记了我在他的面前。说罢他觉得失口了，红着脸看着我，等待着我的反应。

我不知道他说的是什么意思，转着话题问道："再没有和你的网友会面吗？"

"老狼"见我没有对他的失口有所反应，松了口气笑着说："没有。我不上网了。"

"为什么？"

"不为什么。"

"总有个原因吧？"

"没有意思，就不上了。"

"怕守不住自己？"

"嘿嘿！咱们都老了，还上什么网呢？聊天那是年轻人的事。"

"哦！你知世了。一下子长大了啊！"

"嘿嘿！""老狼"笑着起身走了出去。

“老狼”从我办公室讨教出来后，他心里想着：自己都没有出轨，那荷萍肯定也没有出轨的。自己是以小人之心度君子之腹了。荷萍他们也不过是发发信息闹着玩罢了，她这么老了，有谁能看上她呢？想到这里，他笑了笑，心上悬着的石头慢慢地放了下来。

人就是这样，遇到难解的问题，总爱多疑。更何况男女之事，牵扯上夫妻关系。“老狼”虽然把心放了下来，但还是不舒心。常言道：羊吃苦苦菜，各取心上爱，这里面的道道谁能猜透呢？他想到这里，还是警觉着荷萍，暗地里偷偷窥视着她。

荷萍自从翔那次发来信息，弄成了夫妻大战，后悔得不得了。她觉得自己对不起“老狼”，这自己酿的苦酒，自己偷偷地喝了算了，让它永远埋藏在心里。她确实对翔是有感情的，是翔在工作上支持了她。但那段“姐弟”恋，应该结束了，那是生活中的插曲，不必回首，也不必眷恋。她告诉翔：你还年轻，美好的生活还在后面。不要为一时的冲动，毁了自己的大好前程。翔理解她，也尊重这位自己心爱的萍姐。就这样两个人理智地分手了，荷萍也摆脱了这激情的错爱，以后再不担心“老狼”抓住什么把柄了。

“老狼”经过好多天对荷萍的观察，没有发现荷萍有什么异常，这时才真正把心放了下来。他认识到自己心胸的狭小，伤害了荷萍，心里十分内疚。他改变了往日的大男子主义，开始做饭，洗衣服，干起家务，用此来补偿妻子，医治被他伤害了的那颗心。

这一天晚上，“老狼”正办完事向家里赶，“柔情似水”正好走了过来。她微笑着伸出手来，向“老狼”问好。

“老狼”一下子高兴得不知怎么才是，双手握着“柔情”那软绵绵的小手，只是使劲地摇，摇得“柔情”脸都发红了。

"柔情"下意识地把手抽了回来，笑着问道："这段时间你怎么失踪了？"

"老狼"被"柔情"这一问，倒吓出了一身冷汗。心想：这是不是亚萍又在下圈套，捉弄自己吧？他不由自主地向四周看了看，见没有什么异常，笑着回道："我这段时间有点忙。你还好吗？"

"还行。""柔情"还是那样甜甜地笑着。

"老狼"站在"柔情"的对面，竟不知如何是好，他的心里有些紧张，眼前这个温柔的美女，难道又是亚萍派来的吗？

"柔情"看昔日谈笑风生的"老狼"，今天却胆胆怯怯的，惹得她只是咯咯地笑。

"老狼"看"柔情"只管冲自己笑，那笑声好像深不可测，藏着一把锋利的剑，一不小心就会刺入自己的心脏。

"柔情"哪能知道"老狼"发生的事情呢？她是一个有关系的局外人，就是这会儿被别人抓住，也是一个清清白白说不清楚的人。

"老狼"怎能知道亚萍给他用的是"离间计"，弄得他晕头转向，变不过劲儿来。他这时只能疑神疑鬼，一朝被蛇咬，十年怕井绳啊。

"我们找个地方坐坐，聊会。""柔情"笑着对"老狼"说。

"老狼"去也不行，不去也不行，站在那里，像个没魂的主，一下子失去了大男人的英雄气概。

"你怕我把你吃了不成？""柔情"咯咯地笑着挑逗着，把个"老狼"弄得面红耳赤，支支吾吾地说不出话来。

"走吧！我请你吃夜宵。好一个西北老狼，如此胆小。""柔情"说着，拉着"老狼"的胳膊，向一家夜宵店走去。

"老狼"无法推脱，看来这鸿门宴非赴不可了。他觉得自己被“柔情”挟持着，控制了他的行动和精神，他像一个呆子，乖乖地被“柔情”牵着进了夜宵店。他头上渗着冷汗，浑身觉得麻酥酥的，心里确实有点担心。

两个人来到夜宵店，“柔情”要了些吃的，要了两杯茶，他们相向坐着。

“你今天不高兴吗?”“柔情”含情脉脉地看着“老狼”问道。

“没有的。见到你很高兴!”“老狼”虽然这么说着，但却看不透这个女人。她葫芦里到底卖的是什么药，是砒霜现在也只能喝了。

“我能看来你心里有事，能告诉我吗?”“柔情”有些关切地问着。

“没有什么的。就是今天有点不舒服，不要紧的。”

“那我们吃完后，去医院看看。”“柔情”仍然有点关切。

“不要紧的，是中午没有休息的原因。”“老狼”看着这美女，心里想：你黄鼠狼给鸡拜年，恐怕没安好心吧?

“那多喝点茶，提提精神就好了。”“柔情”说罢，给“老狼”茶杯里加了点水，又给他夹了块吃的，以一个女人特有的柔情关心着。

“老狼”总觉得这关心里藏着杀机，他提心吊胆地看着“柔情”，等待着预想不到的厄运的降临。

“你最近忙什么的呢？也不上网看看我?”“柔情”做了个俏皮表情，开玩笑地说。

“社里最近有些事，所以没能顾得上。”“老狼”笑得有些尴尬。

“是有了新的朋友了吧？把我这老朋友给忘了。”“柔情”仍然是那样的俏皮。

“没有，怎么会呢?”“老狼”辩解着。

“唉！你们这些男人，就是这样。吃着碗里的，看着锅里的，还想灶膛里有什么。真是说不清啊！”“柔情”虽然笑着，但还是有些感叹。

“这是你们女人对男人的偏见和误解，实际上男人是很重情的。”“老狼”也感叹道。

“那你今天见我为什么不高兴呢？为什么不在网上来看看我呢？”“柔情”那锐利的目光盯着“老狼”，把“老狼”看得无处藏身。

他红着脸说：“我真的最近有些忙。给你道歉还不行吗？”“老狼”嘴里虽然这么说着，心里却没有一点办法。

“那别忘了我，在网上常来看看。”“柔情”俏皮地看着“老狼”。

“是的！是的！”“老狼”说着连连点着头。

两个人吃完夜宵后，便出了店门。“柔情”觉得“老狼”今天有些奇怪，也无心再说什么了。她挥手告别着“老狼”，消失在夜幕中，那霓虹灯托着她长长的影子，还留下了一缕清香。

“老狼”送走“柔情”后，长出了一口气，掏出手绢擦了擦汗。他觉得这鸿门宴外面，总有十面埋伏在等着他。那亚萍，那荷萍，还有那不饶人的老丈母娘，还不知道都有谁，他们的七姑八舅，这些人从各个角落里一拥而上，准会把自己碎尸万段在这大街上的。想到这里，他再没敢停留一步，头也不敢回地向家里跑去。

荷萍把饭早已做熟了，她等着“老狼”回来吃饭。时间已是晚上十点多了，饭菜都放凉了，她的肚子也饿得咕咕直叫，还不见这个死鬼回来。正当荷萍准备给“老狼”打电话的时候，“老狼”气喘吁吁地开门进来了。他见荷萍坐在饭桌边在等自己，那饭菜一点儿热气都没有了，心上有一股说不出的滋味，在隐隐作痛。

荷萍见“老狼”进屋来了，笑着问道：“回来啦！我把饭菜热一下，咱们吃。”

“我！我吃过了，你热上自己吃吧。”“老狼”不管荷萍的感受，竟像往常一样，随口答道。便坐在沙发上抽起烟来。

荷萍听着，看了一眼“老狼”，心里痛苦极了。她再没有心思热饭，也忘记了饿着的肚子，泪水悄然地在眼眶里打着转转。她赶忙进了洗手间，打开水龙头，让哗哗的水声掩盖着自己的哭泣声。

“老狼”做贼心虚，只是顾着自己，对荷萍的举动毫无发觉。他在庆幸着今晚与“柔情”的见面，没有被人发现，故作镇静地抽着他的烟。

荷萍用水洗了洗脸，慢腾腾地走出洗手间，她一个人坐在饭桌前，就把那冷菜冷饭，有心没心地吃了一顿，吃得心上凉透了。

荷萍吃过饭后，把碗洗刷干净。她慢悠悠地走了出来，坐在“老狼”的身边。

“老狼”看着电视，他看了荷萍一眼，问道：“你吃过了？”

“吃过了。”荷萍也看了“老狼”一眼。她向“老狼”身边靠了靠说道：

“老公！我和你商量个事？”

“什么事？”“老狼”把烟灰在烟灰缸上磕了一下，又抽了一口，那烟从他的口里慢悠悠地吐了出来，笼罩着这不到十方平米的客厅。

“我不想上班了。”荷萍不紧不慢地说着，声音里多少带着点苦涩。

“老狼”一听，惊讶地问道：“你说什么？”

“我不想上班了。”荷萍又重复了一遍。

“为什么?”“老狼”不解地问道。

“也不为什么。就是我不想上了。”荷萍低着头，等待着“老狼”的表态。

“是你还生我的气?”“老狼”回过头来，看着荷萍。

“没有。”

“那为什么?”

“不为什么。”

“老狼”抽着烟，一声不吭。荷萍也再没有说什么。两个人静静地坐着，谁都不说话了，只有电视的声音。

等了一会，荷萍问“老狼”:“你怎么不说话啊?”

“老狼”挪了挪身子，又抽了一口烟说:“你让我说什么呢?没原因你不上班了，让我怎么说呢?”

“你还记恨着我手机上来信息的那件事，这班我还能上吗?”荷萍说着站了起来，向卧室走去。

“老狼”看着荷萍的背影，一时不知说什么好，好像一个无知的人，没头没脑呆呆地坐在那里，心上没有一点准的。

荷萍走进卧室，顺手把门关上，爬到床上，伤心地哭了起来。“老狼”本来就无心看电视，荷萍这突如其来的重磅炸弹把他给震昏了。他拿起遥控器，恨恨地把电视关上。推开卧室门，看荷萍哭得很伤心，自己的歉意从心头涌起，心一软也哭了起来。

荷萍抽泣着问道:“你哭什么呢?”

“我冤枉你了。是我不好，你好好上班去行吗?”“老狼”坐到床边，向荷萍道着歉，央求着。

“一个大男人哭什么呢?是上班对你重要?还是我对你重要?”荷萍一边说着，一边拿着枕巾擦着眼泪。

“是你对我重要。所以我求你上班去好吗?”“老狼”真心地向荷萍说着。

“你这个态度，我能上去了吗?”荷萍的声音抽泣中带有娇嗔。

“别哭了。我已经给你认错了，你还要让我怎么样呢?”“老狼”安慰着荷萍。

“你不记恨信息的事了?”

“我早都忘了，你还说什么呢?”

“那今晚你为什么这个态度?伤人心的。”

“是你多虑了，我吃过了，能给你说什么呢?”

“那怎么不给我来个电话说一声呢?”

“老狼”一听，马上紧张起来。她怎么这时才转入了正题，难到今晚又是她和亚萍给我设的圈套。他试探着说:

“我是在回家的路上，碰见了一位朋友，随便吃了个饭。就没有给你没说，吃过饭这不是我赶紧就回来了吗?”

“亏你还想着我，让人等你这么长时间，把肚子都饿坏了。来了还没有一句安慰的话。”

“老夫老妻了，我这都成了习惯了，你还不知道吗?”

“那你还冤枉我呢?一个信息你都那样对待人。”

“乱发信息的人多了，我不在乎的。就是当时有点生气，这事过了，再别提它了。睡吧!”

夫妻俩睡了下来，两个人假惺惺地亲昵了一会，便装着入睡了。在他们心里，各有自己的鬼，但希望对方不是打鬼的钟馗。就这样小心翼翼地保卫着婚姻，尽力维持着这个家。

# 第二十章　芳草悠悠碧连天

亚萍这几天非常高兴，姐姐荷萍的危难解决了，自己的事又有了新的局面。她走起路来又蹦又跳，嘴里流行歌曲哼个不停。

亚萍的母亲却高兴不起来，自从亚萍与浩的恋爱关系吹了之后，她就替女儿担心起来。这么大的姑娘了，还找不上个合适的主，时间一长，好小伙都让人抢完了，剩下的不就委屈了我的姑娘，弄不好还成了剩女，谁人要呢？这姑娘一天只知道在外面飞奔，就算不为自己着急，也得为娘想想啊。她四处打听，托人寻找，看有没有合适的小伙，成为自己的乘龙快婿。把个亚萍嫁出去，自己也省心点，过几天安稳的日子。就是死了，在那个世界见了老头子，也好有个交代。

这天邻居王婶给亚萍的母亲带来了好的消息，说她娘家弟媳妇的侄子也是大学毕业，二十八岁了。人长得也帅气，精干伶俐，家庭也算不错。就是没有工作，在外面打工，听说还挣了些钱。她看与亚萍很般配，让他们见见面，谈谈看怎么样。

亚萍母亲听后，很高兴。说等亚萍回来说说，然后再给王婶回话。

这天晚上，母女俩坐在饭桌子上，亚萍只是狼吞虎咽地吃着，母亲高兴地对亚萍说：

“亚萍！你王婶说她娘家弟媳妇的侄子也是大学毕业，人长得也不错，二十八岁了。在外面打工，说是挣了点钱。你们见见面，看行不行。”说罢关切地看着亚萍。

“妈！你说什么呢？你愁女儿嫁不出去？还是要赶女儿走呢？”亚萍说着，头都没抬地吃着她的饭。

“这孩子，怎么这么说话呢？妈还是为你好啊！”亚萍的母亲故作生气的样子，但话语里多的是关心。

“妈！你就别愁了。我还在你跟前没有待够呢！”亚萍说着向母亲身边靠了靠，亲昵地撒着娇。

“你大了，到出嫁的时候了。妈像你这个年龄，你都三岁了。”亚萍的母亲把自己拿来做对比，说服着亚萍。

“你是你，我是我。我现在才不嫁呢！我还没有吃够妈妈做的饭呢？”亚萍说着，只管往嘴里喂饭。

母亲拿她没有办法。骂道：“这死丫头！我是说你先谈谈，接触接触，没有说你现在就跟过去。”

“妈！你就别为女儿愁了，过两天我给你领来一个你看看，保证你满意的。”亚萍说罢，高兴地咯咯地笑着。

母亲看她高兴的样子，兴奋地问道：“你相中了？”

亚萍微微地笑着，神秘地点点头“嗯”了一声。便给妈妈做了个娇嗔的鬼脸。

亚萍的母亲一下子高兴坏了，她笑着说：“这死丫头，你怎么给妈没有说呢？”

“保密，保密嘛！想领来给你老人家给个惊喜。”亚萍调皮地笑着。

“好！那你赶快领来让妈妈看看。”亚萍的母亲一下子都等不及了，催着女儿。

“妈！看把你急的。合适的时候我自然就领来上门了。你老人家就尽管做好吃的就行了。”亚萍给母亲卖着关子。

“好的！好的！那你快点。别让老妈再着急了。”亚萍的母亲还是有点不踏实，催着亚萍。

“我听妈的。给你快点领来，现在放心了吧？”亚萍看妈妈不放心，笑着表着态。

“这不就对了吗？妈就要的你这句话。”说罢笑眯眯地吃起饭来。这顿饭，亚萍的母亲吃得非常香。

亚萍吃过饭出去了。亚萍的母亲走到丈夫遗像前祷告着：“你这个死鬼啊，走得这么早，去到那个世界享你的清福去了，把我这孤儿寡母丢下，你真狠心。如果你在天有灵，就可怜可怜我们吧，保佑亚萍婚事早点成了，让我也过几天像样的日子，将来好见你。”说罢，心酸的泪水流了出来。她慢慢地坐在沙发上，嘴里骂着荷萍：“这个死丫头，找了男人忘了娘。好多天连个脚踪都不送，不看看我这个死老太婆还活着没有。”

亚萍的母亲哪知道大女儿荷萍家庭的风波。她要是知道了，肺都会气炸的。好在亚萍孝顺，没有给她露一点风声。荷萍好长时间没有来看她，她不生气才怪呢？嘴里虽然骂着，实际上是心里想了。她站了起来，走到电话旁，想给荷萍打个电话，又一想，孩子忙着，还是别打的好了。又转回来坐在沙发上，用袖头擦了擦眼泪，默默地坐下。可怜天下父母心，这就是为人之母啊！

亚萍和浩分手后，又知道上官云霄结了婚，她有些心灰意冷，不打算找对象了，对谈恋爱没有什么兴趣了。但事情往往不由人，好花自然有人爱，芳草必定连云天。她的身边又悄然来了一个人，在她那秋波里闪闪发亮，惹得她春心又荡漾了起来。男大当婚，女大当嫁，窈窕淑女，君子好逑，这无可非议。再说人性的弱点就是在自己空虚的时候，最容易接受别人的关怀。亚萍也不例外，她毕竟是个有血有肉，有情有性的人，在她失去的一定要失去，得不到的一定得不到时，她也多么希望眼前的黑暗被黎明的曙光所冲破，那颗冰冷的心多么需要一股热情来温暖。就在这个时候，她的幸运来了，她的白马王子闯入了她的心灵。

这一天，亚萍正在店里打理生意，进来了一个年轻的军官，人长得挺帅气的，大约二十七八的样子，要给自己的妹妹买一套衣服。亚萍询问着军官妹妹的年龄，长相，身高，肤色，胖瘦，耐心地帮他挑选着衣服，深深地感动着这个军官。亚萍的热情，加之她的美貌，使这个血性方刚的未婚青年爱慕顿生，两个人一见钟情，就这样他们便轰轰烈烈地谈起了恋爱。

军官叫向南，是军区的文职干部。自从认识亚萍后，他成了亚萍店里的常客。他的到来，对亚萍来说，比真正购买衣服的客人重要得多。

亚萍和向南两个人谈了好长时间了，彼此都感到非常满意，双方尽情地倾诉着爱慕之情，就等着那良辰佳期的到来。

这一天，亚萍约向南在滨海公园见面，她要告诉向南，妈妈要见他的。

向南满面春风地来到滨海公园，他看见亚萍站在那棵红枫树下静静地等候着，高兴地向亚萍跑去。亚萍微微地笑着，那红润润的脸庞兴奋得像一朵美丽的鲜花。

向南高兴地叫道：“亚萍！”便牵起亚萍的手。

“你怎么来迟了？让人等得好急。”亚萍有点抱怨，但声音有些亲昵。

“对不起，路上堵车了。”向南的脸被亚萍问得红了起来。

“爱情的路能堵车吗？”亚萍装着不高兴的样子。

“爱情的路没有堵车啊！我的心早已飞到了你的身边。”向南说着微微地笑着。

“那还差不多！”亚萍也笑着，笑得是那样的幸福。

这一对情侣在公园里踱着步子，两个人手牵着手，好像度蜜月似的，美好极了。

亚萍突然停住脚步，回过头来认真地问向南："你真的爱我吗？"她的两只毛茸茸的大眼睛，深情地望着。

向南被亚萍看得浑身火辣辣的。他双手紧紧地握着亚萍的双手回道："我爱你！非常非常爱你！"话音未落，亚萍就把向南紧紧地拥抱了起来，两个人的嘴唇狂烈地吻着，心灵在激烈地碰撞，久久不愿分开。

亚萍声音有些颤抖地说："我妈妈想见你。"

"我也想去见她老人家啊！"向南把亚萍抱得更紧了。

"不准你欺骗我的感情！"亚萍也用劲地抱着向南，恐怕他跑了似的。

"我的宝贝！你放心吧，我永远都不会的。"向南说话是那样的郑重，那样的坚定。

"我要你对天起誓。"亚萍不放心地要求着。

"好！我对天起誓：我爱你亚萍，永不变心。若要变心，天……"话未说完，亚萍一下子用手堵住向了南的嘴，急忙地说：

"我不要你说了，我不要你说了。"便又把香吻再次热烈地送给了向南。两个火辣辣的年轻人，又紧紧地裹到了一起，深华着他们的爱情。

星期天，亚萍的母亲大老早就起了床，她收拾着屋子，今天她未来的姑爷向南要上门来了。

荷萍买来了好多的肉菜，准备做一大桌好吃的，招待这未来的妹夫。

亚萍呢，早早起来，就坐在梳妆台前把自己打扮得非常漂亮。她像一个等待出阁的美女，红粉照人。

"老狼"呢，今天也收拾得挺精神的，他的主要任务是招待好这未来的连襟。

向南来了，他换了身便装，西装革履，风度翩翩。军人的风范使他更加精神焕发。

一家人终于迎来了这盼望已久的贵宾。“老狼”泡上茶，陪着向南拉着家常。

母女仨人在厨房里忙活着。母亲当着刀工，荷萍掌着炒勺，亚萍给母亲和姐姐当着帮手。那菜刀在菜板上有节奏地磕着，锅碗瓢勺演奏着招待客人的乐章。一家人都非常喜悦，好像过大年似的，欢乐得不得了。

饭菜摆了一桌子，酒杯里都倒满了红酒。主宾都依次坐了下来。母亲坐在上席，左侧坐着荷萍和“老狼”，右侧坐着向南和亚萍。

“老狼”作为主持人发言了，他说：“今天是一个大好的日子，我们全家聚集一堂，热烈欢迎亚萍未来的女婿向南加入我们这个大家庭，将来我们就是一家人了。为了这一天尽快到来，干杯!”

大家都站了起来，举着酒杯。

亚萍的母亲乐呵呵地笑着。

荷萍看着自己的丈夫“老狼”，也微笑着。

亚萍和向南四目相对，一个是秋波暗送，一个是满目深情。两个人都绯红着脸，像一对熟透了的桃子，惹得让人喜爱。

“老狼”看着大家喝完后，自己也一饮而尽。他招呼道：“坐！坐!”便又把酒杯盛满。

向南看了看大家，又把目光移向亚萍，便站了起来。他端起酒杯，走到未来的丈母娘跟前，毕恭毕敬地说：“请妈妈喝杯酒。”

亚萍的母亲，看着这未来的女婿，越看越是高兴，她笑呵呵地说“好！好!”爽快地把酒喝了下去。目光就是看不够这准女婿。

向南又把酒端到荷萍的面前，叫道："请姐姐喝酒。"

荷萍笑着说："就别客气了，好！我喝一杯。"

向南走到"老狼"跟前，觉得没有在丈母娘和荷萍面前拘束，笑着说："请姐夫喝酒。"

"老狼"也站了起来，笑着说："你就给我不敬了。咱们哥俩碰一杯吧。"说着举起杯要和向南碰杯。

向南笑着说："那不行。今天这杯酒一定要给姐夫敬的，以后还要靠姐夫多关照呢！"

"老狼"没有办法，只好说："那咱们以后再碰。"便喝了下去。

到了亚萍了，向南回到座位上，深情地笑着说："这杯酒敬给你，感谢你对我的信任，感谢你对我的爱。"

亚萍红着脸，微笑着说："其实没有什么感谢的。两情相悦，人之常情。我们碰一杯吧！"

只听那两只高角杯，"叮"的一声轻轻碰在了一起，那声音是多么的清脆而又缠绵，那杯中的红酒轻轻地闪动着微微的涟漪。一家人随着这碰杯的声音幸福地笑着。

大家都高兴地吃着。

亚萍的母亲格外高兴，他看着向南越看越爱看，终于给自己的女儿找了个如意郎君，可以托付终身了。她一高兴便忘记了身份，竟给这未来的女婿添起菜来。

亚萍呢？当然高兴得不得了，她灿烂的笑容好像就没有消失过。

荷萍看着妹妹有了意中人，甚是高兴，不时让着向南："吃！多吃点。"

"老狼"呢，也替小姨子高兴，高兴中也有些感激。感激的是她把自己的事没有给荷萍说。她毕竟是受过高等教育的人，会处理事情。大事化小，小事化了，分寸得当。

吃过饭后，向南得回部队去。他把自己买来的礼物，拿了出来。给丈母娘孝敬的是一件蓝色绸缎的衣服，说这老人家穿上舒服。给荷萍也买了一套服装，说这件颜色和款式都不错，姐姐穿上挺合适的。给“老狼”买了一双棕色的皮鞋，说姐夫穿上很精神。现在轮到亚萍了，大家都把目光投向向南拿着盒子的手，看看究竟是什么让大家心动的礼物。向南的手终于从盒子里取了出来，他把一枚钻戒戴在亚萍左手的无名指上，表示了自己对亚萍忠贞不渝的爱情，说明了亚萍从此以后就是他的恋人，未婚妻，妻子，孩子的母亲。

向南买了这么多的礼物，人人有份。未来的丈母娘有点心疼，不好意思地说：“给亚萍买就行了，何必这么破费呢?”

荷萍也说道：“就是的。”

“老狼”也点点头说：“是的，是的。我和荷萍就不必要嘛。”

向南笑着说：“第一次上门，这是应该的。”

亚萍也帮向南说道：“这有什么。你把姑娘养这么大了，他能白领去吗?”

“你这死丫头，就知道贫嘴。”母亲笑着指责道。

老丈母娘也要给女婿表示了。她把买好的一套西装拿了过来，送给向南。

荷萍送的是一件雪白的衬衣和一条红色的领带，说配妈妈买的这套西服挺好的。

“老狼”送的是一块手表，是进口名牌的。祝福亚萍和向南俩幸福甜蜜!

最后轮到亚萍了，她把一款索尼爱立信的手机递到向南的面前。这意思很清楚，爱你的心就像一把锁子牢牢地把你锁住，每时每刻都可以和你联系，我们时时刻刻都能听到对方的声音。

向南要走了，大家都送到楼下，亚萍继续往前送着，他们俩肩并着肩，手牵着手，甜蜜地走着，迈向他们向往的爱的天堂。

# 第二十一章　情场“折戟”恨终身

“爆米花”这几天心里难受极了，没想到辛辛苦苦十月怀胎，竟生下来了社长的孩子。你这个命苦鬼为什么一生下来就生病呢？如果不输血，谁也不知道这件事的。老天啊，你为什么要捉弄我呢？你让我现在怎么办？关天令你还是个男人吗？我都这样了，你却像个缩头乌龟躲得不见了？你为什么不来个信息问问我？你抱我亲我的勇气哪里去了？周你也太狠心了，话说一日夫妻百日恩，我就是千错万错，你来看看我不行吗？“爆米花”在痛苦地呻吟着，在痛苦地哀号着，在痛苦地悲泣着。

她千思万想，决定和周离婚。她拿起手机，鼓足勇气想给周打个电话，让他回家一躺，自己有话要说。但又考虑周不接电话怎么办呢？

周自从丁香生下孩子后，再没有回过家。他一天低着头，戴着一顶“绿帽子”，把他压得喘不过气来。他恨丁香，欺骗了自己，背叛了自己。也恨关天令，你这个不是人的东西，兔子都不吃窝边草，你还不如禽兽呢？

丁香想着想着，还是给周发个信息为好，她尽量斟酌着言辞，她发道：“周，我对不起你，我知道犯下了不可饶恕的错误。我不求得你对我的原谅，我只恳求你回家来，我有话要说。我求你了。”

信息发出后，她静静地等待着回音。

时间一分一秒过去了，每一分一秒对丁香来说都是艰难痛苦的等待。信息已经发出一个多小时了，还不见周的回音。丁香的眼泪再也控制不住了，从她那憔悴的脸庞上滚落下来，染湿了她的衣襟。

她的奶水明显不够孩子吃的，就连买奶粉她都要求婆婆去买，每次张口都非常难为情，又要看人脸色，比口吃的人说话还可怜。

孩子啼哭着要吃奶了，丁香吃力地抱起来，看着这个不幸运的孩子，心想他是无辜的。千错万错都是自己的错，这错是无法弥补的，只有自己慢慢在岁月中抚平。

晚上，天暗了下来，丁香没有心情开灯，茫然地看着这黑暗，她的心可怜得要在这黑暗中死亡。她看透了男人，情和爱都是男人捉弄女人的魔术，山盟海誓都是男人欺骗女人的鬼话。男人只有在女人身上发泄欲望才是他们的本来目的。这就是现实，自己就是活生生的例子。女人啊！你的罪过莫过于天造就你能生孩子，所以你会这样的悲哀。

夜越来越深了，沉寂得可怕。丁香好像在十八层地狱里一样，拼命挣扎着。她盼望着周给自己能回信息，盼望着关天令给自己能来个信息。但她的梦想破灭了，她失望了，也可以说是绝望了。她只有在这黑暗中蜷缩，像一只无助的羔羊，可怜巴巴地被黑暗吞没。

孩子已经满月了，按照风俗要给孩子办满月酒的。丁香看着这孩子，竟无人问津。周家不过，因为这不是周的孩子。自己现在还住在周家，关天令是没法来的，再说他的家人能准他来吗？自己再不能住在这里了，住在这里只有等死。自己死了不要紧，这孩子怎么办呢？自己的心已经死了，只剩下个无心的躯壳，在这个世界上流连地活着，活着就是为了这个孩子。她想到这里，打开灯，取出纸笔，给周写了一封信，准备明天搬出去住。给周誊开今后生活的空间。

她在信中写道："周，事情到这种地步，我没有什么话可说。我决定搬出去住，我出去后咱们就离婚。一切的错误都是由我造成的，来世我做牛做马，给你赎罪。这些钱给妈妈，以后我还会补偿她老人家的。"写完后，她取出一千元钱，放在信的上面。这是给婆婆的，是对她这一个月伺候自己的补偿。她看着写好的信，无力地躺在床上，两眼直瞪瞪地看着孩子，心乱如麻。她要离开这个家，曾经给她温暖的家，给她快乐的家，给她幸福的家。也是她一手毁了这个家，毁了自己的快乐，毁了自己的幸福。

时间已到午夜时分了，丁香还没有睡意。她怎么能睡得着呢？她冷冷清清地躺着，什么都不想了，什么也不能想了。想又有何用呢？她把床灯关了，任凭黑暗笼罩着自己，等待着明天的到来，却也害怕明天的到来。

黑暗慢慢褪去，黎明渐渐启迪，天空亮了起来。孩子的啼哭声把丁香从睡中吵了醒来，房间里已经是又一个凌晨。丁香抱起孩子，把那已失去柔性并不饱满的乳房托了起来，给孩子喂着奶。孩子不哭了，但她却伤心地哭了起来。她心里空荡荡的，好像失去了一切。她今天就要离开这个家了，曾经自己拥有的家。这一去，将永远无法回来，也再不能回来。

孩子吃饱后又安详地睡着了。丁香收拾了一下旧物，趁其他人不注意抱着孩子，提上东西，悄悄地溜了出来。她赶忙挡了一辆出租车，向一所小旅社奔去。

丁香抱着孩子走后，家里人还不知道。婆婆给丁香送过来早点，一看丁香和孩子都不见了。桌子上留下了一封信，婆婆一看傻眼了。她看着嘴里骂道："这孩子实在不像话，就是走也给我打个招呼呀。你现在带着孩子到哪里去呢？事情可以商量着解决，何必呢？”她手里拿着信，赶忙走到客厅，给丁香打起电话来，她要把丁香叫回来，可惜丁香的电话关机了。

她又给儿子周打电话说：“丁香带着孩子走了，不知道到哪去了。你回来赶快去找找。”

周接到妈妈的电话后，即刻回到家里，他看着丁香留下的信，那痛苦，那无奈，在那年轻人的脸上抽搐着，他的心在战栗。他安慰着妈妈说：“这是迟早的事。不要紧的，她会给我电话的。”他虽然这样说着，但还是不放心，掏出手机，拨着丁香的电话，仍然是关机着。

周走进自己一个多月没有来的卧室，看着那如故的陈设，眼前一片伤神。就在这个屋里，自己和丁香度过了多少个快乐的日日夜夜。如今是，那美好的时光已成为痛苦的回忆，羞辱的岁月。没有留恋是假话，没有愤慨也是假话。丁香啊，你为什么要这样对待我，你是一把带血的玫瑰剑，刺伤了我的心，流淌着红红的血还带着香味。

周的母亲坐在那里一把鼻涕一把泪地哭着，这儿媳自己把自己作践了，怨谁呢？天哪！你为什么这样对待我这死老婆子呢？你让我如何是好？

丁香那天偷偷出来，住进这家私人旅社。她满脸迟来的后悔，心累极了。有什么办法呢？都是自己作践惹的祸。这杯自己酿的苦酒，只有自己慢慢咽了。

她拿起手机，再没有勇气给周打电话了。她给周发了个信息，要他明天早晨到民政局去离婚。信息发完后，她无力地坐在床上，焦急地等待着周的回音。她揣测着周回信的内容，是叫自己回去？还是答应去离婚？她希望着，盼望着，究竟是什么？自己都说不出来。

周收到信息后，茫然地看着。也是那年的九月，也是秋风瑟瑟的时候，他和自己心爱的丁香，在那民政局领了结婚证。从民政局门口出来，他迫不及待地拥抱着丁香，深深地吻着。就是那天晚上，他和丁香住进了一家旅馆，丁香把一切给了自己。她说："我是你的人了，我的全部都是你的了。"丁香啊！是你食言了，是你欺骗了我。不是我狠心要和你离婚，我实在没有办法面对你的所作所为。周想到这里，再也不敢往下想了。他的手在颤抖着，他的心也在颤抖着，他终于给丁香回信息了，他回道："这一切都是你自作自受。明天我去。"

丁香在心乱如麻中收到了周的回信，她看着看着，眼泪再也止不住了，她忘记了这是旅社，放声痛哭起来，她要把自己的悔恨从这哭声中彻底释放出来。

第二天上班时分，丁香就来到了民政局门口，等待着周的到来。她思绪万千，愁肠百断。她再也没有昔日的风光，她害怕看到人似的，她觉得每个人都在看着自己，都在嘲笑着自己，甚至唾骂着自己，她觉得自己无地自容。正当她站在那里，非常不自在的时候，周来了。她看着周，在这里，是他曾经拥抱过自己的地方，亲吻过自己的地方。如今却成了诀别的地方。她不由自主地伤心起来。她咬着嘴唇，克制着自己的心情，尽量不要让眼泪流出来。

周走到丁香面前，站了下来，她看着丁香，想说什么，却又说不出来。

"走吧！"丁香叫着周，便进了民政局的大门。周一声不吭地跟在丁香的后面，心里像刀剜似的，八股子流血呢。

他们来到工作人员面前。丁香说道："同志！我们两个要登记离婚。"说罢便从包里掏出身份证和俩人的结婚证。

周也掏出了身份证。

那位女同志，看着这两位年轻人，不解地问道："小两口，闹别扭了？回去吧，好好地过日子。夫妻争争吵吵是常事，何必开这么大的玩笑。"

"不是的，我们过不到一块了。"丁香解释着。

"怎么他对你不好？一个大男人的，真是的。"那女同志批评着，用那责备的眼光看着周。

"不是的，是我不好。"丁香说着，脸都红透了。

那女同志用不解的目光看了看丁香，摇着头自言自语地说："这些年轻人，真是搞不懂。拿婚姻当儿戏呢？想结就结，想离就离。"说着递过来一张表，让丁香和周填着。

丁香和周把昔日高高兴兴领取的那两份红艳艳的结婚证交了，换取了两份蓝皮的离婚证，心情惆怅地走了出来。就到那曾经拥抱和亲吻过的地方站了下来，两个人彼此相互看着，心情都十分复杂。

丁香惭愧地问道："我们分手了，你不给我说点什么吗？"

周茫然地答道："我能说什么呢？"

丁香："你就是骂一顿，打一顿，我心里才舒服些。你这样我更受不了。"

周："打骂有什么作用呢？"

丁香："我对不起你！"

周："这时说这些有什么用呢？"

丁香："我们现在离了，你要好好地生活，找一个比我好的。我这样说是诚心的。"

周："谢谢！"

丁香："我能最后拥抱一下你吗？"

周："不需要了。走吧，希望你多保重！"周说罢走了。

丁香呆呆地站着，看着周远去的背影，那受了伤的背影，那爱过自己现在又恨自己的背影，痛苦地去了。去的是那样的伤痛，那样的凄楚，那样的悲哀。

社长关天令自从给孩子输血以后，再没有给丁香打电话，发信息，他被妻子涵牢牢地控制住了。他像个蹑手蹑脚的小鬼，胆战心惊地生活着。上班低头进办公室，下班低头出办公室，大家都纷纷议论着，他装着什么都没有听见，也怕听见。丁香到底现在怎么样，他想知道，但无从知道，也不敢知道。

这一天下班后，他昏昏沉沉地走着，过马路时不慎，被过来的一辆汽车撞得昏迷了过去，恰些送了小命。经医院检查，两条小腿都是粉碎性骨折，需要截肢。人能否清醒过来，还要看他的造化了，弄不好可能就成植物人了。

涵被通知到了医院，一看关天令那个样子，气也消了，心也软了，人也被吓得不知如何是好。大夫让在手术单上签字，她手颤抖着竟写不到上面。

涵一下子没有了主心骨，她赶忙给弟弟雨打电话，让其火速到医院来，说迟了你那姐夫就没有救了。

雨听了大吃一惊。又是这个关天令，没有好事，竟出这破天荒的大事，这不是要我姐的命吗？

涵坐在那走廊的休息椅上，哭成了个泪人儿，她见弟弟来了，眼泪巴巴地说："你姐夫出车祸了，两条腿怕保不住了。还说可能成植物人呢。你说我该怎么办？我以后怎么活呢？"说着哭得更伤心了。

雨搀扶着涵宽慰道："姐姐你别太伤心了，没有那么严重。"

涵抽泣着说："这都是大夫说了的，腿断了不要紧，如果成植物人了不是害死我吗？"说着又骂道："关天令啊！你作孽罪有应得，却要让我跟上你受罪，真是伤天害理，丧尽天良。你是一个十恶不赦的害人鬼啊！"

雨劝着涵说道："姐姐你别再骂了，骂也无济于事。你就冷静冷静，等姐夫手术出来吧。"

雨扶着涵，两个人坐在那里，焦急地等着。这时雨是涵唯一的依靠，没有雨，涵真的就活不成了。

关天令的手术在紧张地进行着，他送进手术室已经四个多小时了，还不见从手术室出来。

涵无精打采地坐着。雨在走廊里焦急地转来转去。医院的人少了许多，很多病人都睡了，整个大楼格外的安静，听起来也有点可怕。时间已经是晚上十一点多了，关天令到底成什么样子了，涵和雨都担心得厉害，姐弟俩一脸的愁云，谁都舒展不开。

十二点过了，手术室的门终于打开了，关天令被推了出来。他的两条小腿被截了，还昏迷着不省人事。

涵一下子扑了上去，恰些晕倒，雨紧紧地扶着她，眼眶里也淌着泪水，这惨状实在让人痛心。

关天令在重病室里被监护着，他还处于重度昏迷，没了双腿的他躺在这病床上，什么都不知道。他好像在做着长梦，还在那情感的纠葛里拼命地滚爬，挣脱不出来。

第二天的凌晨，关天令有了好转，他慢慢地苏醒了过来。他的眼皮微微地跳动，嘴里含糊不清地叫道："丁香！丁香！"

在他的身边守护着的涵，看到关天令有了动静，还没有听清他叫着什么，激动地赶忙唤来大夫。

大夫给关天令做了全面的检察，告诉涵：不能让他激动，他会苏醒过来的，他的大脑只是受了震荡。

涵点着头，连连感谢着大夫。

关天令慢慢地睁开了眼睛，他还不知道自己的双腿被截了，只是用那微弱的气力说道："我被车撞了。"说着看了看妻子涵，又慢慢地闭上了眼睛。

关天令脱离了危险，他的意识还是清楚的，幸运的是他没有成为植物人。摆在他面前的是他自己的将来，还有丁香母子。这难题还给他这个残废人留着，让他慢慢解读。

# 第二十二章　爱到深处痛更深

我和梅从勿忘湖分别后，不知道这辈子还能再见面吗？我的心无时无刻不在痛苦地思念着。

我惆怅地打开QQ，看梅是不是在网上，我很想念她。梅给我的空间里发来一曲声情并茂又伤感的《相思的债》，在我的耳边悠扬凄楚地回荡：

我是一个独依寒窗的女孩
红尘中谁能了解我的无奈
世事难留两情难猜
一生等待难把一瓣心香采摘
我是一个痴心难改的女孩
问世界谁能聆听我的感慨
素弦声断泪湿香腮
一生徘徊走不出这相思的苦海
你闯进了我的心里真情灌溉
我却为你万千感慨默默等待
如果我的爱只能在心里深埋
我愿揣你在温暖的心怀
你走出了我的世界不再回来
我却为你爱到心碎痴心不改
如果我的爱只能在梦里表白

我愿沉睡万载永不醒来
我是一个痴心难改的女孩
问世间谁能聆听我的感慨
素弦声断泪湿香腮
一生徘徊走不出这相思的苦海
你走出了我的世界不再回来
我却为你爱到心碎痴心不改
如果我的爱只能在梦里表白
我愿沉睡万载永不醒来
今生无缘与你相知相爱
来世我再还欠你相思的债
你走出了我的世界不再回来
我却为你爱到心碎痴心不改
如果我的爱只能在梦里表白
我愿沉睡万载永不醒来……

我听完后，心情非常沉重，这不是陈瑞在唱，是我日思夜想的梅在为我痛苦地唱。是的，梅啊！今生无缘与你相知相爱，来世我再还欠你相思的债……

我没有什么好的词语表达我此时此刻的心情，我把桐雨的《如果还能再轮回》这首歌曲发到梅的空间里，让桐雨代表我唱给梅听：

如果还能再轮回
不知道前世多少个徘徊
才换来今生的一次依偎
偏偏命运注定了故事的凄美
你我从此分别就永不再会
不知道前世多少次负罪

才让我今生一次次后悔
如果能有什么让时间再倒退
我一定会把你找回
如果还能再轮回
别让我流泪
前世你是我是谁
谁为谁憔悴
感情的路我们都太累
真心爱过就不再后悔
如果还能再轮回
别说无所谓
来生谁会爱上谁
谁为谁伤悲
求求上天再给我机会
让我重新爱一回
不知道前世多少次负罪
才让我今生一次次后悔
如果能有什么让时间再倒退
我一定会把你找回
感情的路我们都太累
真心爱过就不再后悔
如果还能再轮回
别说无所谓
来生谁会爱上谁
谁为谁伤悲
求求上天再给我机会
让我重新爱一回

如果还能再轮回

别让我流泪

前世你是我是谁

谁为谁憔悴

感情的路我们都太累

真心爱过就不在后悔

如果还能再轮回

别说无所谓

来生谁会爱上谁

谁为谁伤悲

求求上天再给我机会

让我重新爱一回

求求上天再给我机会

让我重新爱一回……

歌曲在梅的空间里深情地循环着，那是我思念的心在跳动。我祈求着上苍，求求老天再给我机会，让我重新爱一回。不！我要向天再借五百年，爱梅到永远……

我在QQ上耐心地等待着，盼望着梅的出现，不知怎么了，梅那美丽的身影总是不在我深情渴望的目光中闪耀出来。我的心在痛苦地哭泣着，再也控制不住思念的泪水，从眼眶里唰唰地流了出来，滴在键盘上，溅着心碎的泪花。我给梅的空间又留了一封信，我要给她说：我好想你，好想你啊！

想念的梅：你好吗？

勿忘湖一别，我的心就随你走了，走在了那天涯海角，走在了你应该去的地方。我带着一个无心的躯体，伤心地回到了我应该来的地方。人间有多少爱可以重来，有多少爱不能重来，我们的爱究竟是可以重来还是不能重来呢？听着你给我的每一首伤心的歌，看着你给我的漂亮照片，想着与你在一起的美好时光，是幸福还是痛苦？有了你我是世界上最幸福的人，离开你我却是世界上最痛苦的人。每当晚上，人约黄昏时分，我仰望苍天，那无数的星星中，我看到了那最亮的一颗，她在向我微笑，我知道那是你。我对轻风说：风儿你把我的思念带给我心爱的人儿吧。我对流云说：云儿你把我的爱情捎给我心爱的人儿吧。我对月亮说：我心爱的人儿是否渴了？是否饿了？是否热了？是否冷了？你能告诉我吗？

想念的梅：千万次我在梦中呼唤着你，呼唤着你。是你给了我一个女人的柔情和恋意，一个女人的豁达和浪漫，一个女人的持谨和淑惠。在我这个没有被女人所爱的心灵中，是你给了我这一切。是你唤醒了我早已沉睡了的情魂，让我有了男人的希望，在爱情中永生。你是我的红颜知己，你是我的精神寄托，你是我的爱情归宿。没有你我心中的太阳没有光芒，没有你我活着就没有什么希望，没有你我就像落叶儿在天空中飘荡……

写到这里，我不知道还要写什么的，情长纸短，怎么也表达不了我的心情。我的两手搁在键盘上，竟打不出一个字来。我看着电脑屏幕，不由自主地拿起鼠标，点击了发送，我的心也随着发送走了，去看望我那日思夜想的梅了。

梅这几天工作很忙，她抽空上了几次网都没有看到林风。勿忘湖分别后，她更是想念林风。她把一切的想念都集中在了那首《相思的债》里，发到了林风的空间。她要让林风知道，自己在时时刻刻地想念着他。

这天，梅工作稍闲了点儿，她打开QQ，盼望着林风出现。林风给她的那首《如果还能再轮回》唱了起来，梅听着，看着林风的那封信，心里一股说不出的滋味。

梅给林风空间里留言道：

林：你好！

给我的歌曲听完后，心里好难受。你的信更使我无法控制自己内心的情感，我看到了你对我的那份情，真挚悲切，忧伤凄楚，我会珍惜这份情的。是前世的缘让我们的心走在了一起，虽然我们不能长久相厮，但我们的心却永远相陪。我们爱的不是那么轰轰烈烈，不是那么名正言顺，但也是光明正大，清清白白。我们是精神上的恋人，灵魂深处的妻子，我们是知足的，你说对吗？那天在勿忘湖我们分别的时候，当我送你上车的时候，当那车启动开走的时候，我哭了。你知道吗？你也把我的心带走了，带到了你也应该去的地方。从此，我们天涯一别，相隔一方。时空隔断了我们，隔断了我们两个人的目光，我们再不能相见，再不能面对面说话，再不能像在勿忘湖上同船共渡。但我们的心却紧紧地联系在了一起，我在你的心里，你在我的心里，缠缠绵绵，绵绵缠缠永不分离。

林：说实在的，那晚我多么想让你抱抱，哪怕就一会会儿。我看着你不敢直视我的样子，我心很痛。我也知道，你也想抱抱我，但你没有做，可能有人会这么想，你还是个男人吗？我知道你是真正的男人，只有真正的男人，才能控制住自己的感情。你也是有血有肉的灵体，我也有七情六欲，但我们没有，没有那样去做，我们并不后悔。因为我们心里有责任，那份责任约束了我们，是我们从内心真爱。就让我们做个爱情寄托者、精神恋爱者、灵魂出轨者吧，这样很好，你说对吗？

有人说精神出轨、灵魂出轨是阿Q，阿Q很好。就是阿Q给了我们这种精神，是我们有了责任，为责任背起沉重的包袱，向着责任走去。爱是无私的，爱是伟大的，为爱而奋斗是人们的心愿。责任是自私的，别人是不能代替的，不情愿也得承受啊！你说是吗？

说了这么多，不说了，我知道你是理解的。我是爱你的，我也想你啊。

梅写完后，把信发送了出去。她爱林风，理智地去爱林风，她的感情纯洁无瑕而又苦涩无奈。

我每天一有时间都要上QQ，等待着梅的影子。看了梅给我的信，我被她对我的那份情深深地感动着。我打开她给我的歌曲，那是她对我的表白。我在歌曲里，读懂了她。爱一个人不容易，我感到了爱的痛苦。我是有妇之夫，我的爱并没有分裂，对梅的爱不像对妻子的爱，那是说不清楚的另一种爱，这爱是我感情的深华，是从心里从来没有迸发出来的那种热情，那种思念，那种眷恋，它伴随着深深的痛，涩涩的苦，这在妻子身上是从来无法体现出来的。我不是一个不光彩的丈夫，我的情感飘逸，灵魂出轨，是我在追寻人类那最高境界的情爱，那心有灵犀的情爱，那深深埋藏在心底里的情爱。我不是为自己开脱，我想人皆如此吧。想到这里，我没有一点责备自己的意思，因为我心是坦荡的。

我听着歌曲，“亲爱的，你在何方？今夜我想和你一起歌唱，一起疯狂，一起飞翔，爱的天堂。”正当听到这里的时候，梅从QQ上出现了。我高兴坏了，赶忙敲起了键盘问道：

“你好！”

“你好！”梅立即回道。

“真的好想你！”我再也控制不住自己的感情，把心底里的话说了出来。

“我也是。”梅流着泪。

我的心顿时碎了，不知说什么好。这就是爱情，爱情的痛苦啊。

我们俩谁都不说话了，时间被凝结了，痛苦的凝结了。凝结着情，凝结着爱，也凝结着友谊。

我打开了视频，我看到了梅那黯然的目光，憔悴的脸盘，泪痕满腮。这都是为了我，为我相思啊。我再也不忍心看她了，不是我不爱看她，而是我的心碎了，我为她心碎。

我关了视频，她虽然在我的眼前消失了，但她却实实在在坐在我的对面。虽然远隔千山万水，但我能清晰地听到她那伤心的哭泣声，越来越急切。

“你别哭了好吗？”我劝道。

“我没有哭。”

“我看到你哭了？”

“没有。是我看到你高兴。”

“你瘦了？”

“没有。是你看的角度不对。”

“你最近好吗？”

“还好。你别挂念了。”

“很忙吧，怎么很少上网？”

“有点。就是怕见到你。”

“为什么？”

“我不知道。”

“那今天怎么来见我了？”

“想！”

“谢谢！”

“你想我吗？”梅问我。

“很想！”

“好多事情是无奈的啊！”

“是的。”

“我们就这样想着过一辈子吧，也很好的。”

“是的。”

“你痛苦吗?”

“不！很幸福!”

“为什么?”

“因为有你!”

“你呢?”我也问着梅。

“我也很幸福！痛苦也是一种幸福，因为为所爱的人而痛苦是幸福的。”

“是的。这痛苦将伴随我们幸福一生的。”

“你恨我吗?”梅问道。

“我爱你!”

“爱就是恨啊！爱有多深恨就有多深。”

“是的。爱恨难分离啊!”

……

我们聊了好几个小时，我们心里的话怎么能说完呢?我们的聊天没有再见，我们不会说再见的，因为我们想天天见面，时时见面，刻刻见面，分分秒秒见面啊。

# 第二十三章　秋风浩荡情依旧

这几天“影子”对我反常的表现，感到奇怪，她悄悄地观察着，想在我生活的蛛丝马迹中得到什么，成为压迫我的有力证据。

我非常的小心，恐怕她发现什么的，上网的次数少了，在家几乎不敢上网。

人非草木，孰能无情。我心里非常想念梅，她白天工作紧张，只有晚上才有上网时间。我呢，晚上却被“影子”紧紧地监视着，一有风吹草动，她都会惊慌失措。

这天晚上，“影子”说有事要出去的，我高兴坏了，巴不得她赶忙就走，晚上不回来才好呢。

“影子”收拾了一下走了。

我赶紧打开电脑，登上了QQ，去看望我好久没见的梅。

我刚登上QQ，梅也上来了。我非常高兴，给她发过去了一个滚烫的吻。

梅笑着，把她那温柔的嘴唇给我回了过来，我浑身酥麻了，好像在热烈地亲吻她，那样的美好，那样的香甜，那样的幸福。

我打开了视频，梅漂亮的脸庞在我的眼球中放射着光芒，我怎么也看不够的。我真想从视频里钻进去，紧紧地拥抱她，让她在我温暖的怀抱中永不离开。

正当我们聊得开心的时候，“影子”却悄悄地开门进来了，她不声不响地站在我的身后，我竟然一点没有发觉。

梅在视频里发现了我背后的“影子”，赶忙关了视频。我不知道为什么，便问了过去，“怎么了？”

梅没有回话，便关掉了QQ。

我看梅走了，非常失望，心里难受极了。呆呆地看着电脑，一种人去楼空的感觉，油然而生。

“影子”站在我身后，她看着视频里那年轻漂亮的女人消失了，得意地说道：“很失落吧？”

我回头一看，“影子”铁青着脸，那嘴唇在微微地颤抖，两眼喷射着凶狠的目光。

我很尴尬，一时不知道如何解释。本能地把QQ关了，等待着“影子”的处理。

“她是谁？”“影子”狠狠地问我。

“是个朋友。”我给她笑着，但是笑得不是那样的自在。

“是网友吧？”

“是朋友。”

“我怎么没有见过？”

“对。你没有见过。”

“她是哪里人？叫什么名字？”

“她是南方人，叫白洁。是南方报社的编辑。”我编造着谎言哄着她。

“你们关系很好吧？”

“没什么好的，朋友嘛。”我故作镇静地回答着“影子”的审问。

“打开你的QQ我看看，是朋友，还是你的情人？”“影子”终于使出了她的杀手锏，要让我当场毙命。

“没有什么看的，就是闲聊。”

“真金不怕烈火炼。你心虚什么?”“影子”咄咄逼人，看来她非要弄个水落石出。

“好，好，我打开你看。”我虽然说着，但心里却很紧张。想着对策，如何把这母老虎应付过去。

看来一场战斗是避免不了的。她看了也要战斗，不看还是战斗。战斗吧，我已经在沙场上久经考验了。我狠下决心，不让她看了。看她把我怎么着呢?

我笑了笑说:“有什么好看的?不就是聊天吗，何必呢?”

“你不敢打开看的，你们在乱搞。”

“胡扯。网上能乱搞什么呢?”

“在网上联系好，你们不幽会乱搞还怪呢?”

“不要说得这么难听，把人都想得那样坏的。”

“我想得坏?你们本身就坏。”

“就算我坏。现在你饶人了吧?”

“让我怎么饶呢?今天你不说清楚，我不会饶你的。”

“没什么可说的，让我说什么清楚呢?”

“不说了也罢，你去吧，那个女人好，你去和她过去。”“影子”走进了卧室，“砰”的一声关上了门。

这“砰”的一声，把我惊醒了。“影子”今晚是给我下了套，让我钻了进去，被她抓了个正着。我知道她是一个不见黄河心不死的人，她这会儿饶了我，实际上真正的战斗还在后面呢。她准备好了，才会发起猛烈的进攻，不把你打得落花流水，遍体鳞伤，体无完肤还怪呢?

“影子”去了卧室，我也死猪不怕开水烫了，呆呆地坐在书房里，抽起了闷烟。我没有想“影子”如何对我实行惩罚，也没有心情去想。我还是思念着我那遥远的吻，我那遥远的情，我那遥远的心上人。

书房里烟雾缭绕，夜非常的安静，我的心在剧烈地疼痛着，它在流血，这是思念所致。滴不完的相思血泪抛红豆啊！

"影子"来到卧室，她躺在床上，气八股冒着。眼睛都快要爆了出来，鼻孔喘着粗气，嘴里骂道："混蛋！网恋了。还是一个痴情的鬼呢。"

她把被子用力拉了过来，蒙在头上，想与世隔绝，与红尘隔绝，与我隔绝，把自己放在真空里，成为一个真空人儿，没有世俗的烦恼。但她必定是个凡人，越是这样心里越不得平静，气就越大，冲着她的天灵盖，浑身膨胀。她猛地又将被子掀过，一骨碌爬了起来，像一头发了疯的母狮，想把这个宇宙撕碎。

她在等待着我进到卧室，乖乖地接受她的惩罚。她等着等着，总不见我进去。便冲了出来，推开书房门，一股呛人的烟雾迎着她的脸喷了上去，和她心里的气剧烈地发生碰撞，使她的天灵盖终于崩裂了，她再也控制不住了，像饿虎扑食一样冲在我的面前，一双手像两只钳子死死地捏着我的两个耳朵，狠命地撕扯。可怜我的两个耳朵由红变紫，由紫变青，发出"嘤嘤"的哭泣声。我的头像爆裂一样的疼痛，眼睛冒着金星。

"影子"还不罢休，声嘶力竭地吼道："她是谁？你们多长时间了？"

我闭着眼睛，像一只受伤的羔羊任她宰割。我没有什么可说的，也不愿意给她说什么。在沉默中僵硬着我的身体，奄奄一息，等待着死亡的到来。

"好。你不说，我让你不说。你是个哑巴？""影子"沙哑着喉咙，喘着粗气，两只钳子捏得更紧了。

她的上嘴巴打着下嘴巴，上牙关打着下牙关，发出"噌噌"的响声。咬牙切齿地说："我让你爱那个女人，你爱吧，让你爱个够。"说着，随着牙关的磨蹭声，我的耳根撕裂了，鲜血流了下来。

我无声地抗争着，或许我已经死了。我什么都不知道，什么都没有感觉。我没有疼痛，没有气恼，也没有恨。我的眼睛紧紧地闭着，闭得实实的。我不愿看她，也懒得看她一眼。因为在她面前，我的心早已死了，还能睁开眼睛看吗？

老实说，我不是一个不负责任的男人，也不是一个坏男人。我没有背叛过“影子”，没有做过对不起她的事情。“影子”疑神疑鬼，捕风捉影快把我逼上梁山了。到了梁山，我还能怎样呢？我只有做梁山上该做的事情了。但直至在我耳朵流血的今天，我还没有做呢。“影子”啊！你错怪我了！是你把我逼到了山穷水尽的境地，是你把我逼得走投无路，是你把我逼得灵魂出轨。你怎么能怪我呢？

“影子”看我像一个死人一样，无动于衷。狠狠地把手松开，骂道：“我看你死心塌地了。去吧，想干什么就干什么去。从此你不是我的男人了。”说罢气冲冲地又走进了卧室。

我被“影子”释放了，感到了史无前例地痛快和轻松。我取出一支烟，在桌子上磕了两下，又吸了起来。烟雾从我的嘴里慢悠悠地吐了出来，形成了看不懂的文字，在书房里慢腾腾地飘然，好像我心里的传说，古老而又唯美。

“影子”经过一场激烈的“单打独揍”，以大获全胜而失败告终。她气呼呼地来到卧室，无精打采地躺在床上，两行冷泪从眼眶中流了出来。她心里很伤心，也很无奈。心里还不饶人地骂着：“林风啊，你这个无情无义的狗东西。我什么地方对不起你，我有什么地方不好，你竟然这样残酷无情地对待我，你的良心让狗吃了。”

夜很深了。“影子”翻来覆去总是睡不着，这场战斗好像还没有过瘾。她现在开始心骂，在诅咒我，或许也在反省自己。总之，她没有一点睡意，她也没有心情去睡觉。

“我也年轻过，我也漂亮过，我也让人着迷过。那个时候的我，是多么吸引男人们的眼球。你林风把我当掌上明珠，双手捧着，恐怕别人抢了去的，天天守在我跟前，好像限制着我的人身自由。现在你倒好，嫌我老了，你在网上寻欢作乐，现代起来了。真是岂有此理?”

“影子”想着想着，她坐了起来，靠在床头上，看着墙壁上自己和林风的结婚照。当年的林风，多么的帅气，多么的和蔼可亲，像一团烈火燃烧着自己，那么的热烈。她看着看着，眼前迷茫了起来。那团火渐渐地熄灭，冒着黑色的烟雾，朦胧了她的双眼。她身边的林风，曾经自己最爱的人，慢慢地褪了颜色，激情消失，热烈荡然无存。她越看越生气，林风好像个骷髅在她的面前阴森可怕，不敢凑眼。再看着，那骷髅化作一缕云烟向天空飘去，留下了她一个人孤苦伶仃，无人问津。她看着自己，满脸愁云，一腔哀伤。双手捧着那流云给她撒落下来的滴滴泪水，从指缝里挤了出来，掉落在地上，凝固成榆钱大小的血豆，在那土壤中颤抖。

仿佛，这血豆打动了她的心，那颗女人特有的柔软的心。她把血豆从地上捡了起来，定睛一看，这不是血豆，是林风的心，在她的手里鲜活淋淋的，还在微弱地跳动。她双手捧着这颗心，大声喊道:“林风！林风!”

她如梦初醒，那结婚照上的林风，还在微笑着依偎在她的身旁。仍然是那样的热情，那样的帅气，那样的让人神往。

“难道是我错了?”“影子”扪心自问。

“是我虚荣心太强？是我嫉妒心太强？还是我对他要求太高？是我心态有了问题？还是他思想有了问题？究竟是谁的错?”“影子”想着，总是解不开这心中的疙瘩。

她慢慢地回忆着，力求从往事中找到答案。找来找去，林风没有什么错，是自己心态变了。看见和他一样的同事、同学，个个开着小轿车，我嫌他没有本事。看着他们住的小楼房变成大洋楼，我抱怨他没有本事。看见他们一个个升大官了，我还是恨他没有本事。我伤了他的自尊心，伤害了他一个男人的尊严。使他感觉自己不如别人，不是一个真正的男子汉。就这样我们的话渐渐少了，我们的感情慢慢淡漠了，我们没有共同语言了。是的，这就是症结，我们之间的症结。

话又说回来，千错万错都是我的错，你林风不应该在网上谈情说爱，不应该在网上找情人。这是你的不对吧？

“影子”反省着自己，也分析着林风。她真的怕林风化作一股烟云飘去，留下自己孤苦伶仃的一人怎么过呢？常言道：“男人四十一朵花，女人四十豆腐渣。”唉！我真的把他逼出去，他还可以找个年轻的，漂亮的。我呢？人老珠黄，有谁要呢？这我可吃亏大了，我的确是划不着的。想到这里，她打了个寒战，黯然伤神，恐怕林风真的离她而去。她赶忙下床，走出卧室，看林风还在吸着闷烟。她一声不吭地打开窗户，那浓浓的烟雾，随着风向天空飘去。清风徐徐地吹了进来，多少有些凉意。

“影子”站在我的面前，声音温和地说：“再别抽了，身体要紧。是我不好，有点激动。你知道吗？你是我的人，我爱你。我不让别的女人沾你的，所以我才这样。走！睡觉去。”说着，她拉着我的手，向卧室拽着。

这真是太阳从西边出来了。我被她莫名其妙地拽进了卧室，不解地看了她一眼，心里一股说不出的感觉。是感动？是羞愧？还是气愤？还是什么的？总是说不出来。

“影子”给我解着纽扣，就像洞房之夜我给她解纽扣一样，不同的是时间和地点，还有各自的心情。

我机械般地被她扒光了衣服，赤裸裸地躺在床上。我拉过了被子，想盖住自己的身体。“影子”把被子拽了过去，深情地站在床边，像看裸体画一样看着。我感觉到了她的心在加剧跳动，感觉到了她的脸火辣辣的热，还有那种欲望在心头燃烧。几年了，她没有这样过，她像吃了春药似的，激情浩荡，在我的身上烙着她那滚烫的唇印。

就这样我被“影子”俘虏了，乖乖地缴械投降。我们必定是夫妻，还能说什么呢？夫妻间本就没有谁对谁错，谁输谁赢，永远是零比零。

“影子”对我的态度大大地改变了，这是情理之中的事情，作为女人也有她的苦衷。我没有给她带来像那些女人们的享受，不论是物质上还是精神上。没有物质享受，哪来的精神享受呢？物质是基础，精神是升华。温饱问题都不能解决，还谈什么精神享受呢？就是去享受，能达到那美好的境界吗？三年困难时期，是我国人口出生率最低的时期，这就是一个不可辩驳的事实。现在虽然不是三年困难时期，但人与人之间生活的差距要比那时大得多。追求美好的生活可以说无可厚非，所以人们都为金钱而奔命。“影子”有那么点想法，并没有错，我没有理由去责怪她。再说，我没有给她创造多么的物质财富，就几个工资钱，只能养家糊口，谈不上坐轿车，住洋房。出国旅游那更是非分之想。不说这些，就连像样的首饰都没有给她。她无怨无悔地能和我走到今天，是多么难能可贵。说真的，我从心底里还感谢她呢！

“影子”的变化深深地感动了我，我也尽量从各个方面体贴她，关心她，最大限度不伤害她。让她生活得快乐点，幸福点。这就是我力所能及做到的。我还为她能做什么呢？什么都做不了的。

不论怎么样，我对梅的那种感情，却无法减退。这完全不是

“影子”的错，不是她逼迫我灵魂出轨的，是我的灵魂自然而然出轨了。我对梅的那份感情，是另一种感情，是说不清，道不明的一种感情。我们有特别的共同语言，我们对事物的认识，都有一种独到的见解。我们不是男女之间那种简单的情与爱，我们是深华了的情与爱。深华得像大海一样深沉，像蓝天一样深邃，像太阳一样火热，像月亮一样明媚，但也像彩云一样缥渺。

# 第二十四章 人走爱去痛难留

丁香从家里偷偷地搬了出来，与周离了婚，她开始了艰难的生活。在她最艰难痛苦的时候，她多么希望关天令来看一下自己，不料关天令出了车祸，躺进了医院，把双腿都给截了，她渺茫的希望也随之而破灭，这可怎么办呢？她前思后想，只有一条路可走，就是离开这个城市，到一个没人认识自己的地方去生活。

丁香经过深思熟虑，给海市工作的同学琼打了个电话，要她给自己在那里暂时找一份工作，并把自己的情况简单地说了一下。

琼很同情丁香，答应帮忙，让她等自己的电话。

琼是丁香大学同学，俩人关系甚好，在海市市政府工作，任办公室主任，给丁香找个工作还是有把握的。再说丁香现在的处境，琼很同情。求她是被迫无奈的事情，她作为同学只有帮了。加之自己也是女人，理解丁香此时此刻的心情。

琼找到海市晚报的社长，通融了一下，让先做个临时工，然后寻找机会再做正式调动。

社长痛快地答应了。琼把这个消息立即告诉了丁香。丁香如绝路逢生，在电话上高兴得泣不成声，把个琼听得也心酸得泪花盈眶。

丁香工作暂时联系好了，最起码到海市去有个出路。她要把有些事情托付一下，自己尽早离开这个让她伤心的地方。她给

"老狼"打了个电话，要"老狼"请我过去一趟。

"老狼"来到我的办公室，神神秘秘地对我说："老伙计，有人请你。"

我看他那个样子，不解地问："谁?"

"是丁香。"

一提到丁香，我的心里也为她惋惜，一个前途大好的女人，竟落到如此地步，该怨谁呢?

"老狼"看我没有反应，在沉思着什么。着急地问："你听到了没有?"

我点了一下头。"什么事?"

"她要请你和我到她住的那儿去一趟。"

"究竟是什么事?你说明白点。"

"她没有说，我也没有好意思问。"

"行吧。什么时候?"

"她说急，现在。"

"哦!"我看了"老狼"一眼，再没有说什么，便起身和"老狼"走了出来。

"老狼"这个人，就是那么个人。看起来大大咧咧的，却是个热心肠的人，谁有事情都找他帮忙，办起事来还挺认真的。说实话，我对"老狼"还是很尊重的。

我跟着"老狼"，不一会儿，来到了丁香临时居住的地方。"老狼"轻轻地敲着门，门吱呀一声开了。一个憔悴的女人脸面露了出来，我定睛一看，是丁香。那昔日的光彩已被这无情的现实折磨得荡然无存，她消瘦了许多，长期不出门，在房间待得那曾经红润的脸庞变得煞白煞白的。那双曾经明媚而有神的眼睛，目光黯然。曾经灿烂的笑容，苦涩得再无法浮现。她与曾经的丁香判若两人。

我们都在房门间呆呆地站着，好像找错了门的陌生人，有些尴尬。丁香昔日的红唇有些发紫，微微颤抖着说不出话来。关键时刻，还是“老狼”机灵，他笑着说：“丁香，你好！”

“老林，进屋，进屋。”“老狼”说着，用手把我向屋里推着。

“请……请进！”丁香这才醒过神来，从牙缝里挤出了一句话，苦涩地笑了笑。

我们进了屋，这小小的一间房子，是丁香和她儿子的安身之地。集客厅、卧室、厨房于一体。小小的单人床上，她的儿子天真地睡着。这个有妈无爹，有爹却不见爹的孩子，看了真让人可怜。

房子里也没有坐的凳子，我和“老狼”轻轻坐在床边。丁香在侧旁站着。她想给我们倒杯水，但没有口杯，就是有口杯也没有地方放。

“老狼”发话了：“你打电话要我和老林来，有什么事尽管说，能帮的我们一定帮。”

丁香的右手无意识地揉搓着左手，那一双又大又漂亮的眼睛，无神地看了我们一眼。嘴角抽搐了两下，不好意思地说：“让你们辛苦的过来，真有点对不起。”

“没有什么的，有啥事你就说吧。”“老狼”安慰着，看了看丁香。

我静静地等待着丁香要说的话，心里想她要说的非一般小事，肯定关系到她的将来。

“我请你们两位前辈来，是要帮我个忙。我现在这样了，什么人都不怨恨，我这是咎由自取。我准备离开这个城市，待在这里我都快疯了。”丁香说着，眼泪在那清瘦的脸颊上徐徐地流了下来。

丁香望着我又说：“我知道杂志社的工作现在是老主编主持

着，我请个长假，待工作找好了来办手续，工资不发都行。”

“还想请你们去见一下关天令，这孩子他如果抚养，我就给他留下。如果他有为难，我就带走，他以后不要打听我和孩子的事，就算我求他了。”丁香的声音是那样的伤感，那样的凄凉。

“老狼”被丁香那痛苦的神情打动了，他对我说：“请长假的事，你就准了吧，有权不使，过期作废。找老关的事我们现在就去。”

我看了看丁香，半晌说不出话来。唉！一失足成千古恨啊。

“老狼”见我不表态，有点生气地说：“老林啊！你有没有一点同情心，都到这个份上了，你还想什么呢？怕把这个临时负责的职位给丢了不成？”

我转过头瞪了一眼“老狼”。回过头来，看着丁香，她那企盼的目光在紧紧地盯着我，有一种哀求的神情。

“你准备到哪里去？有地方了吗？”我问着丁香。

丁香点了点头。

“人是要生活的，没有可靠的地方你最好先别离开这里。如果联系好了，那你就去吧。”我不放心地又补充了一句。

“先去做临时工作，然后再看着办。”丁香说着，对我的话很是感激。

“唉！还是你老林想得周到。我怎么没有考虑到呢？”“老狼”为自己的遇事不周感慨着。

“你什么时候走？”我问着丁香。

“很快的。”

“那也行。树挪一步死，人挪一步活。如果说那里工作调动不成，你回来也好。现在我们去找关天令，你自己得保重。”

丁香什么都说不出来，只是连连地点着头。

我们从丁香那里出来，我的心情非常沉重。这一切都是这个关天令造成的，当然，丁香你也不自重啊。

我这个人，就是在没用处的时候有用处，有用处的时候没有一点用处。那天市领导来开会，说什么的，社里出了点问题，社长和主编都暂时不能上班了，社里的工作和主编工作暂时由老林负责。还说什么，老林是杂志社老同志，老主编，德高望重。唉！听到这番话，恰些把我羞死了。你看，我这命就是给人家拾鞋带的。丁香生孩子了，我就代她当主编。关天令出车祸了，我就代他当社长。这会儿权大得不得了，还得给他们收拾烂摊子，做他们的善后工作。有什么办法呢？人嘛！就得有个人样的。

受人之托，不敢怠慢。我和“老狼”来到了医院关天令住的病房，他躺在病床上，失去双腿的痛苦，使他老泪纵横。此时此刻他的心情像喝了五味水，是哪种味道，恐怕他自己也很难说清。

正好，关天令的妻子涵还没有来，我赶忙切入正题。“老关，我俩受丁香之托，来问一件事。你别激动，这事还得面对。她要走了……”

还未等我把话说完，关天令接过我的话，急忙问道：“她到哪里去呢？”

“我也说不上的，她没有告诉我们到哪里去。她问孩子你抚养不？如果不抚养她就带走了。以后你不能打听人家的下落。我想你会明白她的用意。”我一口气把话说完，让他表个态，回去好给丁香复命。不然，涵一旦来了，这任务怎么完成呢？

关天令的脸霎时由白变红，由红变紫，由紫变青，由青变黑。好像一个煤井里的骷髅，没有一点表情。好一会儿，他那僵硬的眼珠子动了动，眼皮慢慢地垂了下来，两股冷泪从眼角里无力地涌了出来。那嘴唇抽动着，眼泪顺着嘴角像一对虫子钻了进去，沿着食道窜向胃底。准备穿透胃壁，去吮吸他的心血。

"老狼"等不住了，他怕涵来这任务就完不成了，催促道："社长啊，你怎么想就怎么说。一会你老婆来了，这话还能说吗？这孩子你要不要，说痛快点。"

我看关天令痛苦得六神无主了，"老狼"这一催，他的心都快碎了。这事的确让他现在难以定夺，我对关天令说："这样吧，老关你好好想一下，明天给个话，丁香还在等着呢，"

关天令的心在流血，流疼了，他终于脸上有了点颜色。他慢慢地张开嘴巴说："我这个样子，把孩子留下来怎么办呢？还是让她带走吧。请你们转告她，我对不起她。"说罢，关天令闭上了眼睛，像一具尸体，僵硬地躺在那里。

关天令一句话就把事情交代清楚了，还有什么说的呢？看来只有让他慢慢地受良心谴责，让那两个虫子吸他的心血去吧。

我和"老狼"从医院里出来，去给丁香复命。

"老狼"深有感触地骂道："什么人嘛？把人家害成这样，就一句话交代了。没有德行。"

我跟在"老狼"后面，什么都说不出来。只是为关天令悲哀，为丁香叹息。

不一会儿我们返回到了丁香的住处，把关天令的话，一字不落地告诉了丁香。丁香可怜地站在那里，声音哽塞地说："我知道是这个结果的。我只是要把这个话给他说清楚，因为他是孩子的父亲。"

"老狼"替丁香不平地说："什么孩子的父亲，简直是狼心狗肺，没有人性。"

我知道这时丁香心里比黄连还苦，也没有什么好话可以安慰的，还是让她自己慢慢地品尝这苦果罢了。我对丁香说："现在你自己看的办吧，你要请长假我准了，工资还是给你发的。我只是暂时负责工作，很快就会有人来的，你自己也要把握住。"

丁香有些感动，只是连声说："谢谢！"

我和"老狼"告辞了丁香，已是星星点灯的时候。我们走在大街上，"老狼"嘴里还骂着关天令。

我看着天空，一颗流星从天空滑落，留下了一道缥渺的白光，随之逝去。城市还是在喧嚣中，没有因为两个悲哀的人而安静。

这天早晨，丁香简单地收拾了行李，抱着孩子，从这个租用的房子里走出来，她看着这曾经熟悉的城市，有多少美好的回忆，一幕幕在她眼前浮过。但却没有想到，自己就要永远离开孕育她的这个城市了，这个城市里有她不可磨灭的痛。

她挥手拦了一辆出租车，径直向火车站走去。车窗外，消失的是她的梦。她的泪水从眼眶里偷偷流了出来，洒落在孩子身上，印染着点点滴滴的湿痕。

火车站到了，丁香还没有从记忆里醒来。司机叫道："车站到了，我能帮你吗？"

丁香这才回过神来，她抹了抹眼泪。对司机说了声："不用了，谢谢。"便下了车，提着行李，抱着孩子，一步一滴泪地进了火车站。

丁香走时，她托这个小旅社的老板娘给"老狼"打了个电话，说她走了，让"老狼"带她向我问好。

"老狼"气喘吁吁地跑到我的办公室，上气不接下气地说："丁……丁香走了。她……她让我向你……你问好。"

"什么时候走的？"我问"老狼"。

"刚……刚旅社老板娘打来电话，说……说刚走的。"

"快！我们去送一送。"我对"老狼"说。

我们赶忙跑出大门，拦了辆出租车，向火车站奔去。

当我们跑进车站时，火车已经开动了。那一声长长的汽笛声把这个伤心的女人和她的命运载向了远方。

丁香走了，带着她的孩子，带着她的痛，离开了这个让她伤心的城市。

# 第二十五章　笑而不答心自闲

社长关天令出院了，他安装了两个假肢，不能上班了，在家里休息。主编丁香走了，她去了海市。这个杂志社在我这个调研员的忽悠下叽叽喳喳地运行着。

大家都上书要我当这个社长。组织上也开始重视这个带伤的单位，今天派人考察来了。那个组织部的霍副部长是考察组的组长，率领了四五个喽啰兵，别看这几个喽啰兵，也是钦差大员啊。他们的神秘到来，使这个一天叽叽喳喳，交头接耳的单位，一下子紧张起来。那副社长毛儒他怎么不想当社长呢？那副编辑来迟怎么不想当主编呢？还有几个优秀的同志也随之可以升一升，这都是好事，值得庆贺的。

我皆力推荐着这两个副职，让他们转正，给下面的同志也眷眷位子。可惜的是这次霍副部长带着市上一位重要领导的口谕，倾向性的征求着意见。对我来说阳光普照，红运当头了。当然我也感谢同志们的上书。

霍副部长给我谈着话。他说："你是老同志了，责任心强，工作经验丰富，在群众中有很高的威信。某某市长要你出来担当重任。"

我听了这话，脸上火辣辣的，好像人在我头上撒尿，难受得不得了。我赶忙推辞着说："让年轻同志上来干吧，毛儒，来迟都很优秀。我已经四十多岁的人了，年龄大了，习惯了清静的生活。再说我不是当官的材料。”

“你是不是对上次换主编现在还有意见?”霍副部长用一种说不清的目光看着我。

“没有什么意见。组织是从大局出发，考虑工作，用人明察秋毫，似如器具。”我微笑着说道。

霍副部长听了我的话，脸上的颜色青红不定，嘴角抽搐抖动着，不高兴地带着他的喽啰兵走了。

钦差大臣走后，“老狼”就来到我的办公室，笑眯眯地说：“老伙计，现在到你出马的时候了，大家都想让你领着咱们干的。我这把老骨头拼着命，给你干好，绝不丢人。”

我瞪了一眼“老狼”说：“你们再别害我了，让我过几天安稳的日子。”

“你这是什么意思？狗咬吕洞宾，不识好人心。”“老狼”不高兴地坐在那里，取出一支烟抽了起来。

我看着“老狼”那样子，笑着说：“我不但不干，我还要辞职，把这个调研员也不要了。”

“你说什么？你疯了？神经病!”“老狼”不解地看着我，嘴半张着，刚吸进去的那口烟，慢慢悠悠地从嘴里冒着，一部分从两个鼻孔里钻了出来。

“我说的是真的。”我慎重地给“老狼”说着。

“不可理喻！不可理喻！你辜负了大家的一片好心。”他说着，不！是骂着。“老狼”把没有吸完的半截烟不礼貌地向地上一扔，气呼呼地走了出去。

正当他从我办公室门口出去时，迎面来了几个同志。“老狼”把手一挥，吼道：“走！走！这人疯了，把我们的好心，当了驴肝肺了。你们还去干什么呢?”骂着走出了楼道。其他的人一看，不解地也赶忙跟着走了。

这些人刚走，毛儒就悄悄地走进了我的办公室。我知道他是打探消息来的，看我给这些钦差是怎么说的。

他不好意思地笑着。今天看来他是拿着项目烟，嘿！是软中华，档次好高啊！他双手给我递了一支，笑眯眯地说："老主编，我们都想让你出来主阵。"说罢，那眼珠子骨碌骨碌地看着我。

我笑了笑，把他给我的那支软中华放到嘴边。毛儒眼疾手快，赶忙掏出打火机，啪的一声把那红红的火苗递到了我的面前。

我点着了烟。呵！真是好烟。活了快半辈子了，没有享受上几支。

拿了人家的手软，吃了人家的嘴短，还是老老实实地给人家交代吧："我老了，没有心思当这个官的，我也明确给组织上表了态。我推荐了你，也推荐了来迟。你任社长，他当主编，应该说顺理成章。这就看你们俩人的努力和造化了。我只能尽这些力的。"

毛儒听着我的话，有些兴奋，但兴奋中夹杂着紧张，使他的表情自然而又不自然。他给我又递了一支软中华，心里既高兴又不安地走了。

今天我这个办公室的门红火得不得了，我很长时间没有这么热闹过。一度门前冷落车马稀啊。今天我成了红人，人见人爱，真把我给自豪坏了。这毛儒刚走，那屁股刚离开，热气都还没有散完，来迟就进来了。他一进门就微笑着，两眼眯成了个缝。还没有坐下，手就在口袋里摸着，掏出一包比别的烟盒要小一点的香烟，那盒子带点黄铜色，说真的，我还没有见过。

他战战兢兢地给我递了一支，说道："林主编，你抽抽这烟。"我接过烟一看，好家伙，是软黄鹤楼啊。天哪！这让我看到了海市蜃楼，真是天方夜谭。这黄鹤楼只是听过，确实还没有抽过。听说一包就一百多元钱哪，一根就值我的一包烟呢。老天啊！今天真让我大过了官隐，当官这样好，自己实在是没有体会过。

来迟给我递过烟后，把那包烟又小心翼翼地装进了口袋。他慢慢地坐了下来说："林主编，我们都支持你出来任社长。这是大家一直以来的心愿。"

我笑着看了看来迟一眼。心想，你这个名字为什么不叫来快呢？人家都见缝就钻，跑得头破血流的，你摆着八字步能行吗？又想了想，就是人家跑也跑不到我这里来，自己能起什么作用呢？不过我这样叹息，是因为来迟给我当过副手，我了解他，是为他担心啊。

来迟见我不说话，他那温性子也急得坐不住了。他挪了挪身子说："咱们这个杂志社要振兴，非老编辑你莫属。"

我笑着说："我就那么重要吗？"

来迟不好意思地说："应该说就这么重要。"

"你这个来迟啊！想错了，我没有那么重要。毛泽东那么伟人，去世后，中国还是向前发展啊！我已经给组织说了，自己是不会干的，就这个调研员我都要辞了的。我推荐你和毛儒了，这就看你们自己了。我只能推荐而已，这些都是组织上决定的。你们好好努力去吧。"

来迟听了我的话，有些惊讶，他半晌说不出一句话来。来迟想：我当了社长，他有可能还当个主编。我不当这个社长了，他的命运很难决定。如果上面派一个社长来，毛儒有可能是主编。自己嘛，不是副社长就还是这个副主编。毛儒当社长，自己当主编，这当然皆大欢喜，哪有这样的好事呢？

我看透了来迟那复杂的心理，笑着对他说："自己努力去吧。再不要来迟了，来点快的。”

来迟好像懂得了我话的意思，他立即起身，什么话都没有说，便走了出去。

我看着来迟的背影，既可笑，又可怜他。人嘛！都是一样的，有上进心是好事，说明他还年轻，血气方刚啊。

还没等我回到家里，“老狼”就把我不当社长的事告诉了“影子”，这人真的会点火啊。来迟刚走，我还没有松一口气呢，“影子”就打来了电话：“你疯了吗？你是个傻子吗？我看这日子没有办法过了。”

“影子”在电话里大有炸平庐山之势，那火药味越来越浓，把个电话都快震破了，我的耳朵都快被她那隆隆的炮声炸聋了。没有我解释的余地，我只听到她那大炮、小炮、迫击炮、翻山炮，万炮向我齐轰。没有办法我把手机关了。你轰吧，任你万炮齐鸣，我仍闲庭信步啊。

正当我关了手机，准备回家的时候，“老狼”幸灾乐祸地进来了，我知道是他干的好事，没有客气地说：“你胡搅和的啥？”

他笑着说：“我拿你没有办法，看你老婆有办法没有？你这个狗肉包子不上台面的人。”说罢转身走了。

说实在的，“老狼”也是好心，我这个办公室，也就是他送送脚踪，没有他我还真的成了孤家寡人，孤苦伶仃地在这个五楼熬着，只有今天这个门才红火了的。

唉！看来麻烦还在回家后呢，我和“影子”刚刚恢复不久的安然生活，今晚看来又要掀起一场巨大的波澜，不把你摧毁还怪呢。“老狼”啊！你是为我？还是害我？我真没有办法评说你的。

我怀着忐忑不安的心情，回到家里。“影子”早已到家了，她还没等我进门，不由分说，劈头盖脸就是一顿狂轰滥炸：“你高风亮节？你品德高尚？你当你是谁？蠢猪一个。”

我央求道："你熄熄火好吗？你听我说。"

"我不听！我听什么呢？人家为了这一天，投机钻营，爬沟溜渠，忍辱负重，哈巴狗都当着。你却倒好，天上掉了顶乌纱帽，你把头却缩了回来。你是世界上最大的傻瓜。"

"你冷静一下好不好？"我仍然央求着。

"影子"越骂越来劲，她的机关枪看来是卡不了壳了，她涨红着脸，两眼圆睁，鼻孔喘着粗气，一副气冲牛斗的样子。我看无法劝她，就让她发吧。我走进了书房，刚准备坐下来。腰还没有来得及弯，"影子"就冲了进来，吼道："好个林风，你给我出来。你是缩头乌龟，在什么地方都缩。我让你缩。"骂着，她的那两把钳子，又死死掐住了我那两只可怜的耳朵，把我狠狠地拉了出来。

她放开手，又骂道："你不当这个官没有什么，但你要知道这是体现人生的价值。你当上了，我和儿子也光彩点。你连这个道理都不懂，你把书念到哪里去了？"

我被她狠狠地摔倒在沙发上，低着头一声不吭地坐着。"影子"还在喋喋不休地大骂，她已经把嗓子都骂哑了，但还没有罢休的样子。

"好！你清高，你德贤。你去养你的清高，养你的德贤吧。这家也没法过了，我给你把路让开，你去找你的网上情人去。我知道你什么都不想了，就想着她。"“影子”骂着，气冲冲地提上她的包，走出了家门。只听那门“啪”的一声，把我死死地关在了里面。

"影子"走了，我倒松了口气，最起码没有她那机关枪的疯狂扫射，那重型炮的狂轰滥炸。我像一个刚从母腹里脱胎的婴儿，呼吸着前所未有的新鲜空气。我长长地出了一口气，感觉轻松得很。

说实话，谁不想当官，官比民强啊。在前十年，这个社长就应该是我的，按一位领导的话说：“你什么都好，就是不会拍马屁。”当然，说这话的领导是给我指点迷津，是为我好。前五年，这个社长也应该还是我的，我没有把这个迷津破开，给人家不送礼，又名落孙山了。当了十多年的主编，最后却成了个调研员，呵呵！全市最年轻的调研员，四十二岁啊。你还能说什么呢？工作需要啊。这会儿红运当头了，人家把乌纱帽给你捧着送来，你却这个德行，同事们都看不惯，老婆能饶你吗？

“影子”对我一肚子气，发了个精光还没有痛快，她丢下我，去娘家了。到了娘家，她把包向桌子上一扔，一屁股坐在沙发上号啕大哭起来，弄得娘家人丈二的和尚，摸不着头脑。

“影子”在娘家住了好多天了，我打电话她不接，看来她真是要与我决裂的。我去请她，被丈母娘、小舅子、小姨子发起了全面攻击。这史无前例的批斗大会，差点把我打到十八层地狱。这还不说，我狼狈地被小姨子赶了出来，像个丧家之犬灰溜溜地向大街上窜去。

唉！同事得罪了，家里人也得罪了，我真正成了孤家寡人。

这天，组织部打来电话，说是要宣布新的领导班子，让通知全体职工参加。我不敢怠慢，赶快让办公室向职工们通知，准时参加会议。

霍副部长一行人走进了会议室，在他的身边有一位神采奕奕，精神焕发，红光满面的少妇，看来派头不小啊。

霍副部长主持会议并宣布：“经研究决定，董倩任天马杂志社社长；毛儒任主编；来迟任副社长；龙晓霞任副主编。”

霍副部长介绍了董倩的情况，还讲了些冠冕堂皇的话，在大家的掌声中会议结束了。

会议结束后，我简单地向新任的社长董倩交接了一下工作，悄悄地溜向五楼我那广寒宫，随笔写道：

广寒宫中娥流泪，
点点滴滴都是罪。
可叹功名皆是空，
秋风瑟瑟又一岁。

# 第二十六章　挥泪送“老狼”

“老狼”病了。他躺在医院里，那双眼睛在憔悴的脸盘上深深地陷了下去，无神地看着我。我很伤心，这个刚知天命的人，怎么能得这种不好的病呢？真是应了“好人命不长”这句瞎话了，真是可恶！

“老狼”拉着我的手说：“老伙计啊！我这辈子，就你知心了。我是个没有建树的人，一生平平淡淡就这么走完了路。但我没有做过对不起人的事，更没有做过对不起荷萍的事。”说罢他的眼睛微微地眯着。

我被他的话说得心里泛酸，鼻子里一股难受的滋味涌向眼眶，眼泪不由得打着转转。我强忍着难受，宽慰道：“你别多想了，很快会好起来的，我还要和你好好地斗嘴呢。”

“哎！”“老狼”叹了一声气，再没有说出一句话。

这天早晨，天下着雪花，大地铺上了一层白绒绒的毯子。“老狼”去世的噩耗随着这西北风吹到了我的耳朵，我再也忍不住了，眼泪唰唰地流了下来。“好人啊，你就这么走了？”

我去医院的太平间，给“老狼”烧了一炷香，心里默默地祷告着：“老狼”啊！我的好伙计，你走好吧！

“老狼”比我早两年到杂志社的，原来他在市文化局工作，他是杂志社唯一的元老，应该说是有功之臣。正因为他为人耿直，说话从不藏锋，一直是个一般干部。照他的话说，平平淡淡的一生。很多人说：他没有出息。我不这样认为，他有自己的做人之道，他是一个品行高尚的人，我很敬重他。

社长董倩来找我，要我给“老狼”写个悼词。我深思了一下，给降了个等级，就写个生平简介吧，“老狼”你不会怪罪我吧。

我在生平简介中写道：

王得成同志，他的一生是光明的，是朴素的，是勤奋的。他虽然平平淡淡地走完了他的人生之路，但他留给我们的是高尚的品行和优良的作风。他为人厚道，做事严谨，豁达的精神值得我们学习。

我不知道“老狼”对我给他的评价是否满意，这叫盖棺定论啊。但我是诚心写的，没有夸张，也没有贬低。在我看来是实事求是的，也带有我的感情。

“老狼”的悼念仪式开始了，副社长来迟主持仪式，主编毛儒宣读生平简介。“老狼”生前友好，单位同事，亲戚邻居参加了悼念活动。

在这个悼念活动中，还有一位大家都不认识的漂亮的女性，这个人只有我认识，她就是曾经唤起了“老狼”的灵感，让“老狼”写出了那著名的散文《唤起的青春》，她就是“柔情似水”。

我为“柔情似水”能前来悼念“老狼”而深深感动，他们的友情是多么情真意切，是多么纯洁高尚。可以说在这个悼念活动中的人们，唯她心是最真诚的。她可以不来，她也没有什么责任和义务而来。她冒着可能被别人误解的风险，来参加这个网友的悼念活动，这种精神和情感，不是难能可贵的吗?

正在我为“老狼”有这样的好朋友庆幸的时候，我的目光不经意看到了亚萍，她用一种不祥的眼神盯着“柔情似水”，那眼神放射着一种杀气，咄咄逼人。我顿觉事情不妙，赶忙上前与

"柔情似水"搭话，向她问好。

亚萍不失时机地来到了我和"柔情似水"面前，还未等她开口，我就先发制人，向她介绍道："这是孔玲，省报社的编辑。"又对"柔情似水"说："她叫亚萍，老王的妻妹。"

"柔情似水"非常聪明，她好像意识到了什么，大方地伸出手来与亚萍问好，把个亚萍弄得哑口无言，握过手后不高兴地走了。

亚萍走后，"柔情似水"用感激的目光看着我，说了声"谢谢！"

我笑着说："不客气。我是老王的同事，也是朋友。我在公园门口见到过你的。"

"柔情似水"不好意思地点了点头。

说实话，我也不知道"柔情似水"叫什么名字，在哪里工作。我是急中生智，编出来的。这一手真灵，化险为夷了。

悼念活动结束后，"柔情似水"要走了，她走到我的跟前，那感激的目光悠然而在，她那双柔绵的手，紧紧地握住我，连声说："谢谢！"

我送着她，替"老狼"高兴。心想："老伙计啊！你安息吧！够风流的了，还有什么比这美好，还有什么比这珍贵的呢？"

"老狼"那爹妈给的骨肉，被送进了火葬场，在那无情的炉火中燃烧，化成了灰烬。他的一生就这样的结束了，来也匆匆，去也匆匆。

荷萍哭成了个泪人，晕过去了几次。好处是有亚萍和一个大夫照看着，不然她也会跟"老狼"去的。

人就这样走了，化作一股清烟，随着那高高的烟囱升向了天空。留下了些灰色的骨灰，装进了一个小小的棕色的盒子里，这就是他到这个世上来过的唯一的凭据。

“老狼”走后，荷萍的生活是很艰难的。昔日的争争吵吵已经成为过去的回忆，那不痛快的往事，现在想起来都是幸福的。空荡荡的屋子里，再也没有“老狼”那可爱的狰狞面目。耳畔再没有他那震耳欲聋发脾气的怒吼。此时此刻，她多么想让“老狼”凶狠地骂自己，甚至打自己，再来一场轰轰烈烈的战争，是多么的美好啊！

走的已经走了，活着的还得活下去的。荷萍也上班了，她和往日不同的是脸上再没有那动人的笑容，除了工作，几乎是不说话的。

她的这一切，翔看在眼里，疼在心上，真的想帮她，但却说不出口的。

时间就这样一天天过着，对荷萍来说，是痛苦地过着。上班时间还好说，工作中可以忘掉痛苦。下班回来，一个人孤零零地待在这空荡荡的房子里，可怜得不得了。

她也不爱做饭，一个人吃起来也没有味道。泡点方便面，吃点榨菜，再就是那两股眼泪不时地掉在碗里，她品尝着人生的辛酸。

晚上，夜幕笼罩了天空，黑色带着嗖嗖的寒风从窗缝隙挤了进来，把悲伤也带给了她。

她蜷缩在被窝里，看着“老狼”曾经枕过的那条枕头，人去房空，月阙影半，思愁绵绵。

正当荷萍在孤独伤感的时候，手机突然响了起来，是来了一条信息。荷萍打开一看，是翔发来的：“萍姐，看着你一天痛苦的样子，我心很痛。你应该坚强点，鼓起勇气生活下去。眼前的路还长着呢，请你走出痛苦的阴影好吗？我实在不忍心再看你这样子。”

荷萍看着翔发来的信息，不知如何是好。那晚在公司翔拥抱她的一幕，清晰地浮现在她的眼前，那是她有史以来唯一一次出轨。就是那一晚上，都是自己忘记了带包惹的祸，从此自己和翔有几次的暧昧，这是谁的错呢？翔没有错的，自己呢？能说有错吗？

荷萍想给翔回信息，她知道翔来信息的用意。想了想，还是不回的好。自己现在这个样子，寡妇门前是非多啊。再说，翔那只是心血来潮时的冲动，荷尔蒙的反应，那是性而不是爱啊。退一步说，就是人家爱自己，自己又比人家大好几岁呢，人家是未婚青年，自己已是黄脸婆了，能成为夫妻吗？两个人在一起能幸福长久吗？又想想，不回信息，真是不礼貌的，况且人家还是自己的领导。信息上人家也并没有说什么的，只是宽慰自己罢了。

荷萍想着想着，踌躇不定，一下子没了主意。她拿着手机，心怦怦地直跳，发慌得不得了。

手机的信息又响了，荷萍更加紧张起来，她的心跳得快要从胸膛里飞出去了。翔的第二条信息来了："萍姐，你讨厌我吗？或许我不应该给在这个时候给你发信息的，但我实在控制不住自己的感情。不是你现在需要我帮助，而是我现在需要你，你能理解我吗？"

荷萍再也按捺不住了，空虚的心里需要充实的欲望迫使那只手动了起来，她给翔回道："翔，我的好弟弟。我知道你是对我好，但咱俩在一起，确实不现实。你是知道的，我大你好几岁呢。再说你年轻有为，应该找个和你相称的伴侣，去过你们幸福的日子。我深深记着你对我的那份感情，那份感情对你来说，应该成为过去。我不应该自私地答应你什么的，我应该为你负责，因为你是我的好弟弟。"

当荷萍把这条信息发出后，她的心里很矛盾。希望翔再不回信息，又盼着翔能够来信息。她把手机紧紧地握在手中，是等待，还是企盼，总是没有一点如释重负的感觉。

荷萍的母亲真是命苦，丈夫去世的早，她可说与两个女儿相依为命。现在情况稍好了点，亚萍也准备要结婚了，随后她能过几天安稳的日子了。这命运就是捉弄人，大女儿荷萍的丈夫“老狼”却走了，这不是要她的命吗？

“老狼”刚去世的那些日子，这快年近古稀的老人，撑着一把老骨头，豁着命给女儿长着精神。这会儿她却支撑不住了，神心的劳累终于把这个坚强的老人打垮了，她被送进了医院。

荷萍和亚萍守护在她的身旁，她看着荷萍，那老泪浸湿了雪白的鬓角。她为荷萍担心，心疼得厉害，这孩子将来怎么过呀？

荷萍安慰着母亲：“妈！你再别愁我了，你女儿是坚强的，会好起来的。你要好好地活着，你老人家有个三长两短，你让女儿怎么办呢？”

亚萍也说道：“妈！你就别愁了，姐会好起来的，这不还有我帮姐吗？过一段时间，我给姐找一个比王得成还好的姐夫，让你老人家看看，准把你乐坏的。”

母亲看了一眼亚萍，责怪道：“你只知道贫嘴，尽说好听的给娘听。”说罢把关注的目光移向了荷萍。

荷萍苦涩地笑着说：“妈！我再不找了的，就伺候你老人家吧。”说着给母亲擦着眼泪。

母亲语重心长地说：“傻孩子，你的路还长着呢。亚萍说的对，你现在开始，自己要有新的打算，不然老娘会死不瞑目的。”

亚萍接过话来：“就是嘛，听妈的。”

“好！好！我听妈的。现在你老人家还不放心吗？”

母亲看着两个女儿，脸上才浮现出了一丝微笑。

荷萍和亚萍都尽量让母亲开心，但没有亚萍这现代派思想的人物，那母亲和荷萍不知还是什么样子的呢？

病房里突然走进一个人来，他是翔。他说代表公司来看荷萍的母亲，实质上他心里是为荷萍而来的。

亚萍赶忙让着座。

荷萍先是吃惊，然后是紧张，脸上流露着不好意思的表情。

这一切被亚萍这个机灵鬼看得一清二楚。

就是老母亲还真的认为是看她来的，连声说着："谢谢！"

翔走后，亚萍试探地开着玩笑对荷萍说："姐！一个公司部门的小经理，把你都紧张成这个样子，那大经理来了，你还不吓跑了的。"

荷萍故作镇定地说："这有什么怕的。我是想他怎么没有提前打个电话的。"

"人家是给你给个惊喜嘛！"亚萍调皮地说着，眼睛偷偷地看着姐姐的反应。

"他给我什么惊喜呢？你尽胡说八道的。"

"好！好！不说了，我就是和你开个玩笑嘛。"亚萍说着做了个鬼脸。

荷萍装着没有看见，也不理睬她的话了，以静制动，让亚萍闭上了她那张八哥的嘴。

荷萍的母亲没有什么大病的，就是由于心累把老人家给病倒了，在医院打了几天吊针就好了。

亚萍和荷萍姊妹俩把母亲接回家里，荷萍做着饭，亚萍收拾着屋子。老母亲在屋子里转了一圈，自言自语地说："家里就是好啊。"说着到卧室歇去了。

亚萍收拾完屋子，也来到厨间，她对荷萍说："姐！你们那个经理怎么样？"

荷萍装着不懂的样子问道："什么怎么样？"

"我说是他的人品。"

“你问他干什么?”

“考察考察嘛。”

“你考察他与你有何干?”

“怎么与我没关?我看他对你很痴情的。”

“你胡说什么呢?人家是未婚青年。”

“未婚怎么啦?他也是人啊,又不是神。”

“你觉得合适吗?”

“怎么不合适?只要两个人相亲相爱,其他都不重要了。”

“你就知道亲啊爱啊的。那要生活呢。”

“亲了爱了,才能生活。不亲不爱还生活什么呢?”

“不行的。你再别瞎扯了。”

“他把你都那个了,有什么不行的。现在社会女的大几岁都不是问题,讲的就是个爱。那少女嫁老头的还少吗?那小伙娶老女人的不是一堆吗?电视上演着,小说里写着,现实生活中存在着。这事就交给我办,准成功的。”

“你别胡来。这不是玩的,别在给我引火烧身了。”

“那你们以前为什么要好上呢?”

亚萍一句话把荷萍问得说不上话来,她瞪了妹妹一眼说:“你是哪壶不开提哪壶。别再惹我生气了。”

“我就是给你提个醒,免得失去良机。你自己看着办吧,过了这个村,就没有这个店了。”亚萍说罢,把做好的饭菜端到了桌子上,去叫母亲吃饭了。

荷萍回到家里,亚萍的话仍在耳边回响。她无精打采地坐在沙发上,心里乱极了。翔的影子不时地在眼前闪过,那晚的情形又浮现在她的脑海。仿佛翔那浑厚的嘴唇又在热烈地亲吻着她,她的衣服又被扒光了,翔那有力的身体把她紧紧地压住,她呻吟着,两条胳膊不由自主地紧紧地抱在了翔的腰间,她幸福得哭了。

就在荷萍的思维徜徉在梦幻之中时，手机的信息铃声响了起来，她一看是翔发来的：“萍姐，我有话要给你说，我能来你家吗？”

荷萍一看，已经是晚上十点多了，这么迟了，他来合适吗？又一想，白天能来吗？别人看见又怎么说呢？她急得在房间里踱着步子，不知如何是好。正在这时亚萍打来了电话：“姐，我给你说的，你要记住，不然你会后悔的。我也是为你好啊。”

亚萍的电话来得很及时，恰到好处，它像春雨一样滋润了荷萍久违的心田。自己的事再没有人能来做主了，现在亚萍是她的主心骨，听她的没有错。想到这里，荷萍给翔回了个信息：“那你过来吧，我等你。”

# 第二十七章　离婚不是我的错

“影子”自从炮轰我之后，回到了娘家。她一贯高高在上的作风，实在令人讨厌。她想让我三顾茅庐去请，我没有给她这个台阶，从我心里是要让她学会知足。我们的冷战随着寒冬在加深，看来是一下子解冻不了的。

时间过去两个多月了，我们还在僵持着。我从心底里还是想去叫她回来，但我知道她这个人是有理三分天下，无理也三分天下，推到塔顶上是请不下来的，还是让她自己回来的好。不料我这反弹琵琶的一招没有用上，倒把她给彻底惹恼了。

这天，我正在办公室无聊地看着报纸，法院来了两个人，说“影子”把我起诉到了法院，准备与我离婚。给我送来了传票，要我按时去出庭。

好吧。你要离婚就离吧，天要下雨，娘要嫁人，有什么办法呢？

开庭时间到了。我带着这张沉甸甸的传票，来到了法庭。“影子”早就到了，看来她离婚还挺积极的。她的助阵团也来了，丈母娘，小舅子，小姨子。你看他们个个怒目圆睁，仇视的眼光，杀气逼人。“影子”坐在原告席上，一副盛气凌人的架势。丈母娘带着助阵团坐在旁听席上，她的脸阴沉沉的，再没有了那昔日的慈祥。小舅子一脸的杀气，那拳头握得紧紧的，发出“咯咯”的响声，随时准备着战斗。小姨子呢？愤怒布满了那漂亮的脸盘，失去了往日的美丽。我呢？可怜地坐在被告席上，孤零零的没有一个人来助阵。

法官宣布开庭了。

“影子”陈述着她的诉状，给我罗列了十大罪行，好像我是一个十恶不赦的恶魔，把她害得痛不欲生，不立刻上绞刑架处死，就不解她的怨恨。

我听着她慷慨激昂的陈述，如万箭穿心，痛得生不如死。我闭着眼睛，血在心中流淌，点点滴滴都在痛苦地呻吟。

“影子”一口气把她精心研制的炮弹毫不保留地发射了出来，她俨然一个胜利者，痛快淋漓地坐在那里，脸上抽动着她的喜悦。她的助阵团都长长出了一口胜利的气，个个喜形于色，无不欢欣鼓舞。

那些法官大人们，倾听着“影子”句句仇、声声泪的控诉，都用鄙视和责备的眼光看着我。在他们的心中，我已经是一个该杀的罪犯，不杀不足以平“影子”和她助阵团的愤怒。

“影子”终于陈述完了。

法官也用那痛恨的口气宣布：“被告林风陈述。”

我看了看那些高高在上的法官大人们，又看了看我对面盛气凌人的“影子”和下面那不可一世的助阵团，便站了起来，说道：“我没有什么要说的。”

“现在开始法庭辩论。”法官履行着程序。

“影子”又发表了一遍辩论词。这在原来那炮弹的基础上又装制了扩充深挖技术，发射出来，不但能全面打击，而且还能挖地三尺进行摧毁。她像一个装潢者，又像一个修饰者，她像一个美容师，又像一个化妆师，她更像一个训练有素的炮手。总之，我被她涂炭一片，打得焦头烂额。

“被告林风有什么要答辩的吗？”在“影子”的蛊惑下，法官的语气变得更加严厉了。

我有什么说的呢？我没有什么可说的，更谈不到辩论什么的。我站了起来说："没有。"

"现在开始调解。原告同意调解吗？"法官征求着"影子"的意见。

这下把"影子"难住了，要说同意调解嘛，达不到惩治我的目的。要说不同意嘛，法院真的判离婚了怎么办？她玩火自焚了。她像热锅上的蚂蚁，坐立不安，霎时盛气凌人的架势顿然消失，像一个泄了气的皮球，瘫在那里不发话了。

她的助阵团一下子乱成了一锅粥，个个没有了主意。这真是参谋不高，将军软腰啊。

"原告同意调解吗？"法官又征求着"影子"的意见。

"影子"自己把自己逼到了悬崖处，回不过身子来。要么跳了下去，要么就当玩了一次游戏给林风道个歉算了。不论怎么说，法庭上不是闹着玩的。

小姨子这下也急了，她在旁听席上嚷道："让林风先说。"

法官限制道："旁听席上的人未经允许，不能喧哗。按程序应当由原告先发表自己的意见。"

"影子"一看没有办法了，她慢腾腾地说："我同意调解。"

"被告同意调解吗？"法官征求着我的意见。

"同意。"我还能说什么呢？这场戏就让"影子"导演下去吧。

"原告谈谈你的调解意见。"法官又问起"影子"来了。

"影子"刚松了一口气，这一问又喘不上气来。她的助阵团顿时又紧张起来了，你看看我，我看看你，不约而同地都把目光投像了"影子"。

老丈母娘再也坐不住了，这下子她率领的这个助阵团把女儿推到了前沿阵地。她这个团长再不出马，女儿就会烤焦的。她站了起来嚷道：“我对法庭有意见，你们怎么让我女儿老是先发言，这不公平。”

“老人家，你女儿是原告，把你女婿告到法院的。所以要你女儿先说啊。这是规定。”法官给老丈母娘解释着。

小舅子挪了挪身子想说什么，被小姨子推了一下，他用凶狠的目光瞪了我一眼，那准备随时出击的拳头还紧紧地握着。

“影子”看一家人为她受罪，鼓足勇气说：“我要离婚，家里财产都是我的。”

“影子”想用财产来要挟我，逼迫我就范，给她道歉，央求不要离婚。她把我在法庭上狠狠地治一顿，然后领她回家。我知道她是这个意思，但我也是有自尊心的人啊。你为了达到你发泄情绪的目的，竟无中生有，中伤于我。还通过法律来整治我，你让我在这个城市里生活了不？你这一招太阴毒了啊。

“被告意见呢？”法官看了看“影子”，又看看我问道。

“同意。”我说同意，这是“影子”和她的助阵团万万没有想到的，就连法官都惊了。

庭开完了。在那开庭笔录上我签了字，我走出了法院大门，我回头一看，这庄严的审判大楼也在鄙视着我，它也认为，我就像“影子”中伤的那样是个十恶不赦的家伙。因为你林风没有反驳一句，也就是说你林风默认了这个事实。

一个好端端的家，就被“影子”自私、任性给捣毁了，这下她满意了。我回到家里，看着房间里的陈设，心里默默地向它们告别。这一切都不是我的了，一切就像过往的烟云而散去。我找出了自己几件旧衣服，装在一个包里，把我那床被子，用一条绳子捆上，趁着黑色的夜幕，离开了这个我曾经的窝，这个让人有太多幸福和留恋的窝。

我漫无目的地走着，流浪在这个喧闹的城市中。我不及关天令，没有他那样风流。他双腿虽然断了，但还有个家，他是幸福的。我不如“老狼”，他虽然离开了这个世界，但也被红红火火地送走了。并且还有个红颜知己来送呢？他是知足的。我呢？现在像个什么？一条“丧家之犬”啊。

我想着，走着。眼前的墙角上一则小广告吸引了我，我停住脚步一看上面写着：“出租房屋。”我如绝处逢生，赶忙按照电话号码联系，和主人定下了这个房子。我撕下这则广告，按照上面所写的地址找了去。

我简单地收拾了一下房子，铺好了床。坐在这个陌生的房子里，脑子是一片空白。

“影子”签字后，还没有离开法院，她等我走后，对法官说：“我能撤诉吗？”

法官被“影子”问呆了，半晌回不过神来。

“影子”又追问道：“请问，我现在能撤诉吗？”

“胡闹。你起诉离婚到底为了什么？你们都把字签了，已经生效了。你还没有走出法庭就撤诉，你是干什么来的？这是法庭，不是游戏厅。”法官不惑地看着“影子”和她的助阵团，气得把卷宗一甩。

“我是想让林风给我说句软话，我们就回去好好过日子。没想到……”“影子”解释着。

“你语气那样激烈，言词又是那样刺激，人家能给你说软话吗？你就是让男人给你说软话，也不能采取这种方式。这是法院，不是你们的出气筒。这会儿弄巧成拙了，你让我们怎么办？你知道吗？调解协议一经双方当事人签字，就生效了。简直是胡闹。”法官批评着“影子”。

“影子”一下子瘫在那里，起不来了。那助阵团你看看我，我看看你，谁都说不出话来。

“影子”这会可怜得没有办法，她央求道：“请问，还有什么办法补救吗？”

“我们这里没有办法了。你赶快去找林风，给人家说好话去吧。说好了明天到法庭上来。简直是胡闹。”法官说着走了。

老丈母娘这下才真正急了，她领着助阵团把女儿推向了火坑，连她也烧得爬不出来了。

小舅子那拳头这会不握了，站在那里，像个木桩似的，一动不动。

还是小姨子机灵，她赶忙拉着“影子”说：“走！赶快去找姐夫，不然生米做成熟饭了。”

“影子”和她的助阵团，慌慌张张地从法院走了出来，坐了一辆出租车，一溜烟地向家里跑去。

当“影子”和助阵团气喘吁吁地从楼道里跑了上来，那丈母娘已经上气不接下气了，她大口大口地喘着粗气，总觉得空气里的氧气不够用的。小姨子一手扶着她，一手给她捶着背，恐怕她上不来气的。

“影子”赶快掏着钥匙，紧张得不知是哪个能开开门。她越着急，钥匙越是找不准的。她把一串钥匙递给小舅子说：“你开吧，我眼睛麻了，看不清楚了。”

小舅子接过钥匙打开门，他们蜂拥般涌了进去，一看傻眼了。

这会儿丈母娘没有话说了，她一屁股坐在沙发上，呜呜地哭了起来。

“影子”坐在床上一声不吭，眼泪唰唰地流着。

小舅子站在那里，气呼呼地说：“我说不能这样，你们不听，还说我这个娘家人不做主。这回倒好了，把主做到一边去了，你们满意了吗？开了这么大的玩笑，姐夫能承受住吗？你就是太霸道，什么事情都要唯你第一，这就是结果。”

小姨子瞪了一眼小舅子说：“别埋怨了。想想姐夫能到哪儿去，把他找回来，不就得了。他是不想离婚的，他是赌气给姐姐看的。”

小舅子没有好声气地说：“我知道他到哪儿去了？让我到哪里去找呢？”

小姨子说：“都别哭了，哭什么呢？明天我到他单位请他，就算我们一家人给他赔礼道歉不行吗？”

老丈母娘一把鼻涕一把泪地说：“都怨我。我明天找林风去，他能给我这个老脸给一点面子呢。”

“影子”走了出来说：“你们都别去，还是我去。是我惹来的麻烦，我去最合适。我们必定是夫妻，还有孩子呢他不想吗？”

小舅子看了一眼姐姐说：“你去合适吗？你把人家弄成这样的了，人家正在气头上，能来吗？我看还是我去的，唉！丢人死了。”说着抽起烟来。

这一家人说来说去，还是没个结果。谁去都合适，谁去都不合适。看来只有“影子”去最好了，解铃还须系铃人嘛。

# 第二十八章　情在咫尺吻遥远

自从那天我从家里搬了出来，我给社长董倩打了个电话，说我有事，要请个长假。假请后，我准备到外面去好好地放松一下心情。

“影子”去单位找我，没有找见，听说我请假了。她给我打电话，我又关机，这一下她却坐在老虎凳上了，既后悔，又害怕。后悔的是不能用这种方式对待我，害怕的是这一离婚，可能把我推向了别的女人的怀抱。

“影子”回到娘家，她哭丧着脸给家里人说：“林风请假了，不知道去哪里了，我现在该怎么办呢？”

老母亲看着女儿现在成了这个样子，也六神无主了，她停住手里的活，想了想说：“就发个寻人启事吧，我担心他想不通会寻短见的。”

“影子”的弟弟站在一旁，看了母亲一眼，没有好声气地说：“你还嫌搞得不乱吗？这能发寻人启事吗？”

“影子”的妹妹看哥哥发火了，接过话来：“就等着吧，我不相信他会从这个世界上消失。”

正在这一家人无计可施的时候，“影子”的电话响了，她心里盼着是我的电话，不料是法官打来的，询问“影子”和我商量的怎么样了，“影子”一下子哭了出来，声音哽塞地说：“我找不到人了。”

电话那边法官说道："那你就好好找吧。调解协议已经生效了，以后你们谈好了去复婚，你过来取调解书吧。"说罢，电话挂了，那"嘟——嘟——"的声音，好像辣面子水一样，灌进了"影子"的耳朵，疼得她欲哭无泪。

一家人看着"影子"都傻了眼，谁都没有话可说了。

现在的我没有心思与外界联系，我去通信公司另办了一张电话卡，这样一来什么人都与我联系不上的，我一个人蜗居在这个小小的租下来的房子里，好似一个闭关修行的道人，过着与世隔绝的生活。

这一天，天气非常晴朗，可说是立冬以来最好的天气。我坐着南下的火车，开始了我的散心活动。我像刚从笼子里放飞的小鸟，飞翔在深邃的蓝天，心情舒畅极了。那火车铿锵的声音，好似我澎湃的心潮。

火车在那广袤无垠地平原上飞驰着，夜幕慢慢地降临了下来，远处的天空闪耀着星星点点，银灰色的月牙已挂在了天边，我的心也随着天空的变换，逐渐沉重起来。

"影子"和梅这两个女人的身影，不时在我眼前浮现。我和"影子"也曾有过美好的生活，虽然她的思想和意识形态被这个变化万千的社会影响得不可思议，但我理解她，还是热爱她的。她这次不理智的做法，实在让人恼怒。就是我有千错万错，你也不应该无中生有诽谤我，中伤我。还起诉到法院要离婚，都这样了，我和你生活在一起还有什么意义呢？

梅虽然是我在网络上认识的，我们只见过一面。她通情达理，做事很有分寸。我不是被她的年轻漂亮所吸引，而是被她那温暖的情怀所感染，我深深地爱她。我不是一个不光彩的第三者，我应该有我爱美和寄托情感的权利，况且我还没有出轨。

想到这里，我再也坐不住了。自从与"影子"发生矛盾后，我的心情很糟，好长时间没有与梅联系了。我掏出手机，给梅发了个信息，告诉了我新的电话号码，这个号码只属于我们两个人的。我没有给梅说我离婚的事情，也没有说我现在去南方散心，因为她知道了会伤心的。

“好长时间没见你，怎么失踪了？今晚没有上网？发起信息来了？”梅很快回过信息来。

我一下子回答不上来梅的问话，自己的处境让人心里酸溜溜的。

“怎么了，不说话呀？”梅又追问道。

“没有什么的，我很好。就是最近忙点。”我给梅编着谎。

“你恐怕把我忘了吧？”

“没有啊。”

“那再忙，也得有个信息，让我知道你还好着。真把人急坏了。”

看着她字字情，句句意的信息，我不知说什么是好。是啊！只有你知我，懂我，牵挂我，在这个世上还有谁呢？我控制着自己不安的心情，回道：

“对不起，是我的错。”

“你现在能上网吗？我有话跟你说。”

“行。我用手机上。”

“怎么不用电脑的？”

“坏了。”

“晕！”

我登上了手机QQ，一下子梅给我的留言接二连三地涌了出来。她每天都给我留言，我被她深深地感动着，一下子觉得自己很幸福。梅的消息又发过来了：

“你有时间能来我这里一趟吗？”

“有的。什么时间来？”

“越快越好。”

“可以。有什么事吗？”

“没有事就不能来吗？”

“那当然是能来的。”

“这还中听。”

“我要出一趟国，你来送送我好吗？”

我看着发愣了，心想怎么到国外去呢？便问道：

“什么时候走？”

“你来我就走。”

“你去多长时间？”

“不知道。”

“那我马上来。”

“好！我等你。”

不知为什么，我的心疼得很。好像梅就要把我的心带走一样，我真舍不得让她走啊。我一下子没有话说了，心潮起伏，思绪万千，眼前一片迷茫。

“你怎么不说话了？”梅问着我。

我说什么呢？你也要离我而去，我还能说什么呢？想到这里，我便给梅回道：

“祝福你！哦！对不起，我的手机没有电了。明天和你联系好吗？”

“晕！”

我退出了QQ，把手机关了。像个没有娘的孩子，坐在那里，心里难受极了。

火车还在奔驰着，车窗外一片漆黑。天上的星星眨巴着眼睛，那月牙还在天空挂着，不一会儿钻进了薄薄的云纱之中。仿佛是梅离我而去，伤感而又亲切，美丽而又朦胧。

南都到了，火车停了下来。我无精打采地走出车站，寻找了一家宾馆住了下来。我没心吃饭，像一个病入膏肓的老头，瘫在床上没有一点精神。

夜很深很深了，我还没有一点睡意。我思念着梅，痛苦地思念着。她这一走，不知什么时候才能回来？我们还能见面吗？我好像在这黑色的夜里，盼望着黎明，漫长而又寂寞。

第二天凌晨，天色还朦胧着，我就起了床，办了退房手续，急急忙忙地奔到火车站，买了张车票，登上了东去的火车，向T市赶去。

火车上，我打开手机，给梅发了信息：“我已坐上火车，明天下午6点到。”

梅即刻回道：“我定好宾馆，在车站接你。辛苦你了。”

列车在飞速前进着，我的心随着列车铿锵的声音，忐忑不安。这一次见面后，有可能是我们的最后一次，我们还能见面吗？

梅不时发来信息，问我到了什么地方。我从她那急切的信息中，隐隐约约地感觉到了什么？她想见我的心情非常迫切，是爱？是情？还是她到国外去永远不回来了？我揣测着，总是找不出答案。

T市到了，我急匆匆地下了车，一出车站，就看见梅在那里焦急地等着，她那双明亮的眼睛，在下车的人流中搜寻着，一看到我，高兴地挥起手，笑盈盈地向我迎了上来。我也小跑似的向她迎了去。我们两双手紧紧地握在一起，心灵在此时缠绵地拥抱着。她那漂亮的脸盘兴奋得像刚成熟的桃子，红润润的，放射着光彩。那双又美又大的眼睛，释放着热情。我的脸顿时火辣辣的，深情地看着她，高兴得竟说不出话来。

就这样，我们相互看着，足足站了有十来分钟，那紧握的双手才慢慢地松开。她笑着说："累了吧？我们到宾馆。"说着她的手指向那边停着的一辆红色轿车。

我笑着点了点头，与梅并肩走到车前，坐在副驾驶座位上。她上了车，熟练地开着，向宾馆驶去。

白云宾馆是T市最豪华的宾馆，也是接待外宾的场所。梅领着我到了客房，她打开门，让我先进，我一看好气派啊！房间装饰得金碧辉煌，那火红的地毯，走在上面软绵绵的，像在水上漂浮一样。房间左边是卧室，一张宽大的双人床古老而典雅。床头柜上那欧式电话别有风致，壁灯格外的玲珑漂亮。客厅很大，中间一周摆着那贵重的红木皮沙发，漂亮的茶几中间放着一盆清香四溢、鲜红绽放的玫瑰。两边摆着青花瓷的果盘，盛满了各种鲜果。右边是一圆形饭桌，是那价值连城的黄花梨木做的，配着同等木质的六把椅子，桌子的圆心放着一盆清香淡雅的兰花，还摆着一盘茶具，那茶具都是青花瓷的。就这房子的装饰和陈设，不是省部级领导和大亨、老板，谁还能享受得起呢？

梅给我泡了杯茶，那茶是顶级的杭州狮峰龙井，清明时节采摘，香味悠悠飘然，沁人心脾。她给自己泡了杯意大利最享盛名的香浓奶沫咖啡，浓味纯真，意韵绵长。

梅早就把饭订好了，她打了个电话，饭就送了上来。我们两个人面对面坐着，梅用两个高角杯，给我们斟满红酒，这酒是法国产的波尔多，是世界上最瞩目也是最好喝的。

梅端起酒杯看着我说："来！感谢你千里迢迢来看我，为我们的友谊，万古长存干杯！"

我也端起酒杯说："谢谢你！这样隆重地款待我。"

"你是我请来的贵客，这是我应该做的。"梅含着微笑。

"我们是朋友，应该平常点才对。"我觉得这样太高档，真有点不好意思。

“我们是朋友，是知心朋友。确切来说我们是友伴。”梅说着脸上泛着红晕。

当我听到梅说“友伴”两个字时，我的心受到了震撼，脸上荡漾着无限的幸福和喜悦。

“好！别客气了。干啦！”梅看来非常激动。

“砰！”的一声，两只高角杯兴奋地碰到了一起，那杯里的红酒，跳跃着泛起了美丽的浪花，然后被我们爽快地一饮而尽，滋润着我们的心田。

这一顿饭我们吃了好长时间，梅不时地要和我碰杯。我对梅说：“你现在是不能开车了，酒也再不要喝。一会儿打的我送你回去好吗？”

梅看着我，那酒杯在她手里捻着转着圈。她有些醉意地说：“你知道我为什么要把你请来吗？”

我看她那有心事的样子，茫然地问道：“有什么事情，你就说吧，别装在心上。”

“宇的单位在国外申办了一家跨国公司，宇在那里当经理。他已经去半年了，也没有回来。近些天来，他电话也少了，总是说忙，我担心会出什么的。”梅说着又把那杯酒喝了下去。

宇是梅的丈夫，他去国外我是不知道的，看来他们的感情也是要出问题的了。我看梅那失落的样子，关切地问道：

“你就为这个要去看看？”

“嗯！”梅点点头，那眼神有些惆怅。

“你别多想了，那是工作忙。去看看也好。”我宽慰着。

“唉！那是你说的。我想没有那么简单。”梅说着眼神中飘过了一丝阴影。

“那你去什么时候回来？”我担心地问。

梅抬头看了看我说："如果好点，我就不回来了，在他们公司找个活干。如果不好，还是要回来的，那里毕竟不是我待的地方。"说罢她又把酒杯斟满，举了起来说：

"不说这些了。我们喝酒。"

我知道她的心情不好，便把酒瓶拿了过来，对她说："你少喝点好吗?"

"不！我今晚要一醉方休。"说着把那杯酒又喝了下去。

我看她这样喝下去，非醉不可，便把酒瓶牢牢地拿在手里，给自己斟得满满的，给梅少斟了点。

梅不高兴了，她不情愿地说："你怕我没有酒招待你吗?"硬要我给她斟满。我没有办法，只能给她斟满的。

我本来就不胜酒力，看着梅这个样子，我再不管自己了，把酒一杯一杯地往自己嘴里灌，把那两瓶酒竟喝完了。不一会儿，我的眼前冒着金花，那金碧辉煌的墙在我眼前旋转起来，我也控制不住自己的情绪了，管不住自己的嘴了，一肚子的苦水便倒了出来。

我手里还拿着那个酒瓶，心痛地对梅说："我离婚了。"

梅一听，一下子好像清醒了许多，她用蒙胧的眼睛看着我说："什么？你再说一遍。"

"我离婚了。"我把那空酒瓶拿上向杯子里倒着。

"为什么?"梅有点紧张。

"我也不知道。是人家要离的，我有什么办法呢？现在提倡女权了，女人说了算啊。"我说着，醉倒了，趴在桌子上什么都不知道了。

梅看我醉得不省人事了，费了九牛二虎之力，把我扶到床上，用热毛巾给我敷着头。

我丢人得说不成了，一个大男人醉成这个样子，还要麻烦人家来照顾。

梅给我一遍一遍地敷着，几个小时过去了，我终于清醒了过来，一看梅还坐在床边守护着我，此时此刻，不知说什么才好。

梅看我清醒了，非常高兴。她开玩笑地说："你醒来了，我害怕你一醉不醒呢。"

我不好意思地坐了起来，已是午夜两点了。我对梅说："实在不好意思，现在这么迟了，你就睡在床上，我睡在沙发上好吗?"

梅笑了笑说："睡在一个屋子里和睡在一张床上区别是什么呢?"

我迟疑了一下说："区别是有距离的。"

"我看没有什么区别的。"梅说着转过身去，给我添了杯热茶。

我喝了几口，顿感舒服多了。便进到卫生间，痛痛快快地冲了个澡，把几天的疲劳和一腔的不快统统地冲刷干净。

这一夜是我一生中最快乐、最幸福、最美好的时光!

第二天早晨，已是八九点钟了，红彤彤的太阳已在东方的天空高高升起，万丈光芒柔和地普照大地，给人间送来了温暖。

我和梅洗漱完毕后，简单吃过早餐，坐上梅开的那辆红色轿车，去买了她出国的飞机票。然后梅陪着我，领略了T市优美的风光。

梅明天就要走了，她到另一个国度去，要寻找她失去的爱，确切地说是找回那份责任。我为她担心着，恐怕她像一只受伤的小鸟，又飞了回来。那是我实在不愿意看到的。

梅已经给宇打去了电话，说明天九点钟的飞机。到时候请宇在飞机场接她。

这天晚上，在梅的家里，我们说了很多，说了很久。梅叮嘱我，她出国若一下子不能回来，要我明年的春天，去勿忘湖的相思岛，看看我们种的那棵相思树，给它施施肥，浇浇水，让它茁壮成长，那是我们友情的象征。

我会意地点点头。

这一个夜晚过得非常的快，我们的话怎么也说不完，天就蒙蒙的亮了。

梅把她的车开到车库停了下来，她像给伙计嘱咐一样，对车说："老伙计，你也累了，该歇歇了。"

梅锁好车库门后，我们乘了辆出租车，向飞机场走去。在车上，我紧紧地拉着梅的手，心情沉重得说不出一句话来。

梅也没有说话，我知道这时她的心情非常矛盾，既激动又沉重。她这一去，那属于她的爱还能属于她吗?

飞机场到了。我尽量控制着自己的感情，用我最好的心情，送梅出国。我心里暗暗地祝福她心想事成，圆满地追回自己的那份爱，确切说那份责任。

梅马上要登机了，她的泪水再也控制不住了，从那漂亮的眼睛里夺眶而出。她扑了上来，紧紧地拥抱着我，泪汪汪地说："你等我，我回来咱们结婚。"

我的心即刻痛了起来，我也紧紧地抱着她说："别这样想了好吗？你去会幸福的。"

"不！你要等我。一定要等我回来。"梅几乎说不出话来。她的声音凄楚得像一曲怨歌。

我再也说不出话来，只有紧紧地抱着她，越抱越紧。

梅走了。她坐着那银鹰，飞向了天空，飞向了远方……

小说主要人物简介：

1.我——林风——杂志社主编

2.梅——林风的网友

3.“影子”——林风妻子

4.宇——梅的丈夫

5.老狼——王得成——杂志社职员

6.荷萍——老狼妻子

7.亚萍——荷萍之妹

8.社长——关天令——杂志社社长

9.涵——关天令妻子

10.“爆米花”——丁香——社长情人——杂志社新任主编

11.周——丁香丈夫

12.浩——亚萍第一任男友

13.翔——荷萍的经理

14.娇——浩的情人

15.向南——亚萍第二任男友

16.“柔情似水”——老狼的网友

17.“水天一色”——亚萍的网名

18.上官云霄——亚萍大学同学

19.雨——涵的弟弟

20.楠——老狼儿子

21.宁——梅大学同学

22.琼——丁香大学同学

23.河——关天令的儿子

24.毛儒——杂志社副社长

25.来迟——杂志社副主编

26.龙晓霞——杂志社新任副主编

# 我在梦里见到你（爱在离别时续集）

## 第一章　楼空香枕留吻痕

梅走了。她坐着那银鹰，飞向了天空，飞向了远方……

我的泪再也忍不住了，那银鹰从我的泪水中消失，我感到了揪心的疼痛。咫尺的天南地北，霎时间月缺花飞。眼中流着别离泪，叫人舍不得。

我像个丢了魂的人，没精打采地从飞机场走了出来，眼前的一切黯然失色，我将走向何方？心寄何处？

我来到了梅的家，用她交给我的那把钥匙打开房门，房间陈设如故，墙上梅的那张照片，却好像失去了美丽的笑容。我深情地看着她，一双漂亮的眼睛变得忧伤起来，模糊了我的双眼，不知是她还是我，泪水在流淌。

我走到酒桌旁，斟满了两杯红酒，那酒是我们昨晚没有喝完的，还留着淡淡的清香。我端起一杯，向另一杯碰去，那酒杯碰撞的声音，敲击着我的心。清脆的响声，好像我心破裂的嘶鸣。我一股脑地把那杯酒喝了下去，望着梅的照片，把另一杯端了起来，走到梅的照片前，心酸地说道："梅，这是我俩碰的酒，你喝吧！"我看梅在哭泣，她泣不成声。我说："是我不好，让你喝醉了，我代你喝。"我把这杯酒一饮而尽，我又斟满了两杯，咕噜咕噜地把它们都喝了下去。我看见梅哭得更厉害了，我劝道：

“别哭，有我。”我看梅从墙上走了下来，我连滚带爬地向她跑去，我紧紧地抱着她，哭着央求道：“你别离开我，你别离开我好吗?”

这晚，我醉了，我真的醉了，彻彻底底的醉了。

第二天早晨，我清醒了过来，太阳的光芒已经从窗口照射到楼里，房间里依然那样清静温馨。我揉了揉眼睛，从地毯上慢慢地爬起来，茫然地扫视了房屋一周，梅的照片端端正正地挂在墙上，她含情脉脉地看着我，清秀的脸庞露出淡淡的微笑。仿佛对我说：林，你要坚强起来，无论如何，你都要坚强起来。

梅的微笑，给我鼓足了生活下去的勇气。我到了洗手间，打开热水器，痛痛快快地洗了个澡，我清醒多了。

我走进梅的卧室，床铺铺得整整齐齐，这是我们前夜共眠的地方，它是铭刻在我心中永远的记忆。我走到梅的香枕前，静静地站了一会，然后弯下身子，轻轻地在梅的香枕上留下了一个滚烫的吻。

我要走了，要离开这前夜给予我温柔温馨的地方，我心中永远不能磨灭的小楼。我带着梅给我的那把钥匙，离开了这里。我要去勿忘湖，去相思岛，去看看我们的“林思梅”。

勿忘湖到了。我沿着我们曾经走过的路线，一个人孤零零地追寻着往日的欢乐。梅的影子不时地闪现在我的眼前，银铃般的笑声不时在我耳际回响，我的脑海里充满着她的一切，那么的温柔，那么的善良，那么的和蔼可亲。

我来到相思岛，找到了我们爱情的结晶“林思梅”——那棵相思树，它现在已经长高了，看上去一米开外的样子，郁郁葱葱，随着清风，摇曳枝叶。它好像我们的孩子，伸开小小的双臂，欢笑着向我拥抱而来。我看着它，幸福极了，我轻轻地抚摸它的枝稍，好似孩子的头发，柔而细腻。我心中默默地祝福着：

孩子我爱你，你好好的生长吧，将来会长成参天大树，冠盖全岛的。

离开了相思岛，离开了勿忘湖，离开了我们那心爱的孩子林思梅。我踏上了归程，要回到那生我养我的城市，我认识梅的地方。

## 第二章　往事依稀在梦中

我回来了，但我没有家，回到了我出租的那间屋子里。

屋子里空空如也，除了我和我的那些衣服外，什么都没有。我感到莫名的悲哀，一股心酸从鼻孔里钻了出来，往事历历在目，一生的酸甜苦辣都浮在脑海，充斥着我本来就很小的头脑，好似涨破了脑壳，疼得钻心。

房东见我回来了，热情地给我打着招呼，笑盈盈地给我送来了一壶开水，我竟麻木得连声道谢的话都没有说。

房东姓田，四十岁开外的样子，长得眉清目秀，高高的鼻梁上架着一副很得体的眼镜，好像个上班族，俨然不像没有工作的人。她和丈夫感情很好，丈夫在外地做生意，听说生意很不错的。他们有一个女孩，上初中了，那姑娘的长相看来跟了她妈妈的，长得十分的俊秀，学习成绩非常棒的，在班里是尖子生。

房东家里看来很有钱，买了相连的两套楼房，把阳台打通，走起来比较方便。由于一套闲置着，为了取得点利益，房东决定租了出去。她把出租广告刚贴出后，就被我这个没有去处的人，租了下来，也许是一种缘分吧。

虽然阳台通着，我绝对不能到阳台的中间涉足，越雷池半步。人家老公不在，自己还是注意着为好，免得招来人们无须有的议论，也会让人家把自己当贼防着。

房东把水壶放在桌子上，微笑着对我说：“林哥，你这几天到哪里去了一趟？看把你热的。这水是刚刚烧开的，你自己喝点吧。”说着转身出去了。

我没有回答她，但目送着她的背影，觉得自己没有说声感谢的话，感到非常尴尬。自己也算个明理之人，怎么不懂文明礼貌，让人家热脸贴着冷屁股，自己还算个人吗？

我很惭愧，自己有点过分，但这是自己无意的。我想来想去，觉得这样很对不起她，将来是不好见面的。我起来倒了杯开水，把壶提到阳台的中间，轻声叫了声：“小田。”

田从屋里出来，声音柔和地说：“林哥，有事吗？”

我不好意思，羞愧地笑着说：“我倒了杯水，够喝了。这壶你拿过去吧。”

“不用的。我还有壶的，这壶你就放着用吧。”田声音还是那样的亲切，笑容还是那样的甜美。

我看她没有生我的气，赶快解释道：“刚才我想了个事情，走神了，没有回答你的，还请你原谅。”

“呵呵！没有什么的，我看你不高兴的样子，是这几天出去累了吧。你住在我房子里，就是邻居了，还客气什么呢。”

我还是再次说了声：“对不起。”

“这有什么呀，林哥你别多心了，有什么需要的尽管说，只要我家里有的。我要做饭去了，咱们一块吃吧，我看你很累，再说你这里没有米面油的，还要在外面吃，就别出去了。”

“别，别。我现在不饿，一会我出去透透风，随便在外面吃点，怎么能麻烦你呢。”

“吃顿饭有什么的，现在有不是挨饿的年代，没有吃的。我做饭去了。”小田说着，不等我说什么，就走回房间。

我又把拿水壶提了进来，便坐在沙发上，自己的脸火辣辣的烫，总想钻进老鼠洞里躲了起来，真是羞死人了。

我喝了口水，便躺在床上。心想这饭是吃得还是吃不得？不吃嘛，辜负了人家一片心意。吃嘛，我一个没着落的房客，怎么能吃房东的饭呢？这虽是一件小事，却把我的心陷入了重重的矛盾之中。

我正在纠结，田笑盈盈地走了进来叫道："林哥，饿了吧？饭熟了，吃饭去。"

我赶忙起身站了起来，不好意思地说："我住了你的房子，还吃你的饭，这真不好意思。"

"这有什么，吃顿饭不会把人吃穷的。赶快走吧，不然饭都凉了。"

应了客随主便的俗语，我只好乖乖地跟着田过来。饭菜已经在餐桌上摆好了，虽然简单，但这对我来说，还是很感谢她的。

吃过饭后，我觉得在她家里不便久留。我笑着感谢着，便迅速地离开了她，来到租屋。田挽留着，那挽留的声音还在她的房子里萦绕。

夜幕降临了下来。我无聊地在房间来回踱着步子，一种从未有过的失落感涌上心头。

梅走了。

"影子"离我而去。

我在这个世界上，活得如此悲哀。

我通过窗口，向天空望去，淡淡的云丝在深蓝的天空飘逸。那星星点点，忽闪忽闪地灵动着眼睛。半轮清月，一会儿从云丝里挣脱出来，一会儿又被云丝缠隐。

远处，传来布谷鸟的鸣叫，那清脆的声音又被城市的喧闹声吞没。

我望着，听着，没有一点睡意。凉风从窗口慢悠悠地吹了进来，抚慰着我焦躁不安的心。我又想起梅曾经给我唱的那首歌：

亲爱的你在何方？今夜我想与你一起歌唱，一起疯狂，一起飞翔。但此时此刻，梅你又在哪里呢？

楼下公园里，一声声的蝉鸣，打乱了我的思绪。我正想到阳台上让凉风把我彻底吹醒。但又不敢出去，那连通的阳台像一道无形的电网，告诉我别去碰它。

隔壁没有了动静，我知道田已经睡了。窗外城市的喧闹声也慢慢淡了下来，已经是午夜时分。我轻轻地走到床边，慢慢地躺在床上，梅又浮现在我的眼前，泪汪汪地诉说着她那一次次不幸的遭遇。

# 第三章 老天的眷顾

那是一个特殊的年代，梅的母亲怀孕了，这个勤劳善良的母亲，正好肚子里怀的是梅。正当梅在母腹里五个月的时候，计划生育政策开始了。

梅的父亲是政府的干部，应该带头落实政策。领导已经跟他谈了话，要他在规定的时间内让妻子做流产绝育手术。这意味着梅这个孩子就不能出生在这个世界了。

母亲是一个工厂的工人，已经被工厂停工了。突如其来的政策，让梅的父母亲左右为难，孩子都五个月了，要把她做掉，这需要多大的勇气。梅的母亲愁得吃不下饭，天天哭着，不知如何是好。梅的父亲一言不发，不敢看妻子一眼。

这天，工作组来了。强行把梅的母亲要送到医院去落实政策，母亲和父亲都被带上了汽车，夫妻二人沉重的心情伴随着汽车的轰鸣声来到医院，等待他们的将是一个未出生的孩子随着政策的执行而离开母腹，她将等不到母亲怀胎十月而降临人世的那一天。她的哥哥、姐姐也将不会有这个聪明漂亮的妹妹。

医院走廊里，落实计划生育政策的女人成群结队，穿白大褂的医生、护士忙个不停。那手术室一会儿走进去一个，一会儿扶出来一个。梅的母亲看着那些表情和自己一样的女人，命运和自己一样的女人，心里着实难受，眼泪不由自主夺眶而出，滴在那隆起的肚子上。那泪水浸湿的衣服里面是未出生的孩子，失去她对一个母亲来说，是多么痛苦。

女人一个一个地走进了手术室，一个一个地被扶了出来。梅的母亲再也不敢看了，她收回自己的目光，在收回的这一瞬间，墙壁上一幅彩画留住了她的目光。她用衣袖擦了擦眼泪，睁大眼睛一看，那彩画里胖乎乎的孩子张着小嘴巴向她笑着。她忽然感觉到自己的孩子在肚子里不停地动着，她下意识地站了起来，悄悄地走出了医院大门，向深山老林逃跑了。

医院的手术该到梅的母亲了。护士喊着梅母亲的名字，梅的父亲也在找着，走廊里，洗手间，院子里都找不到梅的母亲。携带的物品还在那个长条凳子上放着，人到哪里去了呢?

工作组的人也大肆地找着，工作组组长劈头盖脸地训斥着梅的父亲，说是梅的父亲把妻子放跑了。

梅的母亲的逃跑成了一个事件，在当时造成了“很坏”的影响。工作组把这一事件，立即汇报到了政府领导，领导指示马上成立专案组，由一名副局长负责，立案调查。

梅的父亲冤枉得说不出话来。妻子跑了，自己不但担心，也在专案组面前百口难辩。

几天过去了，还是找不着梅母亲的下落，家里人十分着急，怕她想不通寻了短见，这可是两条人命呀。

找不着人，说实话专案组也很着急的，真是出了人命，工作组也向组织无法交代。政策要执行，什么措施都可以采取，但出了人命，就成了大事件了。

这一事件，在梅母亲的单位，梅父亲的单位和左邻右舍都成了议论的焦点。

十几天过去了，梅的母亲没有一点消息。一家人成了热锅上的蚂蚁乱成了一团。梅的哥哥、姐姐真成了没有娘的孩子，真是可怜。梅的奶奶眼睛都快哭瞎了。梅的父亲白发都长了出来，一下子老了许多。

不论梅的父亲怎么解释，专案组就是不相信，认为就是他指使着跑了的。为了把梅的母亲逼出来，梅的父亲停止了工作，梅的母亲单位停发了梅的工资。家里比较值钱的东西，专案组通知工作组以对抗计划生育政策的罪名都没收了。

时间一天一天过去了，一月一月过去了，家里人到处找，梅的母亲仿佛从人间蒸发了似的，真是泥牛入海无消息啊。

专案组暂且停止了工作，只是通知梅的父亲，必须把梅的母亲找来，落实计划生育政策。这件事情就这样暂且告一段落了。

再说梅的母亲那天从医院里偷偷地逃跑出来，汗流浃背地跑到车站，坐了一辆去乡下的班车，然后下车又走了几十里山路，来到了一个深山老林。

这深山老林里只住着一户人家，周围在没有村落，离村庄好几十里路的，可以说是一个与世界隔绝的地方。梅的母亲跑到这里来，简直是一个最安全的避风港。

这户人家男主人姓安，女主人姓冉，是梅母亲的同学，也是发小、闺蜜，两个人小时候关系非常好。冉出嫁时，梅的母亲曾送亲来的，所以她走这个地方比较熟悉。那天梅的母亲在大难来临时急中生智就想到了这里，只要女主人一家封锁消息，任何人都不可能知道的。

冉听到梅说了“逃难”的来由，非常同情。小时候的感情促使着她要把梅的母亲安全地保留下来，让她把这孩子生到这个世上。虽然她这样做是帮助梅的母亲违反了计划生育政策，她也成了政府处理的“窝藏犯”，但她觉得自己做了一件功德圆满的事情。她把这事告诉了丈夫和孩子，反复叮嘱要绝对保密，守口如瓶，一点风声都不能泄漏出去，否则她就没有脸活到这个世上的。

看来梅的母亲，走对了地方。走到了一个丈夫姓安、妻子姓冉的家里，这下她彻底安定了。

时光如梭。夏天的深山老林绿荫葱葱，山花烂漫，到处都是一派生机。那朵朵兰花更让人赏心悦目，沁人心脾。就在这美好的季节里，梅的母亲在这大山深处生下了梅，她起了个好听的名字若兰。

梅生下来后，冉更是照顾有加，把家里的老母鸡杀了，给梅的母亲补身子。冉的丈夫安也不甘落后，他到几十里外村子的商店里，买了些红糖，在亲戚家里找了些小米，这都是月子里的女人必须吃的，在那时候是最好的营养品。

梅来到这个世界近两个月了，梅的母亲准备高高兴兴地回家。冉帮着收拾好行李，送梅的母亲去几十里外的公路上坐车。一路上两个女人换着抱着梅，她们有说有笑，冉做了一件天大的好事。梅的母亲有喜有忧，喜的是孩子终于平安来到了这个世界，忧的是这一回去，自己和丈夫要受到组织的处理。想到这里，她心里着实难受，但她强装笑脸，要给冉留下个好的印象，她是我们家的大恩人，是这孩子的救星。

梅的母亲和冉不知不觉来到了汽车站，班车来了，梅的母亲抱着孩子上了车，冉在下面挥着手告别，两个女人都流下了眼泪。这泪水流淌着感激、友情和一个新的生命的诞生。

坐了几个小时的车，梅的母亲终于回到了久别的家里。梅的奶奶见儿媳妇失踪好几个月突然回来了，还抱着个孩子，一下明白了，老人家又惊又喜。耄耋之年的她顿时老泪纵横，声音颤抖着说："儿媳呀，你到哪里去了，一个怀有孩子的人。你让家里人都为你提心吊胆，操碎了心。这下好了，你来了，还给我把孙子抱来了。老天爷呀你睁眼了！"

"妈！对不起。我没有来得及给家人说，再说我是逃跑，也给家里人不能说的。你老人家不怪罪我吧?”

“傻孩子，娘高兴还来不及呢！快把我孙子给我看看，是孙儿还是千金?”

梅的奶奶把孩子接了过来，怜爱地抱着摇着，那饱经风霜的脸在那稚嫩的小脸上贴了又贴。

“是个女孩。”梅的母亲回道。

“女孩好！女孩好！女孩值千金呀！”

梅的母亲把事情经过，给婆婆详细地说了一遍。婆婆不停地说：“遇到好人了！遇到好人了！这是我们家的福气，我们也得好好感谢人家的。”

不一会儿，梅的父亲回来了，他见到妻子惊讶得半晌说不出话来。他看看妻子，看看新生的女儿，那七尺男儿竟泪流满面，是委屈、是欣喜、是担忧，都交织在这个男人的心里。

真是可喜可贺！全家大团圆了。梅的哥哥、姐姐都要争着抢着抱这个小妹妹的。这个小妹妹来之不易啊，她成了家里的心肝肝、宝贝蛋蛋呀。

专案组耳朵还是灵的，还没等梅的父亲去“自首”，他们就找上门来。一看梅的母亲这个被“通缉的要犯”回来了，还生下了个孩子，这严重违反了计划生育的政策，要严肃处理。

专案组立即召集计划生育工作组，召集梅母亲的单位，召开联席会议，研究了处理决定：

1.开除梅母亲的工职，将停发的工资作为罚款没收。

2.开除梅父亲的工职，留用察看两年。工资降两级。将停发的工资作为罚款没收。

3.对因违犯计划生育没收的家庭财产不予归还，变卖作为计划生育金处理。

4.梅的母亲，立刻做计划生育绝育手术。

5.对梅父母亲违反计划生育政策事件，通报全市，以儆效尤。

就这样，轰动一时的计划生育事件，以此处理决定尘埃落定。

梅有老天的眷顾，平安地来到了这个世界。她的出生是父母亲和家庭付出沉重的代价换来的，也是一个伟大的母亲怜悯腹中的生命而结出来的果实。

## 第四章　佛祖在生命线上

人一经出生，就意味着接受大自然的风风雨雨，接受幸福和痛苦。梅从母腹里孕育出来，吃着母亲香甜的乳汁一天天长大，她是幸福的。但她不知道父母亲为她的到来，忍受了多少痛苦。对她来说，她是一个非常幸运的孩子。

梅在父母的辛勤养育下，哥哥姐姐的疼爱中，奶奶的关照下长到五岁了。这年不幸的事又一次降临到了她的身上，她得病了，是重度痢疾。

医院里，她昏迷不醒。纤嫩的小手扎着一个好大的针头，那药液从高高挂起的瓶子里，滴答滴答地向她的静脉输了进去。一瓶、两瓶……连续输了三四天了，但她总是醒不过来。爸爸在呼唤，妈妈在呼唤，哥哥在呼唤，姐姐在呼唤，奶奶在呼唤，但她就是睁不开那双漂亮的眼睛。

一家人都在她身边守候，都在为她担心，都在她的病痛中受着折磨。

医生把梅的父亲叫了出去，告诉他："这孩子恐怕没有救了。"

梅的父亲央求着："请你们大慈大悲，救救我这可怜的孩子，我一家老小将感恩不尽。"

医生说："我们也想救活这个孩子的，但我们也无能为力的。孩子太虚弱了，药用上几天都没有好转，况且生命体征在下降，你们要有心理准备。”医生说着走了。

梅的父亲心里像刀绞一样疼痛，但他还要在妻子面前，家人面前努力表现出梅能救活的样子。这强打精神，真让他生不如死，心里难受极了。

梅的母亲，泪水一串一串流个不停。那时候从医院跑出去躲避计划生育，到在深山老林生下梅。从自己和丈夫被处理，到梅现在这个样子。她的心彻底碎了，这孩子为什么这样命苦呢?

夜晚的医院，安静的可怕。其他房间的病人都睡熟了，陪员们有的在病床边趴着睡，有的在走廊里东倒西歪地躺着，缓解着一天的疲惫。

梅的父母亲却守在梅的身边三四个昼夜没有合眼了。父母的爱，父母的希望，都在两只眼睛里显露着，紧紧地盯着病床上的女儿，希望奇迹出现。

又一个煎熬的夜晚即将过去，第二天清晨时分，梅的病情突然加重，液体几乎停止了流动，她的脉搏弱得几乎没有了，脸色也渐渐变青了。

梅的父亲赶忙叫来医生，医生做了抢救，但终无力回天。医生告诉梅的父亲：“孩子不行了，你们抱回去吧。”

医生的这番话，如晴天霹雳，五雷轰顶，把梅的父母亲彻底击倒了。

梅的父亲泪如泉涌，泣不成声。

梅的母亲号啕大哭，晕了过去。

医生们又在抢救着梅的母亲。

当梅的母亲被抢救过来时，梅的心脏彻底停止了跳动。

梅的父亲和一位亲戚把梅抱到了一个十里以外的山沟里，挖了个坑，把梅掩埋了。

一路上梅父亲的眼泪哗啦啦地流淌。他们快从山沟里走出来了，突然梅的父亲转过身子，又向山沟里跑去。他一边跑，一边对亲戚说："我的女儿还活着，我的女儿还活着。我的女儿还热着，我的女儿还热着，我们不能这样。"

两个人赶忙用手刨了起来，当把梅刨出来后，梅的父亲一把把梅抱了出来，就向另一个医院跑去。

到了医院后，梅的父亲给接诊的医生跪了下来，泪水伴随着求救的哭声，央求着医生："你们快救救我的女儿，我女儿她还活着，她一定还活着。"

抢救室里，几个医生在忙碌地抢救着梅。

室外，梅的父亲上气不接下气，在焦急地等待着。那个亲戚也累得喘不上气来。

时间一分一秒过去了，梅的父亲再也支持不住了，他瘫在走廊里，像一堆棉花团，软得拾不起精神，渴望的眼神紧紧盯着急救室的门，连眨眨眼的时间都没有。

那个亲戚默默地坐在他的身边，紧张得竟不敢说一句话。

两个人都在焦急地等待着，彼此都能听到心的跳动声。

时间熬人，时间对梅的父亲来说，此时此刻更熬人。就在他熬的精神快要崩溃的时候，一位医生从抢救室里走了出来，高兴地说："救活了！救活了！"

梅的父亲不由自主地跪在地上，连连地磕头！声音哽咽地说："谢谢你们！谢谢你们！"

梅终于抢救活了。这是多么惊心动魄，多么可歌可泣的事情，也是医疗历史上的伟大奇迹！感谢厚德仁慈的医生，你们是华佗再世，扁鹊显灵！感谢上苍，感谢日月，是你们怜悯眷顾着梅！

当然更要感谢父亲！你有父女连心的灵魂！有一颗永远不放弃女儿的心！

梅救活了，这是天大的喜事。那个亲戚高兴地说：“我赶快给家里报信去。”说罢，他一溜烟地跑了出去。

梅的母亲痛苦地回到家里，她好像大病了一场，睡在床上，眼泪还在不断地流着。

梅的奶奶，看儿媳妇没有把孙女抱回来，一头扎到床上在也起不来身子了。老泪填满了岁月镌刻的皱纹，她喃喃地怨着：“老天爷呀，你怎么不把我收去，把我的孙女给我换回来的。”

梅的哥哥哭着，守着奶奶。

梅的姐姐哭着，守着妈妈。

真是苍天无泪，也洒泪；大地无悲，也有悲啊。

那个亲戚，上气不接下气地从梅家门跑了进来，喘着粗气喊道：“孩子救活了，孩子救活了！”

梅的母亲，一骨碌翻身起来，跑到院里，拉着亲戚的胳膊，就向外边跑边说：“在那里，你赶快带我去看。”

梅的哥哥，大声地给奶奶说着：“活了！我妹妹活了！”

梅的姐姐，跟着妈妈跑到大门口，目送着妈妈跑步的背影。

梅的奶奶也翻起身，一把把孙儿拉在怀里，大声叫着：“你妹妹有救了！你妹妹有救了！”说着还是哭个不停，但这哭却是因为高兴和欣喜。

医院里，梅已经转到普通病房里，还打着吊针。滴答滴答的药水，不停地向静脉里流去。那消瘦的脸庞上镶嵌着一双漂亮的大眼睛又灵动起来。她用微弱的声音喊着：“爸爸。”

梅的父亲，那双大手，轻轻地捏着梅那有气无力的小手，关切地说：“有爸爸，别怕，你会尽快好起来的。”

梅的母亲来了，她拖着那累得不行的身体几乎是从医院门口连爬带滚跑进来的。她跑到梅的跟前，一把抓住梅的手，尽管是个哭，哭成个泪人儿了。

“孩子好多了，别再哭了，让孩子好好休息才对。”护士劝着。

梅的母亲转过身来，扑腾一下给护士跪了下来，感激地说：“谢谢你们！是你们救了我的女儿，你们是我家的救命恩人啊！”

十几天过去了，梅要出院了。来了好多亲戚都是接梅回家的。医生、护士都来送这个小天使出院。那个严肃而又慈祥的主治医生笑着对梅说：“小姑娘，你是神仙送来的天使，命大的很，灾难过去了，你会幸福快乐的。”

梅出院了，一行人高高兴兴地陪着她往家走去。梅这个大难不死的小天使，又幸福地回到了妈妈温暖的怀抱里！

# 第五章　再忆花季

夜很深很深了，我躺在床上没有一点睡意。隔壁的田早已进入了梦香，我却还深深地沉浸在梅的痛苦之中，确切地说，是离别的痛苦之中。梅那童年痛苦的故事，不知什么时候使我的泪水浸湿了枕头。仿佛，一个童真的女孩站在我的眼前，那不是小时候的我的梅吗？我把她轻轻地抱了起来，她却变成了一颗晶莹的露珠，我小心翼翼地捧在手里，不要让她受到一点点伤害和委屈。

那是一个深秋，大街上的树叶不愿离开树枝，萧萧落零。从远处吹来的风，夹杂着寒意，悄然地向初冬走来。

梅这时已经出脱成为一个亭亭玉立的大姑娘，她已经上高三了，在学校的学习成绩名列前茅，按现在的流行语就叫学霸。正当高考来临之际，第三次厄运却向她偷偷袭来，使这个风华正茂的姑娘，再次蒙受着常人难以想象的痛苦。要说她艰难的出生，那时她还在娘肚子里，她什么都不晓得。要说她从死亡线上被医生救了回来，那时她还小，记忆不清。这次呢，她长大了，什么都知道的。

想到这里，我痛苦地不敢往下想了，但怎么也摆脱不了梅的影子。梅那忧郁的眼神看着我，是要我把这些记忆下来，她的痛苦就是我的痛苦，因为我们心心相印，心心相系。这就是爱，这就是情，这就是爱情。

我更加清醒了，我再在床上躺不住了，便翻起身来，用枕巾摸去眼泪，倒了杯开水，喝了几口。心难受得不得了。

梅又映入了我的眼帘。这天，梅正在上课，突然眼睛模糊起来，看不清老师在黑板上写的字，她努力地睁大眼睛去看，但越来越模糊了。

梅惊恐地叫了起来："老师，我的眼睛看不见了。"

大家一阵惊慌，顿时同学们乱作一团，都向梅跟前走来。

老师也吓坏了，赶忙到了梅的身边，问她怎么回事。

就是突然眼睛模糊起来，然后就看不清楚了。梅紧张地哭了起来。

老师赶忙让同学通知梅的家里人，自己和几个同学把梅送到了医院。

厄运第三次降临到了梅的头上。

医院里正在紧张地检查着，老师和同学们都在走廊里焦急地等待着。班里的同学都无心上课，陆续到了医院。校长也来了，他向老师询问了情况，一言不发地站在那里，脸上的表情更是凝重。

梅的父亲赶来了，当他听到这一不好的消息，腿都吓软了，校长简单地给他介绍了梅的情况，他一下子瘫倒在走廊里，校长和老师扶了半天才扶他站了起来。这孩子的命运多变，把这个沧桑的父亲折腾得够呛，这就是命运，谁都没有办法。

医生从治疗室出来，说病因还需要进一步检查。梅再一次住院了。

几天过去了，梅的病因终于有了结果，是她学习太紧张，眼睛过度疲劳，导致双目失明。这晴天霹雳，让校长、老师、同学都无法接受。梅更是痛不欲生。梅的父亲听到这一结果，脸上豆大的汗珠向下滚落。大家都不相信这一事实，央求着医生，无论如何把她的眼睛治疗好，她还是个花季女孩啊。眼前的路还很长，美好的世界她还没有看过呢，眼睛对她来说是多么的重要啊。

梅的父母亲及哥哥、姐姐守护在梅的身边，盼望着梅早日重见光明。

对于一个花季少女来说，她正憧憬着前途和理想，追求着美丽的人生，实现着青春之梦。正在高考的关键时刻，眼睛看不见了，这是谁能接受了的?

老天竟拿好心人开玩笑，命运竟捉弄善良的人。一个天真烂漫、纯真无邪的少女，从此看不到光明，这不是天塌下来了吗?

十几天过去了，梅的病情没有一点好转。医生着急、父母着急、哥哥姐姐着急、老师同学着急，都在为这个命运坎坷的孩子着急。梅的奶奶到几十里外的庙堂里，烧香拜佛，求佛祖再次保佑她的好孙女，保佑她快点见到光明。

梅更是着急得不得了，她心烦得无法控制，她想到了死，想到了离开这个世界。她开始拒绝治疗，拒绝吃饭，整天吵吵闹闹，哭哭啼啼，她快要疯了。

就在这束手无策的时候，医生联系了一家大城市的医院，听说那里治疗效果好。

全家都在准备着。

好心的医生要让家里人把她带到外面转转，散散心。而且到哪里，就给她讲哪里，讲眼前看到的，多讲景色。

梅在哥哥姐姐的带领下，按照医生的嘱托，把梅带到附近最有名的仙泉山，姐姐耐心地给她讲着眼前的一切，那山上的风景，那山下的河流、高楼大厦。梅听着，好像尽收眼底。一个月过去了，今天是梅最开心的一天。

初冬的清晨，天气有点寒冷，天上飘着片片雪花。梅昨天出去带来的好心情，给她带来了光明的希望。她要让哥哥姐姐再带她出去一趟。

哥哥姐姐正在难为，因为外面要下雪了。爸爸妈妈看到这一切，心里好酸。最后爸爸还是做了决定，让给梅穿暖和点，带她再出去走走。

哥哥姐姐领着梅，边走边说着。当走到一个十字路口的时候，梅突然停了下来，她惊讶地叫了起来："哥哥你看骆驼！姐姐我看到骆驼了。"

当哥哥姐姐抬头看去，对面一个大叔，真的牵着一头骆驼走着。

姐姐也惊讶地喊道："就是骆驼，就是骆驼！妹妹你能看到了。"

哥哥高兴地把梅抱了起来，在那大街上大声喊道："我妹妹能看见了！我妹妹能看见了！"那喊声冲破了天空，冲破了云层，在宇宙中回荡。

奇迹再一次出现了，幸运再一次降临了，老天再一次眷顾了梅。

雪花停了下来，它可能是听到了梅的哥哥激动的喊声，停止了脚步；它可能是老天为这个坎坷的女孩落下几滴伤心的泪水；它可能是爸爸妈妈收回了惆怅的心素；它可能是佛祖洒下的几粒灵丹妙药。

哥哥姐姐高兴地把梅带回了医院，在走廊里，哥哥就高兴地喊着："妈妈！我妹妹能看见了。"

爸爸妈妈听着，有点不相信，迟疑的目光同时递到梅的眼睛上。

"能看见了！能看见了！她看见骆驼了。"姐姐激动地补充着。

床头柜上，那个好心的护士为了送梅去大医院治疗，盼望早日康复，专门买来一盆梅最喜爱的兰花。梅一眼看到了兰花，高兴地叫了起来：“妈妈，兰花。”她走到跟前数着兰花的花瓣和叶子。

“真的能看见了。”一家人欢欣鼓舞。

医生护士都赶来了，个个欣喜若狂，梅又一次战胜了病魔，迎来了光明！

这一好消息，马上传到了校长那里，老师和同学们都来了，一个一个地拥抱着梅，高兴地流出了热泪。

今天天气非常好，太阳暖融融地升了起来，红彤彤的脸庞笑盈盈地放射着柔和的光芒，给人间送来了苍天的厚爱。

梅出院了，虽然她的身体消瘦了许多，但她的脚步更加矫健轻盈，她要走向光明！走向美好的明天！

# 第六章　告别初恋

由于这一场突如其来的病，可惜的是梅没有能参加上高考。看着金榜题名的同学，走进了高等学府，梅心里是很痛很痛的。

按照医生的嘱咐，梅的眼睛还需要好好休养，最起码半年不能上课。

梅休学了。

第二年的初秋，秋色宜人，梅走进了久违的课堂。

她经过一学期的努力学习，以优异的成绩考上了一所重点大学。当她拿到通知书时，激动的心情无以言表。一家人都为她高兴，老师、同学们都前来祝贺。

梅把这一最好的消息，第一时间告诉了在她住院期间，精心照顾她，给她勇气的那个护士姐姐，分享自己的快乐。那个护士姐姐，端着一盆含苞待放的兰花，前来祝贺。

爸爸买酒，杀鸡。妈妈在厨房里忙来忙去，准备了一桌盛宴。奶奶像个老寿星，乐呵呵地笑个不停。哥哥招待着客人，姐姐给妈妈当着下手。

一家人高兴得不得了，老师同学高兴得不得了，那护士姐姐更是高兴得不得了。

客人们吃着、喝着、笑着、说着，像一首欢快的乐曲在梅的家里演奏着……

梅出发了，她踏上了去高等学府的征程，这是她人生旅途中新的里程碑。

大学里，梅被选为学生会主席，她除了完成自己的学业，还得做很多学生会的工作。

在学生会，梅认识了宁。宁是海边城市长大的，言谈举止，风度翩翩。经过一段时间的相识，两个人慢慢地确定了恋爱关系。

大学毕业后，梅和宁各自回到了自己的城市，都有了自己的工作。

梅分配了工作，时间一晃已经两年了。女孩子到了婚嫁年龄，是父母心中的大事。她的婚姻问题还没有眉目，父母很是着急。梅心里早就有了人选，就是时间不成熟，她却把这事没有告诉父母的。

梅心里选定的那个他，就是宁。宁工作也很紧张，在一家科研机构。宁在托人想把梅调到他那里，然后完婚。但事情并不顺利，梅的工作调动不能解决，两个人的婚姻问题也落实不下来，成了一对银河相隔苦苦相望的牛郎和织女。

这一天，梅的母亲正式给梅通知："你父亲有个同事，家庭也不错，两口子为人挺好。家里有个男孩，人长得挺帅的，在一家国有企业工作。我看这个孩子不错，人家父亲请人来了几趟，就等咱们回话的。"

梅笑着给妈妈说："我还小的，还在妈妈跟前没有待够呢。"

"这孩子，你都这么大了，应该到出嫁的时候了。找个好婆家把你安排了，娘也省省心。"

"妈妈！您怎么能这样的，赶我走的？"

"你看你这个傻丫头，妈妈怎么能赶你走的，是你到了走的年龄了。"

母女俩你一言我一语，没有说个定论。

就在梅的母亲给梅正式说了婚姻事情之后，提亲的人又来了，这次梅的父亲没有婉言谢绝，说自己和梅的母亲都同意这门亲事。就是和孩子要商量一下，孩子大了还得征求意见的。

晚上，家里人都在看着电视。梅的父亲把梅的婚姻事情正式提到了议事日程，要梅好好想想。

梅很尊重敬爱自己的父亲，看父亲说的既温和又严肃。觉得到自己表态的时候了。

梅试探地对父亲说："我现在不考虑个人问题行吗？再说自己还没有这个想法。"

"男大当婚，女大当嫁，天经地义。你现在也不小了，到考虑的时候了。你的婚姻问题解决了，也再不让我和你妈妈操心的。"梅的父亲说着看了女儿一眼，看来他老人家主意已定。

梅看父亲主意已经定了，她也不愿父母亲再为自己操心费神，她决定把她与宁的事情说出来，这是自己的人生大事，现在不能隐瞒了。

她想了想，壮着胆子说："其实我有人选了，就是没有给您二老说过的。"

梅的母亲马上警觉起来，便问："是谁，哪里人？"

"是我的一个大学同学，是海城人。"

"那么远？这个恐怕不行的，太远了。妈妈想你的时候，一下子见不上你的。"梅的母亲说着，抬头看了老头子一眼，看他如何表态。

"现在交通很方便。你想我了我就来了呗！"梅笑着对妈妈说。

梅的父亲没有说话，他坐在那里静静地想着。

梅的母亲看老头子一言不发，着急地说："老头子，你快说个话呀，你女儿要嫁到外地去，这我不同意。这么远，去了我心疼，猴年马月才能见一面呢。"

梅的母亲竭力阻止着。

梅看妈妈态度坚决，把求助的目光投向了父亲。

“老爸！你看我老妈，好像我嫁出去不回来似的。再说坐车两天就回来的，没有多远。又不是嫁到外国去了。”

“还不远？太远了！这我接受不了。”

梅的父亲看了看老伴，又把目光移向梅的身上，语重心长地说：“你妈妈说的是对的。若兰！有些事情爸爸一直没有给你说过，现在应该给你说了。说了你就理解你妈妈说的是对的了。不是爸爸妈妈心狠，不让你和你的同学结婚。爸爸妈妈也是通情达理之人，懂你们这份感情。棒打鸳鸯不是件好事，但这件事情，你还要考虑我们的想法。你妈不同意，有她不同意的道理。是她不想让你离开她的视线，她要看着你，看着你在她眼皮子底下生活，她才放心。你先别回答我们，你听了好好想想，我们会尊重你的选择。”

梅的父亲这才告诉梅，她是母亲逃跑后生下的，掩埋了又刨出来救活的，再加上眼睛失明的事，说得一家人都流起泪来。

梅的母亲想起往事又伤心地哭了起来。

梅的父亲眼泪也在眼眶里打着转转。

梅听了依偎在母亲的怀里，泣不成声。

梅听了父亲的一席话，深深地陷入沉思之中。自己原来是这样的苦命，父母亲在自己身上付出得太多太多了。要与宁分手，这也是多么艰难。自己现在处于两难的境地，一面是父母的养育之恩，一面是自己的初恋之情，这左右不得的事情，要让自己做出抉择，是多么的难啊。

夜很深很深了，梅翻来覆去睡不着觉，她彻彻底底失眠了。

梅是一个很懂事的孩子，梅经过一夜的反复考虑，终于亲情战胜了爱情。她说服了自己，做出了爱情给亲情让路的决定，她同意了父母亲的意见。

梅给宁写了一份信，她要痛别这初恋，这需要多大勇气啊。

梅在信里这样写道：

亲爱的宁，我的同学：

提起笔我不知道从哪里说起，回想起在大学的那段时光，我很快乐。毕业后我们各奔东西，都在走向自己人生的旅途，实现自己的梦想。繁忙的工作，没有使我们淡忘在大学的快乐时光，我经常想起，但现在却要画个句号，想起来心很痛的。

我们的相识，可能是人生长河中短暂的一瞬，像流星一样划过天空，那美丽的光芒一时间即消失，只能留下永恒的记忆，再也无法重现。人们常说，有情人终成眷属，我倒不这样认为，如果这样认为了，那只能像梁山伯与祝英台一样化为蝴蝶。

亲爱的宁，我的同学。当我给你写这封信的时候，我的心很痛很痛，这可以说是我的泪水写成的。你知道吗？我是一个可怜的女孩，正因为可怜，才主宰不了自己的爱情和幸福。这些有机会我会给你说明白的。也许你觉得我这不是什么理由，我也知道我的理由苍白无力，但我得以这个理由去做，这样我的心里才会好受。我这样说你明白了吗？我们原来的感情就要告一段落了，我们原来的快乐就要画上句号了。在以后的岁月里，我们还是好同学，好朋友，你说对吗？

亲爱的宁，我的同学，在我祝福中，希望你找一个比我好的姑娘，你们结为伉俪，白头偕老，我心里才会得以安慰。在这里，我感谢你在学校时对我的关怀和照顾，感谢你给我带来的快乐。

就此搁笔吧，永远忘不了你的若兰。

梅把信写好后，总是没有勇气送到邮局，这信是一份绝情信，对梅来说太残酷了，但她还得发出去。这信一发，就是一对恋人的诀别。人生的现实啊，你为什么比理想残酷得多呢。

梅往日心酸的故事，在我脑海里又过了一遍。我如梦方醒，已是第二天凌晨五点了，昨夜我失眠了。

# 第七章　心何寄托

自从送走梅之后，我的心就被她带走了，带到了异国他乡。回来的我，好像一个没有灵魂的躯壳，在这个城市游荡。

景色如旧，但我感觉什么都非常陌生。实质上是我被这个城市陌生起来，我已经不是原来那个谈笑风生、风度翩翩的林风，而是一个没有家，没有舍，没有灵魂的林风，可悲极了。

我漫无目的地走在大街小巷，仿佛什么都与我无关，一切都很另类。觉得人们投来的目光带着讽刺和嘲笑，我只能破帽遮沿过闹市，管它春夏与秋冬了。

中午时分，天气闷热，我回到了自己住的地方，田已经把屋子打扫得干干净净，又提来了一壶开水放在那里。我感激她的心情油然而生，人在茫然的时候，有这样一位陌生的朋友帮助，是难能可贵的。

我觉得没有什么可以报答她，心里乱糟糟的。

我躺在床上，拿本书扇着凉，天气的闷热夹杂着心里的焦灼，浑身像在热浪里翻腾，怎么都静不下来。

梅已经去好几天了，她怎么样了？她还好吗？

我被她早已俘虏了的心，永远离不开她，无时无刻不在惦念着她。

我累了，很累！几天没有合眼了，不管热浪怎样翻腾，我在思念中睡着了。

夕阳西下，我美美睡了一觉，终于从疲倦中醒来。天气凉了许多，城市喧闹的一天又要结束了，我起身喝了杯凉开，无聊地坐在那里，脑子一片空白。

田过来了，她端着两块西瓜，放在茶几上，笑盈盈地说："林哥，我看你睡得很香，热得满头大汗，没敢打扰。这是冰镇的西瓜，你解解暑。"

"谢谢！谢谢！请坐，请坐。"我赶忙起身，连声道谢着。

田是个性格开朗的女人，情通达理，热情大方，也很好客，遇上这样的房东，真是我老林三生有幸。

"林哥，你在我这住了这么长时间了，咱们还没有好好地拉过家常呢，今天就说说，你不介意吧？"她还是笑盈盈的。

"呵呵！是的，那就说说，其实我也没有什么好说的。"

"我看你很神秘的！"她说着笑的声音大了点。看来她把我看成一个神秘人物了。

"没有吧？你怎么看我很神秘的？"我也笑了起来。

"你是一个故事很多的人吧？"她没有正面回答我的话，但又问了一个让我不可思议的问题。

"你看走眼了。我一不神秘，二没有故事，是个很平常的人。"我微笑着说。

"不！不！我看得不会错的。"她很自信的又说："林哥，你是一个社会阅历丰富，感情丰富的人。正因为如此，你也是一个受伤的人。这下我说对了吧？"

说罢，她自信地笑着，笑得是那样开心。

"有点，但不完全对。"我笑得没有她那样开心。

"还谦虚的，成熟的男人才具备这两个条件的。成熟的男人才是女人真正认可的。难道不对吗？"

"哈哈！你们女人就以这样的标准来衡量男人的？"

“那你说呢?”

“也许吧!”

“不是也许，而是一定。女人看一个男人，对他欣赏的角度不同，得出的结论也不同。有的女人喜欢花花公子，这个我不喜欢，太轻浮浪荡了。有些女人喜欢成熟点的，成熟了思想稳定。”她说得头头是道。

我听着，觉得她说得很有道理。笑着问她：“看来你喜欢成熟的了，稳定呀!”

“哈哈哈。”她没有回答，只是个笑着。

“哈哈哈。”我也笑着。

田是一个很好的女人，她的家庭也很不错的。田的男人在外地做生意，听说效益很好的。她的那个宝贝女儿，聪明伶俐，学习成绩也非常好，是班里的尖子生。田大学毕业后和丈夫都在一家国有企业上班，后来下岗了。丈夫就做起生意来，她便成了家庭主妇，照顾孩子上学。她的愿望不是老公挣多少钱，而是孩子上一个好的大学。

自从那次与田聊天之后，可能是我们谈得来的缘故，彼此就不再那么生疏了，接触也比较频繁起来。说心里话，我这个无依无靠的人，孤苦伶仃地住在这里，是田带给我很多的快乐。我从心底里把她当妹妹对待，也很感激她的。

这天，田的丈夫回来了，田做了好多吃的，我作为房客，特邀陪他吃饭。田做了介绍后我们便聊了起来。我心里有点尴尬，毕竟我先认识人家女人的，总觉得有点不好意思。常言说：不做亏心事，不怕鬼敲门。我深知这是自我安慰的理论，实际上往往不是那么回事的。虽然我和田没有什么，但我心里还是担心着，因为男人也会吃醋的。

田的丈夫是一个很开明的人士，他也是大学生出身，有较高的做人素质，曾在单位还是个领导呢。

他对我这个房客，从谈话中可以看出，还是比较满意的。我那不必要的担心慢慢地也就从心里消失了。

做生意的人看来都喜欢喝酒，他竟劝着我喝。我这个不胜酒力的人，快喝得天旋地转了。我知道久别胜新婚，自己应该马上离开，让他们再度良宵，重温洞房花烛之情。

我起身要告别，他却正喝得尽头，拉着不让我走，还说："你要走，就不够朋友了。"

我的老天爷呀，想要够朋友而继续喝，你能行，你夫人那双期盼已久的眼睛能行吗？那渴望已久的心能行吗？那蠢蠢欲动的情能行吗？今晚我们够朋友了，你们就不能成夫妻了，我怎么能破坏你们的好事呢？

想到这里，我装着醉了，我摇摇晃晃地站了起来，嘴里含糊不清地说："够朋友！真的够朋友，谢谢老弟了。"说罢，便一摆一摆地离开了他们，走进了我的房间，顺手把通阳台的那个小门关了。自己把我隔离了起来，早就应该隔离起来的，留给他们空间，让他们享受人间最美好的快乐。

我离开了田的家，我知道我走之后，他们会进入温柔之乡，尽情地享受他们甜蜜的事业。我躺在床上，没有打开灯。我在黑漆漆的房间里，享受着酒精的作用，体会那酒醉的感觉。

我有点醉了，迷迷糊糊地睡着了。梦中，我好像出了一趟远门，回到家里，"影子"还没有等我站稳脚跟，就疯狂地扑了上来，双手像钳子一样把我紧紧地拥抱着，勒得我喘不过气来。她那滚烫的热吻在我的脸上，不同角度地啄着，然后咬着我的嘴唇不放。好像一个悍妇一样把我推进卧室，迫不及待地剥了我的衣服。像一只发疯的母狮扑了上来，紧紧地把我压在床上，蹂躏着我。我再也无法控制了，以迅雷不及掩耳之势脱去了她的衣服，我的双手不由自主地动了起来，在她那柔软的身体上，像抚琴一样来回弹动。她那雪白的肌肤，任我的嘴唇信马由缰。她像久旱的沙漠，如饥似渴地侵吞着我的滋润，像箫笙一样悠扬婉转地发出美妙的音符。

一番云雨的梦境后，我便醒了过来。房间里热得实在难耐，我满头大汗。我打开灯，下床喝了杯凉开。才知道自己酒喝大了，彻彻底底地醉了！

# 第八章　亚萍的婚礼

今天亚萍要结婚了，你看她打扮得多么漂亮。苗条的身段穿着圣洁的婚纱，像一朵含苞待放的雪莲花，芳香在这神圣的殿堂里。

殿堂里，前来祝贺的亲朋好友列队站在红地毯的两边，神圣的乐曲在悠扬回荡。这是一个可喜可贺的日子，是一对有情人终成眷属的日子。

庆典开始了，新郎牵着亚萍的手，从红地毯上缓缓走过。两边的人们目送着这对新人，迎接着上帝的洗礼。

神父穿着一身崭新的礼袍，主持着他们的婚礼大典。当他们走到神父面前时，也就是说神圣的时刻到了，是上帝将要见证他们的爱情，赐给他们幸福。从此他们珠联璧合，融为一体，在天愿作比翼鸟，在地愿为连理枝。

洗礼的议程结束了。新郎和亚萍坐着婚车先去了酒店，其他人三三两两地走着。酒店离教堂不远，是一家专门为婚礼服务的，很是豪华。

人们到了酒店，欢声笑语一片，甚是热闹。

宴席开始了，新郎和亚萍给大家敬着喜酒，人们都纷纷送上祝福的话语。

荷萍忙里忙外地招呼着客人。

这小姨子的喜宴，却缺少了姐夫“老狼”。我心里有些悲凉和凄楚。我在想，这家伙为什么命不长呢？你多活几年，让亚萍把你的风流韵事侦查清楚不是更好吗？今天喝喝小姨子的喜酒岂不快哉？

事与愿违，天命如此。“老狼”这个热心的人，如果今天在，小姨子的婚礼肯定是锦上添花，红火得不得了。他去了，留下了一片遗憾。不是我触景生情，我想荷萍、亚萍也会这么想的。

正当我惋惜“老狼”的时候，新郎和亚萍走到我的面前，给我敬酒来了。我祝福他们。亚萍走到我跟前，悄悄地对我说：“林哥，你和我嫂子在一起吧，就算妹妹求你了。如果我姐夫‘老狼’在，肯定会揍你一顿，有你好果子吃的。”说罢，她眼睛看着我，好像要我立刻表态似的。我为了在她大喜的日子里，不扫她的雅兴。轻轻地点点头。她高兴地说：“这就对了嘛。”笑着给下一个人敬酒去了。

说实在的，亚萍也是为了我好。我感谢她在自己大喜的时候，还能记起我。这归根结底，是我和“老狼”的交情。“影子”和我离婚，如果真的“老狼”还在这个世界上，他肯定会扇我两个耳光的。因为我把他像兄长一样尊敬，他把我像弟弟一样爱护。他走了真让人怀念的。

宴席快要结束了，有的人已经离开了酒店，我也准备走的。亚萍却领着“影子”过来了，在她结婚的大喜日子里，她要撮合我和“影子”和好，真是用心良苦。她知道我这个人很爱面子，在这个场合不会拒绝她对我们的好意，也一定会给她面子的。

为了让她新婚愉快，我笑着拉着“影子”的手，向她告别。她调皮地给我们做了个鬼脸，笑着像春风一样轻盈地转身去了。

我拉着“影子”的手，从酒店里走了出来。我试图把手分开，“影子”却牢牢地抓着我的手不放，两个人无声地就这样走着。

当我和“影子”走到分手的路口时，“影子”还是不松我的手。我说：“你应该回去了。”

“那你呢?”“影子”问我。

“我你就不管了的。”我看了她一眼，把目光从她身上移开。

“我不嘛，我就要你回家的。”“影子”声音有些急切，有些忧伤。

“我们已经离婚了，我去不合适的。”我的表情有些僵硬。

“我说合适就合适，你是孩子的爸爸，怎么不合适？走，今天我一定要你回去的。”“影子”硬是拉着我要回去。在大街上，我怕别人看到，不知道的人会认为我调戏人家的。所以我像一只待宰的羔羊，乖乖地跟“影子”回家去了。

回到家里，虽然看到一切如故，但我这个离了婚的丈夫，心里总觉哪里不对劲，有一种不踏实的感觉。我站着，好似客人一样，等着主人让座。

“影子”看着我，她紧紧地拉着我的手说：“林，是我不好，我向你道歉。你知道吗？你是我的，你是我孩子的爸爸。我不想让别的女人占有你，因为我爱你。我脾气不好，但我的心是好的。你就原谅我吧！你现在回来了，我们好好生活，好好再爱一场。这么长时间你到哪里去了，我整夜整夜睡不着觉，我想你。你看都把你饿瘦了，这都是我不好造成的。”

“影子”说着说着，头靠在我的胸前，伤心地哭了。

我也心软了，轻轻地抚摸着她的头发。

晚上，我还在看着电视，心想自己还是睡到书房较好。“影子”看我迟迟不睡，她含情脉脉地看着我温柔地说：“现在不看了行吗？睡觉好吗?”

我关了电视。起身对“影子”说：“我还是睡书房吧。”

“影子”娇滴滴地说：“我不行嘛！我不行嘛！”说着把我拉进了卧室。

就这样一场冰释前嫌，互相谅解的战斗拉开了序幕……

## 第九章　逃跑

我和“影子”这一对离了婚的人，就这样同居在了一起。“影子”接受了雨露的滋润，香甜地进入了梦乡。我却像罪人一样，在反思着，机场上梅对我说的话，还在耳边回响。想到这里，我悄悄地来到书房，羞愧得不知道如何是好。

第二天，“影子”起得非常早，她的脸色微微泛着红晕，走起路来很精神。还没有等我起床，就把早餐做好了。她和以前比起来判若两人，一场冷战之后，使她明白了许多。

“影子”把我这几天控制着，我好几天都没有出去，她像度蜜月一样黏着我。我只能随她，就老老实实地在家里待着。

这一天，我趁她不注意，偷偷地溜了出来，来到我租住的地方。我好像笼中放飞的鸟，心情宽愉得不得了。我躺在床上，长长地舒了口气，但心情又忧郁起来，下一步我该怎么办呢?

正当我六神无主的时候，田进来了。她开玩笑地说：“林哥，我说你是个神秘人，你还不承认。这两天怎么又失踪了?”

“没有失踪呀，不是在这里吗?”

“狡猾！狡辩!”田笑着看着我。

“你老公走了吗?”我转移着话题。

“走了，他是个着不住家的人。”

“刚来，怎么走了。你也舍得?”我开着玩笑。

“他这个人只知道他的生意，其他什么对他来说都是无关的。”说罢，目光有些黯淡。

哎！我心里想着，这男人钻到钱眼里了，竟能淡忘了人间烟火。为了不让话题再说下去，我又说：

“也是的。做生意就是忙的，也很辛苦。”

“他才不辛苦呢，就是辛苦了我。”

“你辛苦什么呀，一天闲闲的。”我没有理解来她的话意。

“不说这些了，说了也没有用。”田有点无奈。

我不知道说什么好，不自然地给自己倒了杯水。

“林哥，我问你一个问题好吗？”

“行呀！只要我能回答上来的，都给你满意的答案。”

“你生活得幸福吗？实话实说，不能骗人。”

“这看怎么说呢，要说幸福也很幸福；要说不幸福也还不幸福。”

“这怎么讲？”她有点好奇。

“我说的幸福，是我活到现在没有大福大祸，我上班还拿的几个米面钱，孩子在上大学，也很知足的。我说的不幸福……”说到这里，我迟疑了一下。

“怎么了？”她追问道。

“我离婚了。”

“啊！这为什么？是你当了陈世美？”

“不是的。”

“那是她？”小田说到这里，打住了嘴巴。

“也不是的。”

“那为什么？奇怪。”

“我也不知道。”

“对不起，我不该问的。”

“没有什么，没有什么。”我看田有点尴尬，连忙解释着。

田是个打破砂锅问到底的直肠子人，他被我的回答弄得摸不着头脑，坐在那里纳闷着。

我问她："你们肯定生活得很幸福。"为了不伤害他，我把"肯定"说得比较慢。

"就这个样呗，你是看到的了。"

"我看很好呀，你老公这个人挺好的。"

"人是好人，不能说明什么都好。"

"这怎么说？"我有点疑惑。

"我是银河边的织女，一年就一个七月七的。"她说罢脸色有些羞涩。"这话让你见笑了。"

"没有，没有的，世事古难全嘛。"我稳住了她的话题。

"也是的，习惯了这种生活。"她看得出来有太多的无奈。

"那你这几天去哪了？"她又问起这个问题。

我笑着说："我被拘留了。"

"啊！是公安局吗？"她有些惊讶。

"不是的，是我的前妻。"我苦笑着说。

她咯咯咯地笑了起来，边笑边说："这是好事，你的幸福来了。"

"那你怎么又来了？"

"我偷偷跑出来了。"

"我说你是个神秘的人，你还不承认。这下子亮底了吧？原来你住我这里是逃难来的？"她笑得更加厉害了。

"哈哈哈！"我也笑着。但我笑得没有人家开心。

停了一会。田一本正经地给我说："林哥，看得出来，你是个好男人，你应该懂女人。我劝你还是回去的好，我嫂子能够拘留你，是想你了。你们男人怎么就不懂女人的心呢？"

"现在我还有些事情没有处理好，等处理好了我就回去的。"

“你外面有了吗？什么事情家里就不能处理呢？”

“没有的事。我一个人在这里安静方便。”

“唉！你们男人就是读不懂，男人啊男人，就是难认的。”田替所有的女人感叹着。

说实话，我心里很矛盾的，我在等着梅的消息。她现在到底怎么样了？

“影子”看我不见了，一屁股坐在那里起不来了。她骂着：“这个狼心狗肺的东西，不知好歹，又跑了。哪个女人把你的魂勾去了？”她哭着哭着，想起了亚萍，给亚萍打了个电话，泣不成声地说：“那个老东西又跑了。”

# 第十章　荷萍新遇

今天我上班了，办公室里冷冷清清的。如果“老狼”在的话，他肯定要来看我的。想到这里，我想起了荷萍，那天亚萍结婚，由于她忙，竟连个招呼都没有打的，作为“老狼”的朋友，我决定去看看她。

自从“影子”和我离婚后，我那个电话卡就没有用过，别人是和我联系不上的。我把电话卡取出来，插好后，给荷萍打了个电话，说我去她家里看看她。

我从办公室出来，买了点礼物，就径直去了荷萍家里，荷萍请了个假，提前回来了。

进了荷萍家门，荷萍迎面就说：“谢谢你了老林，你还有心来看我。”

“看你来迟了，因我有事出去了一趟，还请嫂子谅解。”我解释着。

荷萍开门见山地对我说：“亚萍给我说了，你和弟妹好了。就应该好的，老夫老妻的了，有什么问题不能解决的。我弟妹那个人是个心直口快的人，她嘴不饶人，心却很好的。你现在回去了，这就对了。男人就应该让着女人的，别再太大男子主义了，这样都好。听嫂子的话，没有坏处的。你老哥如果还在，肯定会狠狠教训你一顿。唉！可惜他走了。”荷萍说到这有些伤心，我看她努力地克制着自己。

“是的，是的。”我点点头。

“前几天我找你，你电话都打不通的，我当你到外星生活去了。”荷萍虽然开着玩笑，但失去丈夫的心情总是带着忧伤。

“什么事情，嫂子尽管说。”

“这话有点说不出口，但我现在只能和你商量，你给我拿个主意的。”

“你说吧老嫂子，我会尽力的。”

“你说我这个年龄的人再婚的利和弊是什么?”

荷萍这突如其来的问题，把我问得张口结舌。

“你实事求是地说，你是我现在最相信的人。”

我本着对荷萍的负责，对他们孩子负责，也对死去的“老狼”负责，认真思考着这个问题。我喝了口水说：“这让我想想，让我好好想想。”

这个问题确实是个难以回答的问题。

荷萍耐心地等待着。

我想了想说：“嫂子，这个问题我是这样想的，你看对不对?”

“你说吧。咱们不是正在讨论着吗，有什么对与不对的。”

“我是想，像你这个年龄的女人，说起来年龄不大，应该再组成新的家庭，重新开始新的生活。但对方必须是个牢靠之人，负担要小，一心一意过日子。”

“你说的很对。”

“嫂子你是不是有新的情况了?”

“不瞒老弟说，最近有个情况，就是我一下子拿不定主意的。”

“这个人怎么样?”

“人还不错，家里也没有什么负担，比我大几岁，有个女儿，她妈妈带着。”

“年龄不是问题，最重要的是心善。人品要好，为人厚道。这个年龄经不起折腾的。”

“是呀!”荷萍感叹着。

我从荷萍家里出来，荷萍提出的这一问题，还在我脑海里深思着。

作为一个人，活在人世间就得生活，那首先要知道什么叫生活。一个完整的生活应该是，衣食住行性，性是生活中不可缺少的部分。

荷萍是一个还不过五十岁的女人，她有追求过完整生活的权力，这应该是无可非议的。退一步说，孩子将来会组成自己的家庭，去经营人家的生活，总不能一天陪着母亲，这是不现实的。荷萍有个老伴相互照顾，这是从实际出发的。我虽然没有给荷萍明说再找一个伴侣，但心底里是支持的。

回到我的住处，我给荷萍打了个电话，明确了我的态度。也算是对“老狼”有个交代。我想“老狼”他在九泉之下也会同意我这个观点的。

# 第十一章　社长坐禅

关天令这个家伙现在不知道怎么样了？我也得去看看他。我一个无所事事的人，就这样一天虚度着光阴，所以有时间去看他的。不论怎么说，他还是我的领导呢。

这天，我去看他，他架着个拐能行走了。他见我来了，高兴地大喊大叫，往日当官时的风度荡然无存。

我和关天令本来关系甚好，工作中没有分歧，生活中没有成见。只因为人家是社长，所以就没有像“老狼”那样随便，这也是在情理之中的事情。

关天令将自己现在这个样子，都归罪于命运，认为与“爆米花”的私情是上一辈子欠下的情债，这辈子是要还的。

他告诉我，情这个玩意，是个看不见摸不着东西，有时候像一团火，可以把你烧焦。有时候像一池水，可以把你淹没。人在其他事情上都能把住个度，唯独就这个情字上，一旦遇见它会使你智商成零。

他坦白地给我说，他与“爆米花”的事，妻子是逃脱不了责任的。妻子的高傲自负，盛气凌人，使他实在难以忍受。在他们的生活中，早已经没有温存可言。再说妻子凭借工作优势，还是招蜂引蝶的。在床笫生活上，她总觉得丈夫不如意，满足不了她高标准的要求，就这样把他逼出轨了。

关天令为自己找着种种理由，要正明自己是无辜的，那样做是应该原谅的。

我听了关天令的一番高谈阔论，总觉得是在读一本天书，搞不清楚它的道理来。

但我认同关天令对妻子的看法。

我问他对“爆米花”和孩子，如何处理呢。因为这是“爆米花”临走的时候托我去问他的一件事情，他应该有一个明确的态度。

关天令对这个孩子，智商却不是零，让我很欣慰。

他明确表态他是要管的，但他绝对不再干扰“爆米花”的生活，避免给“爆米花”造成第二次伤害。

他准备了十五万元，作为孩子的生活费和对“爆米花”的补偿，这都已经与妻子商量好了。

听到这里，我问他这钱你怎么给的。

他告诉我，求我联系一下“爆米花”，给她从银行汇过去。

他说到这里，我对他妻子涵的认识陡然改变了。作为妻子能够这样宽容地处理问题，需要多大的度量啊，需要多少勇气，这态度是多么难得。

关天令给我说，他现在在忏悔，他在看佛书，坐禅烧香。在神灵面前，为“爆米花”和那无辜的孩子赎罪。不论他怎么为自己开脱，但他还是认识到了自己的过错，他这种信佛的行为，就说明了他的心灵深深地受到了触动。

我告辞了关天令，一路上感慨颇多。“老狼”、荷萍，这个该死的关天令、涵、“爆米花”，还有我那个“影子”。这人世间，情情爱爱，恩恩怨怨，都是红尘惹的祸，用红尘掩盖着自己矛盾的思想，装饰着自己脸面。

# 第十二章　鸿雁传书

时间一天一天过去了，我在期盼着梅的消息，异国他乡的她还好吗？相思之苦，折磨得我实在难熬。真是“滴不完的相思血泪抛红豆，开不完的春柳春花满画楼。睡不稳的风雨纱窗黄昏后，说不完的新愁与旧愁”。

我在相思中病倒了，昏迷不醒，高烧发得不退。医院里，只有田在照顾着我，这真是难为她了。

有什么办法呢？命该如此啊。

经过几天的治疗，我的病情好转了。

当我睁开眼睛，第一眼看到的是田，不由从心底里产生一种尊敬和爱慕之情。

她长得很漂亮，那美丽的脸庞常常带着可爱的微笑，说起话来更是迷人。她心地善良，总是照顾别人，不计后果。她像一朵纯洁的鲜花，留给人的是美好的记忆。对她的欣赏，只能保留在心里。

“林哥，你这真吓人的，一昏迷就几天的。这下好了，你清醒过来了。”她这抱怨和关心柔和在一起的话，听起来让人心里既感动又舒服。

“不要紧的，死不了。这几天让你受累了，谢谢你。”我虽然开着玩笑，但是很感激。

“谢什么的，谁没有个七灾八难的。再说你是我的房客，我不管谁管呢？”

“说的也是，房东就要监护房客的。谁让我是你的房客呢。所以你就要受这个累的。”

“林哥，你几天都没有吃饭了，我回去给你做点，好好补补。”

“麻烦你随便买点就行了。”

“那怎么行呢？你不是刚才说了吗？房东就要监护房客的，那你就要受我监护的。”

“我做去了，你再好好睡睡。”说着她带着灿烂的笑容走了。

田走后，我心里实在过意不去，总觉得亏欠人家的。

我在田精心护理下出院了。出院还是田陪着，回到屋里，我多么想抱抱她。我想抱抱没有其他想法，是一种说不清楚的爱，一种说不清楚的理由。但我还是克制住了自己这奢望的冲动，克制住了自己激动的心情。

我心想，我在这里再不能住下去了，再住下去我怕自己会控制不住自己，做出对不起人家的事情。人非草木，孰能无情。我也是有血有肉的灵体，是灵体就会有冲动和激情，这是最可怕的事情。我想起了关天令给我说的话：爱是一团火，会把你燃烧成灰烬；爱是一池水，会把你淹没。想到这里，我再不敢想下去了。

正当我在心灵困惑的时候，梅给我来信息了，这是对我最好的安慰，是治疗我病最好的良药。

我看着梅给我的信息，一下子精神起来。虽然她在遥远的异国他乡，但那却是我遥远的牵挂。

梅在信息中写道：

林：你好吗？

离开你已经好几个月了，由于种种原因，没有跟你通信息，你不记恨我吧?

那天在飞机场，当我离开你登上飞机的时候，你知道吗? 我的心好痛好痛。

我经常想起咱们相识在一起的那段岁月，是多么幸福美好! 是你给了我快乐，也是你给了我独特的爱。

你去了勿忘湖吗? 去了相思岛吗? 我们的林思梅它还好吗? 我也很想它的。

人世间最难忘记的是爱情，最甜蜜的也是爱情，最痛苦的还是爱情。我相信你会和我一样，能深深体会到的。

我们的爱情，是纯洁而又甜蜜的。我们的灵魂是飘然在一起的，像白云一样圣洁。我们的爱情，像早晨的太阳一样，光明而温暖。我们的爱情像晚上的月亮一样，明媚而柔和。我们的爱情像大海一样，蔚蓝而清澈。我们的思念，像黄河长江一样，滚滚不息，滔滔不绝，蜿蜒而绵长。

林，千山万水隔不断我对你的思念。天南地北阻挡不住我对你心灵的呼唤。你我虽然天各一方，我们的心却永远紧紧相连。是你，我才努力憧憬着未来，有你，我才努力走向灿烂的明天。

林，我亲爱的，我想你，想你到永远! 永远!

我在这里很好，请你勿念。

你永远的梅

看完梅给我的信息后，我如释重负，我的心才放了下来。她在那里很好，她把那份责任追了回来，追回了自己的归宿，追回了应该属于自己的一切。

# 第十三章　荒山野岭祭“老狼”

“老狼”已经到那个世界一年多时间了，他应该生活得很好，我也得去祭奠他。

这天我是约了荷萍一块去的。

这荒山野岭上，“老狼”无声无息地安睡在那里，他的坟墓边野草丰盛，旁边还长着一朵美丽的山菊花，这里也算个风水宝地吧。

我给他摆上祭品，烧了纸钱，又给他奠了些白酒。他很爱喝酒的，所以我奠得还是很多的。

我找来了刊有他最喜欢的那篇文章《唤起的青春》这本杂志，这篇文章有他心目中的爱。所以我把这本书要烧给他，让他在那个世界常常看看，回味已逝的岁月。

我给他祷告着，我想那朵山菊花是不是他的情人，我想可能是的，因为它开得很鲜艳。

“老狼”啊，你这个风流家伙，到那个世界，还是一个风流鬼。有这朵山菊花陪着你，你是很幸福的，你好好的安息吧。

荷萍跪在“老狼”的坟前，痛不欲生地哭着，她的伤心、她的痛苦可想而知的。

我劝着她，她更是哭成了个泪人。一肚子的苦水，就在这时候要倾泻出来。

我就让她痛痛快快地哭了一场，也好走以后还很长很长的路。

祭奠结束。在回来的路上，我问荷萍，那件事情进展得怎么样了？她说有点眉目了。我为她高兴。人应该生活得轻松点，超然点，别把自己常常陷在痛苦之中。

我告诉她，今天我约她来的目的，祭奠“老狼”就是要她给“老狼”给一个心灵的交代。以后的路还很长，日子像树叶一样多，应该放弃痛苦，好好地生活下去。

我还告诉她，“老狼”和“柔情似水”只是朋友关系。“老狼”认识“柔情似水”以后，写了这篇《唤起的青春》，文章写得很好，让她有时间也读读，读了她会受到一定的启发，对以后生活有好处的。今天我把他这得意之作，也烧给他了，让他在那个世界好好地回味去吧。

人生就是这样短暂，逝者如斯，活着的更应该好好生活。这是我约荷萍祭奠“老狼”的初衷。

这段时间，我应该做的都做完了。我应该想想自己了。

我回到租住的屋子里，痛痛快快地洗了个澡，准备开始我新的生活。

# 第十四章　复婚

我洗完澡后，我要离开这里了。

我应该感谢一下房东，这个漂亮的女人田。

我没有什么能拿出手的东西可送的，只有一支钢笔，这个钢笔，是一个朋友送我的，一直带在我身边，没有使用过，现在没有这么好的钢笔了，我很喜爱它。就把它送给她的孩子吧。

我轻轻地敲了一下田的门，她仍然带着微笑从门里出来，她笑得是那么可爱，那么香甜，那么的美！

我告诉她，今天我要回家去了。

她愣了一会，慢慢地说："林哥，你真的要回去吗？"她这时却没有了笑容。

"是的。我今天要回去的，我的事情也办完了。"

她的表情，好像有点不相信，好像有点不愿意，还是有点无奈。她就是在那里静静地站着，一言不发。

我拿出那支钢笔，给她递了过去说："这支钢笔送给你孩子，也是我这个房客给房东留个纪念吧。"

"这怎么能行的？你又不是没有交房租，我们怎么能收你的礼物？"

"就一支钢笔，送给孩子的，你紧张什么呀？"我开玩笑地说。

田再三推让，我是硬放下了。

我要走了，她送出门来，我回过头看她，她那恋恋不舍又无可奈何的微笑，真是永远不能让人忘记！

我给她挥挥手，这挥手里也有我对她的恋情和无奈。

我提着行李，走在大街上，给“影子”打了个电话，说我要回家了，明天去复婚。

“影子”突然接到失踪了的我给她的电话，在电话的那头，只是个哭，没有一句话。

……

这天，阳光明媚，风和日丽，我和“影子”在民政局办理了复婚手续。从此，我们又开始了新的生活。

# 第十五章　我在梦中见到你

夜是那样的沉寂宁静。

夜已经很深很深了。

我和“影子”躺在床上，她已经睡着了。自从亚萍结婚那天，“影子”把我挟持回家，拘禁了我好多天，让我足不出户，她疯狂地占据着我的一切。后来我偷偷地逃跑出去，着实又让她伤心了几天。我现在回来了，她又拥有了我，不再一个人独守空房，难熬长夜。你看她现在无忧无虑，安然自得的样子，以前的事情已经在她心里悄然而去，只是尽情享受着当下的快乐和欢愉。

我静静地躺在“影子”身边，没有一点睡意。说心里话，以前当“影子”高兴得手舞足蹈的时候，我只是她的一个玩偶，因为我给她的是一个没有灵魂的躯壳。现在想起来觉得对不起她，欺骗了她。今晚上，我是把她像一个初嫁的新娘来珍惜，给予她灵魂的飞跃，也算我对她的赎罪吧。

灵魂是一个缥渺的东西，正因为这个缥渺，会使人魂不守舍，体魄分离，酿造出多种不同味道的醇酒，让人们酣畅淋漓地去痛饮。当痛饮过后，可能对自己就有一个全新的认识。

“影子”睡得真香。在她酣然入梦的时候，还恐怕我再次逃跑，把身子转了过来，向我靠近了些，那洁白的玉腕揽住我的腰，一头清香的发丝，递近我的脸庞。我知道这是她的习惯动作，但好长时间她没有机会这样的，我也好长时间没有这样享受过了。

我恐怕打扰了她的美梦，就让她这个姿势俘虏我吧，我将无条件地缴械投降，服从和接受。这个姿势应该属于我的，也应该属于她的。

就这样，我在被她俘虏的窝里，慢慢地，慢慢地也进入了梦乡。

梦境里，那是一个初夏的傍晚，夜幕像女人的裙纱慢慢地裹住了这个裸露的世界。远处的大山好似一个仰卧的美人，弥漫在裙纱之中。那隐隐约约的山头，犹如朦胧的乳峰，远远望去会给人带来无尽的遐想。大地一片沉寂，凉风轻轻吹拂。偶尔有几只野鸟飞过，鸣叫着赶回巢窝。

我一个人孤独地走在这旷野上，四面空旷得茫然无际，我努力地寻找一个暂宿的地方。我走了很远很远，走得汗流浃背，两条腿酸痛无力。我想，我这身子骨，今夜可能是野狼的一顿饱餐了。

我再也走不动了，就地坐了下来。心想，喂狼就在这里吧，这里草色碧绿，地形宽阔，也算块风水宝地。我干脆躺了下来，眯着眼睛，等待着野狼的到来。

一股清风徐徐地吹着，我感到非常的惬意。我的身体开始挪动，我想野狼来了，它是扯着我的衣服，拉到它喜欢吃的地方。挪动的速度越来越快，然后轻轻地飘了起来。我听风声越来越大，呼呼作响，吓得我不敢睁开眼睛。不一会儿，速度慢了，然后停了下来，我又落在了地上。我想可能到狼窝了，狼吸我的血，吃我的肉，嚼我的骨的时间到了，我的生命即将要结束。我闭着眼睛，等待成为狼的肉食。

时间一分一秒过去了，野狼怎么还没有行动，我有点纳闷。

便慢慢地睁开眼睛，发现自己睡在一间屋子里。我赶忙起来，向屋子里环视了一番。这屋子收拾得很讲究，陈设古朴典雅。屋子用屏风一分为二，西边是卧室，放着一张古典老床，铺盖都是绫罗绸缎。东边是客厅，一张八仙桌非常气派，配着八个圆凳。上面是一条长方形的贡桌，贡桌中间是一幅梅花图。两边是两盆鲜花，左边一盆粉红欲滴；右边一盆洁白晶莹。客厅和卧室屋梁上各挂一只彩色灯笼。

我小心翼翼地走出屋子，院落非常宽敞，几棵梧桐树枝繁叶茂。四周皆为楼阁，仙气环绕，灯火辉煌。主屋的背面，抬头望去，正是我看到的像美人一样的那座山峰。这座神仙别墅，就坐落在山下。此时此刻，我有琼楼玉宇，高处不胜寒的感觉。

正当我在院子里惊奇地看着，西厢房里出来了一位姑娘，她身姿婀娜，步履轻盈，手提一茶壶向我走来，便打着招呼：

"公子，这是我们小姐给你热了壶茶，你到屋里慢慢地品来。"

"请问你家小姐芳名？"我急切地问道。

"不急！不急！她来你就认识的。"

她不给我回答。

我跟着她到了刚才我出来的那个门前，她让我先进，后跟了进来。她给我盛好茶："请慢用。"

"请问这是哪里？"

"这是南园，我们小姐住的地方。我们有主园，东、南、西、北园，还有好多好多的副园的，一下也给你说不清楚。你慢用，记住，一定要用的。我走了。"

我还想问什么的。

她却微微地一笑，像燕子一样轻盈地走出门去，留下了淡淡的清香。

茶的香味馥郁芬芳，沁人心脾。我端起杯子，慢慢地喝了一口。我的目光移向了上面那幅梅花图，看着看着，那上面的梅花竟动了起来，鲜活鲜活的。慢慢地，慢慢地散发着点点星光。那星光逐渐放出一层一层的光晕，像云雾一样笼罩着那些花朵。花朵慢慢地演绎出一个朦胧的裸体美女。那花叶逐渐演变成淡蓝色的裙衫，慢慢地缠绕着这个美女。美女慢慢地清晰起来，渐渐地离我越来越近。她含情脉脉，淡淡微笑，来到了我的身边。我睁大眼睛一看，啊！这不是梅园里吹玉笛的那个蓝梅吗？这不是我日思夜想的梅吗？

我日思夜想的梅本就是梅花仙子。

我放下杯子，拥抱上去。我紧紧抱住她，我抚摸着她的头发，抚摸着她的脸颊，抚摸着她的身体，抚摸着……永远抚摸不够。

我亲着她的额头，亲着她的脸颊，亲着她的嘴唇，亲着她……永远亲不够。

……

当我正在和梅相会的时候，当我们正在两情相悦的时候，当我们在……

天却大亮了，“影子”的脚步声把我吵了醒来，我不情愿地看了她一眼，然后又闭上眼睛，想起了梅给我唱过的那首歌：

静静的夜也激情荡漾
我的爱情却不知，又在哪里流浪
爱的天使轻舞我的忧伤
回味，你的柔情
让我今生难忘
……

**图书在版编目（CIP）数据**

爱在别离时 / 杨梅春著. -- 兰州 ：兰州大学出版社，2016.11
ISBN 978-7-311-05033-7

Ⅰ. ①爱… Ⅱ. ①杨… Ⅲ. ①长篇小说－中国－当代 Ⅳ. ①I247.5

中国版本图书馆CIP数据核字(2016)第271248号

责任编辑　梁建萍　马媛聪
封面设计　陈　文

书　　名　爱在别离时
作　　者　杨梅春　著
出版发行　兰州大学出版社　（地址:兰州市天水南路222号　730000）
电　　话　0931-8912613(总编办公室)　0931-8617156(营销中心)
　　　　　0931-8914298(读者服务部)
网　　址　http://www.onbook.com.cn
电子信箱　press@lzu.edu.cn
印　　刷　甘肃金田印刷有限责任公司
开　　本　880 mm×1230 mm　1/32
印　　张　9.625(插页2)
字　　数　233千
版　　次　2016年11月第1版
印　　次　2016年11月第1次印刷
书　　号　ISBN 978-7-311-05033-7
定　　价　32.00元